JN024302

人工知能とどうつきあうか

哲学から考える　　　　　鈴木貴之[編著]

keiso shobo

はじめに

鈴木貴之

　第3次人工知能ブームが到来してから、10年ほどが経とうとしている。人工知能は、すでにわれわれの生活のさまざまな場面に浸透している。急速に発展する人工知能をめぐっては、さまざまな社会的論争も生じている。そこでは、人工知能によってわれわれの職の多くが失われてしまう可能性や、人間よりも高い知能をもつ人工超知能が人間に対して敵対的な行動をとる可能性のように、一昔前であればSF的と思われていた問題も、現実味のある問題として議論されている。とはいえ、われわれの身の回りを見渡してみても、SF映画に登場するような人工エージェントはまだ存在しない。人間のような知能をもち、自律的に行動する人工エージェントの実現には、まだしばらく時間がかかりそうである。

　われわれは、この現状をどう評価すべきだろうか。われわれの社会や生をよりよいものにするためには、われわれは人工知能とどうつきあっていけばよいのだろうか。本書で考察したいのは、このような問いである。

人工知能研究の歴史

　本書の問題設定を明確にする前に、まずは人工知能研究の歴史を簡単に振り返っておこう[1]。

　人工知能研究が本格的に始まったのは、1956年に米国で開催されたダートマス会議からだと言われる。このころ、当初計算機械として作られたデジタルコンピュータを用いて、思考する機械を作ろうという構想が生まれつつあった。

---

[1]　人工知能研究の現状の概観としては、たとえば松尾（2015）；谷口（2020）；ミッチェル（2021）などを参照。

ダートマス会議では、このような試みに人工知能という名称が与えられ、以後、これがこの研究分野の一般的な名称となった。第1次人工知能ブームの始まりである。

　初期の人工知能研究は、一般的な思考能力をデジタルコンピュータで実現しようというものだった。その代表的な研究は、ハーバート・サイモンとアラン・ニューウェルによる一般問題解決器（General Problem Solver: GPS）である。GPSは、演繹的推論を行ったり、さまざまなパズルを解いたりすることができたため、注目を集めた。しかし、GPSがうまく扱うことができるのは、ヒューリスティックを用いた探索という形にうまく形式化できる問題に限られ、また、そのような問題においても、人間が問題を適切な仕方で形式化する作業が不可欠であることが次第に明らかになっていった。文字通りの一般問題解決能力を人工知能に与えることは、簡単なことではなかったのである。

　GPSの挫折をふまえて、その後の人工知能研究では、対象領域を限定した人工知能の開発が進められることになった。代表的な研究事例の1つは、テリー・ウィノグラードによるSHRDLUである。SHRDLUは、現実世界を単純化した小規模な世界であるマイクロワールドで行動する。マイクロワールドは色のついた積み木から成り立ち、SHRDLUは、命令に従って積み木を操作したり、積み木に関する質問に答えたりする。（マイクロワールドは仮想的な世界なので、実際に行うのは仮想的な操作である。）この時期の人工知能研究に見られたもう1つの方向性は、エキスパートシステムの開発である。これは、特定の問題領域に関して人間の専門家がもつ知識を人工知能上に再現することを目指したものである。代表事例の1つMYCINは、人間の医師が用いていると考えられるさまざまな知識を人工知能上に再現することで、血液感染症が疑われる患者の検査データから、患者がかかっている感染症と有効な薬品を特定するというものである。

　これらの研究は大きな注目を集め、1970年代から80年代にかけて、第2次人工知能ブームが起こった。しかし、このようなアプローチも次第に問題に直面するようになった。たとえば、SHRDLUのようなアプローチによって現実世界で行動するエージェントを作ろうとすると、世界に関する無数の常識を知識として身につけさせる必要があるということが明らかになった。小規模で限

定された問題領域において成功を収めたアプローチを、はるかに複雑な現実世
界における問題解決に適用することは、困難だったのである。

　これらのアプローチが行き詰まりを見せた結果、人工知能研究は冬の時代を
迎えることになった。しかし、その間に、その後の第3次人工知能ブームにつ
ながる研究も進展していた。第一の要素は、機械学習である。古典的な人工知
能研究では、人間のプログラマーが、問題解決に必要な知識を人工知能に与え
る必要があった。しかし、必要な知識をすべて明示化することは、きわめて困
難だった。これに対して、コンピュータにデータから学習させるのが機械学習
である。1990年代以降、数理モデルに機械学習を適用するさまざまな手法が
開発され、機械学習の有用性が広く認識されていった。

　第二の要素は、ニューラルネットワークである。ニューラルネットワークは、
生物の脳にヒントを得たアーキテクチャで、入力層の活性化パターンを出力層
の活性化パターンに変換することを基本的な仕組みとする。ニューラルネット
ワークを用いた人工知能研究は1980年代に本格化し、画像認識や音声合成な
ど、古典的な人工知能の手法ではよいパフォーマンスを示すことが困難だった
課題において成功を収めたために、注目を集めた。とはいえ、1980年代のコ
ンピュータ上でシミュレートできるニューラルネットワークは比較的小規模な
ものだったため、可能なことはかぎられていた。

　2010年ころから、これら2つの要素が一体となり、深層ニューラルネット
ワークを用いた人工知能研究が一般的となった。そこには3つの背景要因があ
る。第一の要因は、コンピュータの性能向上によって、大規模なニューラルネ
ットワークのシミュレーションが可能になったことである。第二の要因は、イ
ンターネットの普及によって、大規模な訓練データを用いた機械学習が可能に
なったことである。第三の要因は、大規模なニューラルネットワークで効果的
に学習を進めるためのさまざまな手法の開発が進んだことである。これらの要
因が重なったことで、深層ニューラルネットワークを用いた機械学習、すなわ
ち深層学習を用いた人工知能が急速に進展し、第3次人工知能ブームが到来し
た[2]。

---

2)　深層ニューラルネットワークの仕組みについては、第3章でより具体的に紹介されている。

　深層学習が注目を集めた大きなきっかけは、2012年に、畳み込みニューラルネットワークを用いたシステムが画像認識のコンテストで圧倒的なパフォーマンスを示したことである。2017年には、深層強化学習を用いたAlphaGoが当時の囲碁の世界トップ棋士を破った。その後の人工知能研究の進展は、われわれが日々の生活で目にする通りである。

人工知能研究の現状と社会的・倫理的問題

　深層学習の登場によって、人工知能研究は当初の目標を達成したのだろうか。現時点では、まだそう言い切ることはできないだろう。

　第一に、現在ある高性能な人工知能は、いずれも特定の課題に特化したものであり、生物のように、知覚し、意思決定し、行動するといった働きをすべて兼ね備えるものではない。生物のように多様な課題を行うことができる知能は、しばしば汎用知能と呼ばれる[3]。汎用性のある知能をもつ自律的なエージェントを人工的に作り出すことが人工知能研究の究極目標だとすれば、それはまだ達成されていないのである。また、深層学習によって汎用人工知能が実現できるかどうかも、いまのところ明らかではない。人工知能研究者の中には、汎用人工知能の実現のためには、深層ニューラルネットワークと記号的な古典的人工知能を統合することが必要だと考える人も多い。しかし、両者をどのように統合すればよいのかは、いまのところ明らかではない。

　第二に、深層学習に関しては、理論的に解明されていない点も多い。たとえば、1層のユニット数が十分に多ければ、2層のネットワーク（入力層、1つの中間層、出力層からなるネットワーク）で任意の関数を任意の精度で近似できるということが以前から知られている。ネットワークを深層にすることでなぜ性能が向上するのかは、明らかなことではないのである。また、数理モデルに関する従来の考え方によれば、モデルが複雑になるほど過学習が生じやすくなり、汎化性能（新しい事例に対して正しい出力を与える能力）は低下すると考えられ

---

3)　生物の知能は、特定の課題に特化したものではなく、知覚・意思決定・運動制御といった多様な課題に対処できるという意味では、汎用の知能である。しかし、人間以外の多くの生物の知能は、計算をしたり言語を用いたりすることができないという意味では、文字通りには万能ではない。その意味では、通常汎用知能と呼ばれるものは自律型知能と呼ぶのが適切かもしれないが、一般的な用法にならって、本書でもこのような知能を汎用知能と呼ぶことにする。

る。しかし、深層ニューラルネットワークはきわめて複雑なモデルであるにも関わらず、高い汎化性能をもつ。これは、従来の考え方からすればきわめて逆説的な事態である。このように、深層学習の原理に関しては未知の点も多い。これが意味することは、深層学習にはどのような注意点や限界があるのかもまた、まだ十分には明らかになっていないということである[4]。

　これらの理論的問題と並んで、現在の人工知能は、その性能が大きく向上したがゆえに、さまざまな社会的問題や倫理的問題も生み出している[5]。たとえば、今日では自動運転の開発が進められているが、そこでは、自動運転車はどの程度の安全性を実現すべきなのか、それはどのようにすれば実現できるのか、自動運転車が事故を起こした場合にそれは誰の責任になるのかといったことが問題となっている。

　また、今日では多くの場面でビッグデータを活用したアルゴリズムが利用されているが、そこにはさまざまなバイアスが存在することも問題となっている。たとえば、女性やマイノリティ集団に属する人々が十分な教育を受ける環境が整っていない社会では、過去のデータで学習したアルゴリズムを用いると、それらの人々が採用において不利な判定を下されるかもしれない。今日の人工知能で用いられているアルゴリズムにはどのようなバイアスが含まれており、どうすればそれを解消できるかということも、現在重要な問題となっている[6]。

　このことと関連して、深層ニューラルネットワークの透明性もしばしば問題となる。さきにも述べたように、深層ニューラルネットワークはきわめて複雑なモデルであり、その働きには未知の部分が多くある。それゆえ、ある特定の事例においてあるネットワークがなぜある出力を生成したのかということを、人間に理解できる仕方で説明することはしばしば困難である。われわれにとって重要な決定に深層ニューラルネットワークを用いるときには、このことは深刻な問題を引き起こす可能性がある[7]。

---

4)　深層学習に関する理論的な研究では、現在これらの問題が活発に検討されている。これについては第3章を参照。
5)　人工知能をめぐる倫理的問題に関しては、たとえばクーケルバーグ（2021）を参照。
6)　アルゴリズムバイアスに関しては、たとえばオニール（2018）を参照。
7)　この問題に対処するために、説明可能な人工知能（explainable AI: XAI）の研究開発が近年盛んに試みられている。その具体的な内容については、たとえば大坪ら（2021）を参照。

　人工知能の社会的影響をめぐっては、より長期的な問題も論じられている。たとえば、これまで人間が行ってきた仕事が人工知能に代替されることで、人間の職の多くが失われるという可能性が近年話題となっている。楽観的な論者は、これによって人類は歴史上はじめて労働から解放されることになると、この事態を肯定的に評価する。しかし、悲観的な論者は、これによってわれわれの多くが失業し、収入源を失うことになると、この事態を警戒している。産業構造の変化は、産業革命期などにも生じたことである。しかし、人工知能は人間が行っているほぼすべての仕事を代替できるかもしれないという点で、現在われわれが直面している状況は、これまでに経験した状況とは根本的に異なる可能性がある[8]。

　さらに長期的な問題としては、人工超知能（artificial super intelligence）の誕生も議論されている。将棋や囲碁といったゲームにおける人工知能の強さを考えれば、将来、われわれよりも優れた汎用知能をもつ人工超知能が出現することも考えられるだろう。そのような人工超知能がわれわれの意に反した振る舞いを見せたとき、あるいは、人間に対して敵対的な態度をとったときには、われわれが人工超知能を制御できるのかどうかが問題となる。悲観的な論者は、そのような事態が生じたときに人間が人工超知能を制御することは不可能なので、人工超知能の開発や、人工超知能の誕生につながるような人工知能研究は行うべきではないと主張している[9]。

本書の問題設定

　このように、過去10年ほどの間における人工知能の急速な発展によって、人工知能をめぐっては、短期的で現実的な社会的・倫理的問題と、長期的で理論的な社会的・倫理的問題の両者が活発に議論されている。しかしながら、本書の目的はこれらの問題を論じることではない。本書が目を向けるのは、両者の中間に位置するような問題である。

　このような問題に着目する1つの理由は、人工知能研究の究極目標と現状の間にあるギャップである。さきにも述べたように、人工知能研究の究極目標は、

---

8)　この問題については、たとえばブリニョルフソンとマカフィー（2015）を参照。
9)　この問題に関しては、たとえばバラット（2015）を参照。

人間のような汎用知能をもつ自律的エージェントを人工的に作り出すことである。しかし、現在われわれの周りにある人工知能は、非常に高性能ではあるものの、特定の課題に特化したものでしかない。

　われわれはこの現状をどう評価すべきだろうか。1つの評価は、人工知能研究は究極目標をまだ達成できていない、というものだろう。このような評価によれば、現在われわれの身の回りにある人工知能は、究極的な人工知能の不完全な実現、あるいは部分的な実現にすぎないものだということになるだろう。

　しかし、人工知能研究の現状には、別の評価を与えることも可能だろう。それは、現在の人工知能研究は、当初構想されていたものとは異なる目標を追求しており、そしてその目標を十分に達成している、という評価である。このような評価が可能であるのは、人工知能に関しては2つの異なる見方が可能だからである。

　人工知能に関する1つの見方は、人工知能を、汎用性があり自律的な知能をもつもの、言い換えれば、1人の人間に置き換わることが可能であるようなエージェントと見なす見方である。人工知能研究の初期から、その究極目標を定めてきたのは、このような見方にほかならない。以下ではこれを、代替物としての人工知能、あるいは主体としての人工知能と呼ぶことにしよう。このような見方の下では、人工知能研究がその目標を達成するまでには、まだ多くの課題が残されているということになる。

　人工知能に関するもう1つの見方は、人工知能を一種の道具と考える見方である。この見方によれば、人工知能に期待されるのは、人間に置き換わることではなく、火や自動車、携帯電話などと同じように、人間の能力を高め、拡張することである。このような見方を、補完物としての人工知能、あるいは道具としての人工知能と呼ぶことにしよう。このような見方によれば、自律的な汎用人工知能の実現は、人工知能研究の唯一の目標ではなく、短期的には、最も重要な目標でさえないということになる。道具としての人工知能を開発するという観点に立てば、人工知能研究は、すでに多くの重要な成果を挙げてきたと言うことができるのである。

　人工知能について考える上では、これら2つの見方を明確に区別することが重要である。そして、人間と人工知能の関係について考える上では、当面は、

道具としての人工知能という見方が特に重要だと思われる。では、人工知能を道具として見たときには、そこにはどのような特徴があるのだろうか。われわれの社会をよりよいものにするためには、道具としての人工知能をどのような形で活用すべきだろうか。これが本書の基本的な問題関心である。

本書の構成

　本書の目的は、道具としての人工知能の可能性を検討することである。具体的には、3つのパートにおいて、道具としての人工知能の特性や可能性を、理論的なレベルから個別事例に則したレベルまで、いくつかの異なるレベルで考察していく。

　第Ⅰ部では、道具としての人工知能について理論的なレベルで考察する。第1章では、主体としての人工知能と道具としての人工知能という区別をあらためて導入し、2つの見方はどのように異なるのか、人間と人工知能の関係を考える上でなぜ後者が有用なのか、後者の見方からは人工知能研究にどのような示唆が得られるかを考察する。第2章では、道具としての人工知能という考え方を思想史的な観点からさらに検討する。そして、道具に関する古代ギリシア時代の論争を参照することで、人間と人工知能の関係に関するさまざまな態度に見通しのよい整理が与えられることが明らかにされる。

　第3章と第4章では、現在の人工知能の主流をなす深層ニューラルネットワークについて理論的に考察する。第3章では、深層ニューラルネットワークを用いた機械学習、すなわち深層学習には、どのような未知の理論的問題があるか、そして、それらの問題に対して現在どのような説明の試みがなされているかがわかりやすく紹介される。第4章では、統計学的な道具として見たときに、深層学習を用いた人工知能が従来の統計学的道具とどのように異なるかということが検討され、これまでにないタイプの知的道具として深層学習を用いた人工知能を利用していく可能性が論じられる。

　第Ⅱ部では、さまざまな応用の場面を例として、道具としての人工知能にどのような可能性があり、どのような点に注意が必要であるかが論じられる。第5章では、すでに人工知能の導入が進んでいる医療の現場において、道具としての人工知能を活用する可能性が検討される。医療資源の配分や治療停止の決

定への利用の可能性を検討することで明らかになるのは、ある種の意思決定は依然として人間の医師が行う必要があるということや、人工知能の使用場面に応じたパラメータ調整が重要になるということである。第6章では、より一般的な意思決定の場面においてナッジエージェントやブーストエージェントを活用する可能性が検討される。具体的な事例の検討を通じて明らかになるのは、人工知能による意思決定支援には、強制の度合いや熟慮を介する度合いに関してさまざまなバリエーションが考えられ、場面ごとにその使い分けが重要となること、そして、エージェントによる介入が強力になるほど、さまざまな倫理的問題の検討が必要になるということである。

　第7章では、人工知能を利用して創造性を高める可能性が検討される。創造性の分類を手がかりとして、結合的創造性と探索的創造性においては人工知能が大きな力を発揮することが期待できる反面、人工知能による広い変形的な創造性の実現は現時点では困難であることや、そのような場面でも人間の創造性を高めるために人工知能を活用する可能性があることが明らかにされる。第8章では、さらに大きな話題として、人工知能によって徳を涵養することの可能性が検討される。そして、さまざまな知的徳や道徳的徳の育成に人工知能が利用できる反面、それが悪徳の促進に繋がりうることが指摘される。また、人工知能が普及した社会においては、重要とされる徳目が変化し、新たな徳が重要になるという可能性が指摘される。

　第II部までの考察によって明らかになるのは、道具としての人工知能を、社会的に有用で、倫理的な問題を生じさせないものにするためには、開発の導きとなる設計思想が不可欠だということである。そこで第III部では、ふたたび理論的なレベルに戻り、道具としての人工知能をどのような設計思想に基づいて開発すべきかを検討する。第9章では、道具の分類という観点から、道具としての人工知能の設計指針を検討する。ここでは、道具の原型として棒型と器型という2つのタイプを導入し、人工知能は主に棒型の道具だが、器型の側面ももち、人工知能が用いられる環境も含めれば、具体的な実装においては、棒型と器型が組になった道具として分析できることが示される。第10章では、技術の道徳性という考えに基づいて、技術の設計段階において、その技術がもちうる倫理的な含意を考慮に入れて設計を進めるための具体的なシステムが検討

される。倫理的な人工知能の設計プロセスそのものに人工知能が活用されるという点が、このシステムの特徴である。

　各章の話題は多様であり、著者の専門も多様である。しかし、各章に目を通すと、そこにはいくつかの論点が繰り返し現れることがわかる。そしてそれらは、われわれ人間と道具としての人工知能とのつきあい方を考える上で、核心をなす論点だと考えられる。各章を読み進める上での見通しを得るために、いくつかの論点をここで挙げておこう。

・人工知能にすべての決定を委ねることだけが、人工知能の活用法ではない。
・人工知能の利用においては、人工知能に決定を委ねるべき場面とそうでない場面を適切に同定することが重要である。
・道具としての人工知能の利用法は多様であり、人間と人工知能の関係は、場面に応じて調整する必要がある。
・道具としての人工知能、特に深層ニューラルネットワークは、人間がその働きを理解することが困難であるという点に注意が必要である。
・道具としての人工知能を効果的に利用するためには、人工知能そのものの性能を高めるだけでなく、人工知能が高い性能を発揮できる環境を整備することや、人工知能を適切に利用する能力を人間が身につけることも重要である。

このような一般的な形で述べれば、これらはいずれも当たり前の主張に見えるかもしれない。しかし、以下の各章を読み進めれば、さまざまな具体的な応用の場面では、これらの主張が多くの重要な洞察をもたらしてくれることが明らかになるはずである。

参照文献

大坪直樹・中江敏博・深沢裕太・豊岡祥・坂元哲平・佐藤誠・五十嵐健太・市原大暉・堀内新吾（2021）.『XAI（説明可能な AI）——そのとき人工知能はどう考えたのか？』リックテレコム.

オニール, キャシー（2018）.『あなたを支配し, 社会を破壊する, AI・ビッグデータの罠』久保尚子訳, インターシフト.

クーケルバーグ，マーク（2021）．『AI の倫理学』直江清隆・久木田水生・鈴木俊洋・金光秀和・佐藤駿・菅原宏道訳，丸善出版．

谷口忠大（2020）．『イラストで学ぶ人工知能概論（改訂第 2 版）』講談社．

バラット，ジェイムズ（2015）．『人工知能——人類最悪にして最後の発明』水谷淳訳，ダイヤモンド社．

ブリニョルフソン，エリック＆マカフィー，アンドリュー（2015）．『ザ・セカンド・マシン・エイジ』村井章子訳，日経 BP．

松尾豊（2015）．『人工知能は人間を超えるか——ディープラーニングの先にあるもの』KADOKAWA．

ミッチェル，メラニー（2021）．『教養としての AI 講義——ビジネスパーソンも知っておくべき「人工知能」の基礎知識』尼丁千津子訳，日経 BP．

人工知能とどうつきあうか

哲学から考える

目　次

はじめに（鈴木貴之）

Ⅰ　道具としての人工知能──理論的考察

第1章 人工知能に関する2つの見方
——主体としての人工知能と道具としての人工知能

鈴木貴之

　人工知能研究が始まって以来の究極目標は、自律的な汎用人工知能の実現である。しかし、現時点ではまだその見通しは得られていない。現在ある人工知能は、画像認識や自然言語処理といった特定の課題に関しては、人間を上回るパフォーマンスを示すことも珍しくない。また、画像を入力するとキャプションを出力するシステムや、文章を入力するとその内容に合致した画像を生成するシステムも登場している。しかし、人間のように、自律的に行動し、そのために必要な多様な課題をこなすことができる人工知能はまだ存在しない。

　このような現状をふまえて、近年の人工知能研究では、どうすれば機械学習や深層学習を用いた課題特化型の人工知能をもとにして汎用人工知能が実現できるかが論じられている。そして、そのための手がかりとして、転移学習やメタ学習といった高次の学習能力を実現することや、ニューラルネットワークによるパターン認識と古典的な人工知能による記号操作を統合することなどが検討されている。

　このような人工知能研究の現状を評価する上では、人工知能に関する2つの見方を区別することが有益であるように思われる。それは、人間に対する代替物としての人工知能、すなわち主体としての人工知能という見方と、人間に対する補完物としての人工知能、すなわち道具としての人工知能という見方である。これら2つの見方を明確に区別すれば、人工知能の研究開発という観点からも、人工知能の社会的意義という観点からも、われわれにとって真に有用であるのは、道具としての人工知能だということが明らかになると思われる。本章では、この区別を導入した上で、なぜ道具としての人工知能が重要だと考え

られるのかを明らかにし、さらに、道具としての人工知能のあり方を考える上
で重要となるいくつかの論点を明らかにしたい。

1 ｜ 道具としての人工知能という目標設定

　人工知能研究には2つの異なる方向性が存在するということは、これまでも
たびたび指摘されてきた（これについては第2章も参照）。

　たとえば、米国のコンピュータ科学者ダグラス・エンゲルバートは、1962
年に出版された報告書 *Augmenting Human Intellect: A Conceptual Frame-
work* において、知能の増幅（intelligence amplification）というプロジェクトを
推進するための道具としてコンピュータを位置づけている（Engelbert, 1962）。
エンゲルバートによれば、知能の増幅、すなわち人間の知能を高めることを考
える上で問題となるのは、生身の人間の知能ではなく、人間、言語、人工物、
知的活動の方法論、それらを利用するための訓練という5つの要素が一体とな
ったシステムの能力を高めることである[1]。コンピュータは、このシステムの
一部として知能の増幅に貢献するのである。これは、コンピュータを単なる計
算機と見なす人工知能研究以前の考え方とも、コンピュータを用いて人間のよ
うな知能をもつエージェントを作成しようという初期の人工知能研究の主流を
なす考え方とも異なるものだった[2]。

　人工知能研究をめぐる議論においては、その後も同様の指摘が繰り返されて
きた。たとえばパトリック・ヘイズとケネス・フォード（Hayes & Ford, 1995）
は、チューリングテストの妥当性について論じた論文の中で、次のような議論
を展開している。チューリングテストはコンピュータが人間のような知能をも
つかどうかのテストであるという点を確認した上で、彼らは、人間のような知
能をもつものを作るという目標設定自体がそもそも不適切であると主張する。
犬はチューリングテストに合格しないが、犬がある種の知能をもつことは明ら

---

1)　エンゲルバートは、頭文字を用いてこれを H-LAM/T（Human using Language, Artifacts, and
　　Methodology, in which he is Trained）システムと呼んでいる。
2)　エンゲルバートの構想は、現代の認知科学における拡張された認知（extended cognition）とい
　　う考え方を先取りするものだと言えるだろう。拡張された認知については、たとえば Clark（1997）
　　を参照。

かであり、犬のような知能をもつ人工知能を作ることは、興味深く、かつ達成困難な課題である。また、家電製品に組み込まれている人工知能はチューリングテストに合格できるものではないが、それが有用であることには疑いの余地がない。特定の課題に特化したエキスパート・システムのようなものを人工知能としては不十分なものと考えてしまうのは、チューリングテストに合格できる人工知能を人工知能の理想とする偏見をわれわれが有しているからなのである。

　ヘイズとフォードは、飛行との類比に依拠して、人工知能に関する2つの見方の違いを浮き彫りにしている。鳥が飛行するメカニズムを明らかにすることは生物学的には興味深い課題だが、われわれにとって有用な目標は、鳥と同じメカニズムで飛行する人工物を作成することではなく、何らかのメカニズムでうまく飛行する人工物を作成することである。同様に考えれば、人工知能研究の目標設定として有益なのは、人間の知能を人工的に再現することではなく、知能あるいはその一部をもつ人工物を何らかの仕方で作成することなのである。

　以上のような簡単な紹介からもわかるように、エンゲルバートおよびヘイズとフォードの両者に共通するのは、道具としての人工知能の実現は、人工知能研究の目標設定として有意義であり、有益でもあるという認識である。しかし、道具としての人工知能に注目すべき理由はそれだけではない。いくつかの原理的理由から、主体としての人工知能の実現は、人工知能研究の目標設定として適切なものではないかもしれないのである。次節ではこの点について検討しよう。

2 | 主体としての人工知能の原理的困難

　主体としての人工知能の実現、すなわち、人間のような汎用知能をもつ自律的エージェントを作り出すことは、2つの理由から人工知能研究の目標設定としては適切ではないように思われる。

　主体としての人工知能の実現がよい目標設定ではないことの第一の理由は、どのようにすればこの目的を達成できるのかが明らかでないということである。「はじめに」でも見たように、現在の人工知能は基本的に課題特化型であり、

実行できる知的課題が制限されている反面、その課題に関してはしばしば人間を上回るようなパフォーマンスを示す[3]。しかし、生物の知能はこれとは根本的に異なるあり方をしている。生物は、周囲の環境を知覚し、みずからの状態に応じて適切な行動を決定し、実際に身体を動かして行動する。複雑さに程度の差はあるにせよ、生物は、みずからが置かれた環境で生存し、子孫を残すために必要な一連の知的課題をすべて行うことができる。生物知能の本質的な特徴は、自律性と汎用性なのである[4]。

　では、どのようにすれば生物のような汎用人工知能を実現できるだろうか。1つの方法は、昆虫（あるいはより単純な生物）レベルの単純な自律型ロボットを作ることから出発し、その能力を徐々に複雑化していくことで、イヌやネコのようなレベルの知能を実現し、さらには人間レベルの知能を実現するというものである。これはいわば、生物進化の歴史を人工的にたどり直すという戦略である[5]。

　生物知能が進化の産物であることを考えれば、このような方法で高度な自律的汎用知能を実現できることは間違いないだろう。しかし、このような手法の実行には、生物進化と同様に膨大な時間を要するだろう。このような研究は、生物知能の進化の過程を解明する上では有用かもしれないが、高度な汎用人工知能を作り出す手法としては、現実的なものではないだろう。

　考えられるもう1つの方法は、課題特化型の人工知能を組み合わせることで汎用人工知能を作り出すというものである。しかし、このような戦略も、現時点では有望なものとは言い難い。第一に、自律的な汎用知能を実現するには、視覚システムや聴覚システム、運動制御システムなど、すでに高性能な課題特化型人工知能が存在する要素のほかに、どのような要素が必要であるかは明らかでない。第二に、生物知能を構成する要素の中には、それに対応する高性能

---

3)　初期の人工知能研究における一般問題解決器（General Problem Solver: GPS）のように、汎用知能を目指した研究プロジェクトも存在する。しかし、実際には、GPSが解くことのできる課題は、適切なヒューリスティックを用いた探索によって解決できる問題に限定される。

4)　以下でも述べるように、これは、生物の知能がいかなる課題も実行できるという意味で万能だということではない点に注意が必要である。

5)　ロドニー・ブルックスによるクリーチャー研究は、まさにこのようなタイプの人工知能研究と考えることができるだろう。ブルックスの研究については、たとえばBrooks（1999）を参照。現在の人工知能研究における類似のアプローチとしては、たとえば谷口（2014）を参照。

な課題特化型の人工知能が現時点では存在しないものも数多く存在する。たとえば、視覚や聴覚に相当する高性能な人工知能システムはすでに多く存在するが、嗅覚や味覚、固有受容感覚に相当する高性能なシステムは存在しない。これらが汎用知能にとって不可欠な要素だとすれば、まずはこれらの要素を開発しなければならないことになる。

　これらの理由から、生物知能のような自律的な汎用人工知能を作り出すことは、短期的には実現が困難であるように思われる。

　主体としての人工知能の実現は、より原理的な理由からも人工知能研究の適切な目標設定ではないように思われる。そのことを明らかにするためには、生物知能とはどのようなものであるかをあらためて考えてみる必要がある。現実世界に存在する生物は、有限の認知的資源しかもたない。たとえば、感覚器官から取り入れることのできる情報の種類にも、情報処理に利用できる神経細胞の数にも限界がある。また、生物は進化の歴史に制約されており、祖先がもっていた形質にわずかな突然変異が加わったものを受け継ぐだけで、祖先がもっていなかった能力を突然に獲得することはない。現存の生物は、これらの制約の下で、みずからが置かれた環境で適切な行動を選択し、子孫を残すことで、自然選択の過程を生き延びてきたのである。

　このような事情があるために、生物知能にはいくつかの重要な特徴がある。第一に、生物知能は文字通りの万能知能ではなく、みずからの生存にとって重要な課題に特化したものである。有限な認知的資源を生存に無関係な課題に割り当ててしまえば、生存にとって重要な課題をうまく遂行できなくなるからである。第二に、生物知能は特定の知的課題に関して最高のパフォーマンスを示すものではない。ある特定の知的課題に認知的資源をすべて投入してしまえば、他の知的課題に関するパフォーマンスが低下し、生存が脅かされることになるからである。

　人工知能も一定の性能のCPUや一定の容量のメモリをもつ人工物である。それゆえ、自律的な汎用人工知能もまた、こうした制約から逃れることはできないだろう。そうだとすれば、自律的な汎用人工知能にも、文字通りの万能性は期待できないだろう。また、同じ理由から、個々の課題に関しても最高のパフォーマンスは期待できず、汎用人工知能は、多様な課題をそこそこのレベル

でうまくこなすものにならざるをえないだろう。

　生物知能には、もう1つ重要な特徴がある。生物知能は、何らかの報酬メカ
ニズムを重要な要素とするということである。ここで報酬メカニズムと呼ぶの
は、あることがその生物にとってどの程度よいことあるいは悪いことであるか
を示す、何らかのメカニズムのことである。生物においては、身体的な痛みや
快楽、おいしい味やまずい味などがその具体例となっている。報酬メカニズム
をもつことが生物にとって重要であるのは、それが適切な行動を学習するため
の手がかりとなるからである。たとえば、われわれは火に触ればやけどをし、
痛みを感じる。それによって、火は危険なものであることを学習し、以後火に
触れようとはしなくなる。生物には、自然選択の産物としてこのような評価メ
カニズムが備わっている。このメカニズムによって、生物は、みずからにとっ
て有益な行動を選択したり、有害な行動を回避したりすることを学習できるの
である[6]。

　汎用知能の実現にはこのような報酬システムも不可欠だとすれば、さらなる
問題が生じることになる。イヌやネコ、あるいはゴキブリが、さまざまな状況
における適切な行動を学習できるのは、生得的な報酬メカニズムを有するから
である。しかし、汎用知能、学習能力、生得的な報酬システムが不可分な関係
にあるとすれば、自律的な汎用人工知能もまた、イヌやネコ、あるいはゴキブ
リのように、みずからの利害関心に基づいて行動することになるだろう。真に
自律的な人工知能が実現できたとしても、それが人間の利害関心に沿って行動
してくれるとはかぎらないのである。人工物が自律的な知能をもつことと、そ
れが人間の思い通りに動くことは、両立不可能かもしれないのである。

　以上の考察からはどのような教訓が得られるだろうか。第一の教訓は、主体
としての人工知能を作ることは、人工知能研究の目標としては実り多いもので
はないかもしれないということである。このようなプロジェクトによって実現
される人工知能は、生物と同様に、不完全なものであり、自律的であるがゆえ
に制御困難なものとなると考えられるからである。このようなプロジェクトに
よって生まれるのは、まさに人工生物でしかないのである。

---

6)　これは、人工知能研究において強化学習が扱うメカニズムにほかならない。

　ここからただちに得られる第二の教訓は、われわれにとって有用なのはむしろ、道具としての人工知能だということである。さきに述べたように、生物が進化の産物であることを考えれば、生物知能が個々の知的課題に対する最善の解決となっていることは期待できない。逆に言えば、課題特化型の人工知能には、ある知的課題を、生物知能とは異なる仕方で、生物知能よりもうまく遂行できる可能性がある。このようなシステムこそが、真に有用な人工知能なのである。

3 ｜道具としての人工知能という見方の意義

示唆される一般的教訓

　前節における考察から明らかになったことは、人工知能研究にとって重要なのは、道具としての人工知能の可能性だということである。これが意味することを、本節ではさらに具体的に検討しよう。

　まず、道具としての人工知能という見方から示唆されるいくつかの一般的教訓を確認しておこう。第一に、この見方によれば、われわれにとって重要なことは、人工知能そのものに何ができるかではなく、人工知能を用いて人間に何ができるか、あるいは、人間と人工知能からなるシステムに何ができるかである。人工知能を利用することによって、人間単独では実行不可能だった知的課題が実行できるようになったり、ある課題を人間が単独で行うよりもより早く、あるいはより正確に実行できるようになったりすることが重要なのである。

　第二に、このような観点からは、人間の知能を再現することは、人工知能研究にとって重要な目標ではないということになる。われわれにとって有用なのは、われわれと同様の強みと弱みをもつ主体を新たに生み出すことではなく、われわれとは異なる強みをもつ知的道具を生み出すことなのである。

　第三に、人工知能がわれわれにとって有用なものであるためには、汎用性や自律性はかならずしも重要ではない。前節で見たように、人工知能に汎用性や自律性を与えることが、人工知能にわれわれと同様の弱みをもたらすのだとすれば、それは人工知能の有用性をかえって損なうことにつながりうるのである。

　道具としての人工知能という見方をとることで、人工知能研究の現状の評価

も変化することになる。すでに確認したように、現在われわれが利用している人工知能のほとんどは課題特化型である。これに対して、それは真の知能とは言えないのではないか、人工知能研究はあくまでも汎用人工知能の実現を目指すべきなのではないかといった批判がしばしばなされる。しかし、ここまでの考察をふまえれば、このような批判は適切なものではないことがわかる。人工知能研究におけるわれわれの主たる関心が、人工知能を活用して人間のあり方や社会のあり方をよりよいものにすることにあるのだとすれば、重要なのは、この目標にとって有用な人工知能を作り出すことである。そして、この目標にとって有用な人工知能とは、人間の知的能力を高め、拡張する道具として有用な人工知能である。このように考えれば、現在存在する課題特化型の人工知能は、汎用人工知能よりもむしろわれわれの目的に適ったものだと言えるだろう。もちろん、現在われわれの周りにあるのが課題特化型の人工知能ばかりであるのは、実際には、現時点でわれわれに作ることができるのは課題特化型の人工知能だけだからかもしれない。しかし、このことは、人工知能研究の進展が不十分であることや、人工知能研究が間違った方向に向かっていることを意味するわけではないのである。

人工知能研究が目指すべき方向性

次に、道具としての人工知能という観点から、人工知能研究は何を目指すべきかを具体的に考えてみよう。

まず考えられるのは、人間の知能がもつ弱みを人工知能で補完するという可能性である。人間の脳は、大規模な並列処理が可能だが、デジタルコンピュータと比較すればその情報処理速度ははるかに遅い。記憶容量にも限りがあり、情報を長期間正確に記憶しておくことは困難である。さらに、疲労によってパフォーマンスは低下する。すでにさまざまな領域で実装されているように、多くの単純作業においては、これらの弱点をもたない人工知能に作業を代替させることによって、ただちにパフォーマンスの向上がもたらされるだろう。

また、近年の行動経済学研究などによって、人間にはさまざまな認知的なバイアスがあることも明らかになっている。たとえば、用いる表現を変えることで同じ事柄に対する判断が変化したり（フレーミング効果）、確率的な推論を行

う際に事前確率を無視したりすることがある。われわれが意思決定をする際に
これらのバイアスの影響を弱める上でも、課題特化型の人工知能は有用だろ
う[7]。（このような可能性については第 6 章を参照。）

　もう 1 つの可能性は、生身の人間には実行不可能な知的課題を課題特化型の
人工知能が実行するというものである。たとえば、厳密な確率的推論が実行不
可能な場合、多数のサンプルをランダムに生成し、それを用いて真の値や分布
を近似することが必要となる[8]。このような場合に、1 つ 1 つのサンプルを生
成することは人力でも可能だが、実用的な精度で近似を行うために必要となる
数千、数万といった数のサンプルを生成することは、人間には不可能である。
しかし、このような場合でも、今日のコンピュータを用いれば、数十秒程度で
必要な数のサンプルを生成することができる。このような手法によって、これ
までは利用できなかった複雑な確率的モデルを利用することが可能となってい
る。

　これらは、人間ができないこと、あるいは苦手とすることを人工知能に行わ
せるという利用法である。しかし、課題特化型の人工知能を活用する可能性は
これにとどまらない。近年の深層ニューラルネットワーク研究の進展をふまえ
れば、人間が得意な知的課題に関しても課題特化型の人工知能を活用できるか
らである。たとえば、視覚的なパターン認識は生物が一般的に得意とする課題
である。しかし、近年の畳み込みニューラルネットワークは、写真に写った対
象の分類のような課題に関して、人間以上のパフォーマンスを示すことができ
る。画像診断のような領域においては、熟練した人間の医師よりも人工知能の
方が高い精度で診断を下すことができることもある。人間と人工知能のパフォ
ーマンスの差や、高性能な人工知能システムを開発するためのコスト次第では、
このような場面における人工知能の利用も有用だろう。

人工知能システムの設計

　道具としての人工知能という見方からは、人工知能システムの設計に関して

---

7)　認知バイアスに関しては、たとえば Kahneman（2011）を参照。
8)　たとえば、ベイズ推論によって複雑な数理モデルのパラメータの事後分布を推定する際に、マル
　コフ連鎖モンテカルロ法を用いて事後分布を近似するような場合である。

も、いくつかの重要な示唆が得られる。

　第一に、この見方によれば、人工知能は、人間とともに1つの認知システムを構成する要素だということになる。そうだとすれば、人工知能がどのようなインターフェースを備えるかが重要となる。このシステムにおいては、人間と人工知能との相互作用が滞りなく進行しなければならないからである。

　では、人工知能システムのインターフェースは具体的にはどのようなものでなければならないだろうか。まず、人工知能は人間にわかりやすく情報を提示するものでなければならないだろう。人間は優れた視覚認識能力をもつが、一度に認識できる情報には限りがある。また、量的な情報を正確に把握することは得意ではない。道具としての人工知能のインターフェースは、このような人間の認識能力の特性に合致した仕方で、重要な情報を取捨選択し、人間に認識しやすい仕方で提示するものでなければならないだろう。

　また、自然言語による相互作用が可能であることも重要だろう。人間同士の相互作用においては、多くの事柄が日本語や英語といった自然言語を通じてなされている。たとえば、ある物体を移動させるとき、われわれは、「座標（100, 200）から半径 10 cm 以内に物体を移動せよ」というような仕方ではなく、「あのへんに置いておいて」というような仕方で指示を出し、聞き手もそれに応じて行動する。人間にとっては、このようなやり方が自然なのである。したがって、道具としての人工知能の開発においては、自然言語処理が重要な課題となる。Siri や Alexa など、現在われわれの身の回りにある人工知能システムはすでにこのような方向に向かっているが、これをさらに推し進める必要があるだろう[9]。

　近年、人間と人工知能やロボットといった人工的エージェントとの相互作用、すなわち、ヒューマン・エージェント・インタラクション（HAI）の研究が活発に進められている。たとえば、人間と人工知能が1つの認知システムとして働くとき、人工知能は人間とは別のエージェントとして現れる方がよいのだろうか、あるいは、単なる道具として現れる方がよいのだろうか。また、ある知

---

9)　望ましいインターフェースのあり方を考える上では、ドナルド・ノーマン（Norman, 2014）やルーシー・サッチマン（Suchman, 1987）らの古典的な研究が、依然として有益な洞察をもたらしてくれるだろう。

的課題に含まれる作業のうち、どのような作業を人間が担当し、どのような作業を人工知能が担当するのが好ましいのだろうか。これらの問いに対する答えは、問題となる知的課題によって異なるだろう。道具としての人工知能をどのように設計すべきかを考える上では、このような問題に関する研究がおおいに参考になるだろう。(HAI については第6章を、人間と人工知能の分担に関しては第5章を参照。)

　道具としての人工知能システムの設計に関する第二の注意点は、環境の重要性である。エンゲルバートの H/LAM-T システムという考え方や、近年の認知科学における拡張された認知という考え方からも明らかなように、人間の認知は脳の中だけで生じることではなく、脳・身体・環境の複雑な相互作用からなる現象である。このような見方によれば、人間と人工知能からなるシステムが置かれる環境もまた、認知の重要な一要素だということになる。

　自動運転を例に考えてみよう。自動運転においては、人間と人工知能の間で円滑な権限委譲を実現すること、すなわち、自動運転から手動運転、手動運転から自動運転への切替を適切に実行することが重要となるが、これは難しい課題である。自動運転車が高性能になれば、人間の運転者は手動運転に備えないようになり、手動運転に切り替わったときに適切な対応をとれなくなるからである。しかし、たとえば自動運転車が走行する路面を整備すれば、悪路に進入したときに人工知能が頻繁に人間に権限を返還するという事態は回避できる。さらに、自動運転車だけが走行し、人間や野生動物が侵入できないような道路を整備すれば、人工知能が人間に権限を返還する必要はほぼなくなる。このように、人間と人工知能を取り囲む環境を整備することで、人工知能そのものの性能を高めることなしに、システム全体のパフォーマンスを高めることも可能なのである。

　第三の注意点は、代替案の存在である。拡張された認知に関する文脈で広く論じられてきたように、人間の知能を拡張する道具は人工知能だけではない。たとえば、人間は、暗算ではせいぜい2桁の掛け算しかできないが、紙と鉛筆を用いれば任意の大きさの数同士の掛け算をできるようになる。知能を拡張する道具が多様であることをふまえれば、人工知能による知能の拡張を考える際には、ほかの道具を利用する可能性を検討することも重要である。問題となっ

ているのが比較的単純な知的課題であれば、紙と鉛筆で事足りるかもしれない。課題によっては、コンピュータ上で計算をしたりシミュレーションをしたりするよりも、物理的な操作を行う方が効率的かもしれない[10]。

　人工知能を道具として用いる際には、どのような種類の人工知能を用いるべきかの選択も重要である。たとえば、画像認識のような場面では、深層ニューラルネットワークを用いることが有用だが、経路検索のような場面では、古典的な探索アルゴリズムの方が有用だろう。

　人工知能システムを設計する際に考えるべきことは、使いやすく性能が高いシステムを開発することだけではないという点にも注意が必要である。ここで問題となるのが、オランダの技術哲学者ピーター゠ポール・フェルベーク（Verbeek, 2011）が指摘する、技術の道徳性である。フェルベークによれば、技術は道徳的に中立的であり、使い方次第でよいものにも悪いものにもなるという見方は誤りで、技術はわれわれの知覚や行為のあり方を変化させることを通じて、それ自体としてさまざまな道徳的な意味をもつ[11]。

　しかし、技術の道徳性をふまえて技術を設計することは簡単ではない。ここで問題となるのが、アメリカの技術哲学者ドン・アイディ（Ihde, 1990）が指摘する技術の複数安定性（multistability）である。一般に、ある特定の技術が社会に定着するあり方は一通りではなく、その中には、その技術の設計者が想定しなかったものもある[12]。技術が複数安定性をもつとすれば、望ましい目的を達成することを意図して開発された技術が、それとは異なる、望ましくない帰結を引き起こす仕方で広く用いられるようになるということも生じることになる。

　他の多くの技術と同様、人工知能という技術もまた道徳性や複数安定性をも

10)　たとえば、さまざまな長さの棒を長い順に並べるときには、1本1本の長さを測ってそのデータをコンピュータ上でソートするよりも、それらをまとめてテーブルの上に立て、長いものから取り出す方がはるかに早い。
11)　たとえば、超音波検査技術は、胎児の出生前診断を可能にすることを通じて、胎児に病気や障害が見つかったときに中絶すべきか、そもそも出生前診断を受けるべきかといった新たな道徳的問題を生み出す。さらに、実際に一定数の親が中絶を選択するとすれば、選択的中絶に反対する人は、超音波検査技術はそれ自体として社会を悪い方向に変えるものだと考えるだろう。
12)　たとえば、階段を上り下りしやすくするために設置した手すりが、スケートボードで遊ぶために利用されるようになることが、複数安定性の例である。

つ。たとえば、より公正な採用を行うために人工知能システムを導入したとしても、学習データの偏りによって、このシステムはさまざまな偏見や差別の固定化を引き起こすかもしれない。また、人間の労働を軽減するためにある産業に人工知能システムを導入した結果、その分野において大規模な失業が生じるかもしれない。したがって、人工知能システムの設計においては、技術の道徳性を前提とした設計が必要となる。（その具体的な試みとしては第 10 章を参照。）また、技術の複数安定性を考えれば、ある人工知能システムを導入した後で想定外の問題が生じたときに適切に対応できるような設計のあり方も必要となるだろう。（この問題を考える上では、第 9 章で紹介されるさまざまな設計のアプローチが参考になるだろう。）

　以上の考察をふまえれば、道具としての人工知能の力を最大限に発揮するためには、しかるべき場面で、しかるべき種類の人工知能を、しかるべきインターフェースとしかるべき環境の下で用いることが重要だということがわかる。このような一般的な形で表現すれば、これは当たり前の主張に聞こえるだろう。しかし、人工知能の社会実装においては、これらの点に関するミスマッチがしばしば生じる。具体的な実装の場面でこれらの要請を満たすことは、決して容易なことではないのである。

4 ｜ 道具としての人工知能の課題

　ここまで、人工知能研究にとってより大きな可能性を秘めているのは、道具としての人工知能だということを見てきた。では、道具としての人工知能の利用には、限界や課題はあるだろうか。本節ではこれらの点について検討しよう。

現在の人工知能の限界

　まず、道具としての人工知能の限界について検討しよう。現在ある人工知能は、おおまかには、アルゴリズムに基づく古典的な人工知能システムとニューラルネットワークを用いたシステムに分けることができる。そして、どちらの種類の人工知能にもいくつかの重要な制約があることが知られている。

　まず、古典的な人工知能システムが扱うことができるのは、アルゴリズムによって解くことのできる問題である。しかし、われわれが関心をもつ問題には、よい曲を作曲することのように、そもそもアルゴリズムで処理できるのかどうかがわからない問題もある。また、原理的にはアルゴリズムによって厳密な解を求めることができるとしても、問題の規模が大きくなると、計算量が大きくなりすぎ、近似的な解をもとめることしかできなくなる問題もある（将棋や囲碁などがその例である）。古典的な人工知能によってこれらの問題に対処しようとすれば、よい解を発見するための手がかり（ヒューリスティック）が必要となる。多くの場合、人間がこれを設定しなければならないが、適切なヒューリスティックを発見することはきわめて困難である[13]。

　ニューラルネットワークを用いた人工知能にも、いくつかの制約が存在する。現在広く用いられている深層ニューラルネットワークは、数多くのパラメータをもつ複雑な数理モデルであるため、学習には数多くの訓練事例が必要となる。また、判定課題や分類課題などにおいては、それぞれの訓練事例に正解のラベルが与えられていることも必要である。この点で、インターネット上にキャプション付きの画像が無数にある画像認識や、最終的に勝敗という形で明確な評価が与えられるチェスや将棋などのゲームは、ビッグデータを用いた機械学習に適した課題である。しかし、これらの課題に深層学習が効果を発揮するとしても、数多くの学習データが利用できない他の課題においても深層学習が同様に効果を発揮するということは、無条件には期待できないのである。

　このように、現在ある人工知能が威力を発揮するのは、アルゴリズムが適用可能であるか、ビッグデータからの学習が可能であるような問題領域だと言うことができる。

　ここから、現時点では人工知能がうまく対処できない知的課題も明らかになる。たとえば、自然科学研究において新しい理論を発見するというような課題は、単純なアルゴリズムによって解決できる課題でも、過去の多くの事例からパターンを学習できる課題でもないように思われる。そうだとすれば、現時点では、人工知能にニュートンやアインシュタインのような発見を期待すること

---

13)　近年では、ヒューリスティックを機械学習させる手法の研究も進められている。

は難しいだろう。（人工知能と創造性の関係については第7章も参照。）

　政策決定は、現在の人工知能が扱うことがさらに難しい課題である。たとえ
ば、ある社会状況において増税すべきか減税すべきかが問題となっている場合
を考えてみよう。現在の社会状況を特徴づける変数は数多くあり、増税あるい
は減税は、それらの変数ときわめて複雑な仕方で相互作用し、さまざまな結果
を生み出す。その過程を表現する深層ニューラルネットワークは、多くのパラ
メータをもつものとなり、このネットワークが十分な学習を行うためには、経
済政策に関する莫大な学習データが必要となるだろう。しかし、われわれはそ
のようなデータをもちあわせていない。さらに、このような問題においてどの
ような政策が正しいかを考える上では、経済的な指標だけでなく、その課税は
平等なものか、課税によって他の重要な目標の実現が妨げられることはないか
といったことも考慮する必要がある。政策決定は、関連する要因を明確に限定
できない問題であり、この点で将棋や囲碁とは根本的に性格の異なる問題なの
である。このこともまた、政策決定における人工知能の利用を困難なものとす
るだろう。

　じつは、われわれが日常生活において直面している問題の多くは、政策決定
と同様の性格をもっているように思われる。たとえば、コンビニエンスストア
の店員が日々直面する課題を考えてみよう。店内で商品の陳列をしている際に
レジが混雑してきたときに作業を中断すべきかどうかは、店内の混み具合、レ
ジにいる店員の手際、陳列している商品の性質など、多くの要因の兼ね合いに
よって決まる。また、商品の仕入れ量を考える際には、来週の天気はどうか、
来店者が増えるようなイベントが近所であるか、新製品はSNSで話題になっ
ているかといった多様な要因を考慮する必要がある。場合によっては、来店者
の健康への影響や、近所の高齢者にとっての利便性といった要因も考慮する必
要があるかもしれない。これらの場面で問題になっているのは、政策決定と同
種のきわめて複合的な意思決定である。古典的な人工知能研究において明らか
になったのは、このような複合的な判断をアルゴリズムによって行うことの難
しさである。深層ニューラルネットワークとビッグデータによってこのような
判断が可能かどうかも、現時点では明らかではない。

　このような考察からわかることは、人間が直面する知的課題の中には、人工

知能によって比較的うまく代替できるもの、あるいはよりよい対処が可能になるものもあるが、人間と同等のパフォーマンスを期待できないものもあるということである。人工知能を利用する上では、人工知能が威力を発揮できる問題を正しく見極めることが重要なのである。このような能力は、人工知能が広く普及した社会で人間がもつべき新たな知的徳の1つかもしれない。（この点については第8章を参照。）

人工知能と人間の知能の違い

　道具としての人工知能を利用する上では、もう1つ重要な注意点がある。それは、人工知能と人間の知能のメカニズムの違いである。

　これまで見てきたように、道具として課題特化型の人工知能を作る際には、人間の知能のアーキテクチャを踏襲する必要はない。人間の知能とは異なるアーキテクチャを採用することで、ある知的課題に関して人間よりも高いパフォーマンスを実現できるならば、それはむしろ好ましいことだからである。

　他方で、道具としての人工知能が人間の知能とは異なるアーキテクチャをもつときには、人間と人工知能が同じ入力に対して異なる出力を生成する可能性がつねに残されることになる。このようなことは、現在の人工知能においても実際に生じていると考えられる。その典型例は、いわゆる敵対的事例（adversarial examples）である。画像認識ニューラルネットワークにおいては、たとえばパンダの画像にわずかなランダムノイズを加えると、人間には依然として明らかにパンダと見える画像が、テナガザルと判定されるというようなことが起こることが知られている（Szegedy et al., 2013）。このような事例が敵対的事例である。このような事例が存在することは、画像認識ニューラルネットワークが人間の視覚システムとは異なる仕方で対象の分類をしているということを示唆している。このようなことが一般的に生じるとすれば、人工知能に画像診断のような作業を行わせる場合には、人間と異なる出力を生成する可能性がつねにあるということに注意しなければならないことになる。

　この問題をさらに深刻なものにする事情がある。それは、深層ニューラルネットワークは、その一般的な動作原理は明らかだが、特定のネットワークにおいて特定の入力に対してなぜ特定の出力が生成されたかということに関して人

間に理解できるような説明を与えることは困難だという意味で、透明性の低い
アーキテクチャだということである。（この点に関しては第3章を参照。）深層
ニューラルネットワークは透明性を欠くアーキテクチャであるがゆえに、どの
ような状況でわれわれの期待とは異なる振る舞いを示すのかも、そのような問
題が生じたときにどうすればわれわれの期待通りの振る舞いを示すようにシス
テムを改良できるのかも、明らかでないことがしばしばあるのである。これら
のことをふまえれば、想定外の振る舞いが大きな危害をもたらす状況では、人
工知能に意思決定を任せることには慎重になる必要があるだろう。

　以上の考察からは、もう1つ重要な論点が浮かび上がる。通常、われわれが
道具を用いるときには、道具のメカニズムは明らかであり、道具の振る舞いは
予測可能である。しかし、人工知能、特に深層ニューラルネットワークは、高
性能で、信頼性の高い道具だが、そのメカニズムには未知の部分が多くあり、
その振る舞いにも予測不可能な面がある。（深層ニューラルネットワークのこの
ような特徴については、第4章も参照。）そうだとすれば、主体と道具という二
分法によっては、深層ニューラルネットワークという人工物の特徴を十分に理
解することはできないかもしれない。人間と人工知能の関係に関する考察をさ
らに深める上では、主体と道具という二分法に代わる概念枠組みを探求するこ
とも重要な作業となるだろう。

5 ｜ まとめ

　本章の内容をまとめよう。人工知能については、人間を代替する主体として
の人工知能と、人間の知能を拡張する道具としての人工知能という2つの見方
が存在する。しかし、自律的な汎用人工知能を実現することは、技術的に困難
であり、原理的な理由からも有用ではないかもしれない。われわれにとって有
用なのは道具としての人工知能であり、しかるべき場面で、しかるべき種類の
人工知能を、しかるべきインターフェースとしかるべき環境の下で用いること
によって、その有用性は最大限に発揮される。人工知能は、人類の存在を脅か
す他者ではなく、有用な道具の1つなのである。

参照文献

Brooks, R. (1999). *Cambrian Intelligence: The Early History of the New AI*. Cambridge, MA: MIT Press.（ロドニー・ブルックス『ブルックスの知能ロボット論』五味隆志訳，オーム社，2006 年.）

Clark, A. (1997). *Being There: Putting Brain, Body, and World Together Again*. Cambridge, MA.: MIT Press.（アンディ・クラーク『現れる存在——脳と身体と世界の再統合』池上高志・森本元太郎監訳，NTT 出版，2012 年.）

Dreyfus, H. (1992). *What Computers Still Can't Do: A Critique of Artificial Reason*. Cambridge, MA: MIT Press.（ヒューバート・ドレイファス『コンピュータには何ができないか——哲学的人工知能批判』黒崎政男・村若修訳，産業図書，1992 年.（原著第 2 版の邦訳））

Engelbert, D. (1962). *Augmenting Human Intellect: A Conceptual Framework*. Menlo Park: Stanford Research Institute.

Hayes, P. & Ford, K. (1995). Turing test considered harmful. *Proceedings of the 14th International Joint Conference on Artificial Intelligence*, 1: 972-977.

Ihde, D. (1990). *Technology and the Lifeworld: From Garden to Earth*. Bloomington and Indianapolis: Indiana University Press.

Kahneman, D. (2011). *Thinking, Fast and Slow*. New York: Farrar, Straus, and Giroux.（ダニエル・カーネマン『ファスト＆スロー——あなたの意思はどのように決まるか？』村井章子訳，早川書房，2014 年.）

Norman, D. (2014). *The Design of Everyday Things* (Revised and Expanded Edition). Cambridge, MA.: MIT Press.（D・A・ノーマン『誰のためのデザイン？——認知科学者のデザイン原論（増補・改訂版）』岡本明監訳，新曜社，2015 年.）

Suchman, L. (1987). *Plans and Situated Actions: The Problem of Human-Machine Communication*. Cambridge: Cambridge University Press.（ルーシー・A・サッチマン『プランと状況的行為——人間 - 機械コミュニケーションの可能性』佐伯胖監訳，産業図書，1999 年.）

Szegedy, C., Zaremba, W., Sutskever, I., Bruna, J., Erhan, D., Goodfellow, I., & Fergus, R. (2013). Intriguing properties of neural networks. *arXiv*. https://arxiv.org/abs/1312.6199

Verbeek, P.-P. (2011). *Moralizing Technology: Understanding and Designing the Morality of Technology*. Chicago: University of Chicago Press.（ピーター＝ポール・フェルベーク『技術の道徳化——事物の道徳性を理解し設計する』鈴木俊洋訳，法政大学出版局，2015 年.）

谷口忠大（2014）.『記号創発ロボティクス——知能のメカニズム入門』講談社.

＊本章は JST/RISTEX の研究開発プログラム「人と情報テクノロジーの共生のための人工知能の哲学 2.0 の構築」および科研費 22K00004 の研究成果の一部である。

第2章 | AI 対 IA——対立の構図に隠された真の主題

柴田　崇

1 | はじめに

　電子コンピュータの開発史を繙くと、この人工物の未来に、自ら考える「人工知能（Artificial Intelligence: AI）」という知的存在の誕生を夢見る陣営と、人間の「知的能力を増強するための道具（Intelligence Amplifier: IA）」の開発を目指す陣営との対立があったらしいことがわかる[1]。この対立の図式は現在の AI 論にも引き継がれ、人類に待ち受ける2つの未来から現在に遡及し、いまここでの選択を問う類の議論を形成している。たとえば、ジョン・マルコフは、この対立を、人間がコンピュータを主人として仰ぐことになる未来のヴィジョンと、単なる道具や奴隷と見下すヴィジョンの対立に読み替えた上で、両者の中間に位置する対等な「パートナー」のヴィジョンを新たに提起し、人間中心の設計でそれを実現すべきことを説く（Markoff, 2015）。2000 年代後半の「深層学習」という技術的ブレークスルーを経て、趨勢が AI の側に傾斜しているように見える今日、マルコフの提案には、一方への偏りを中和し、穏当な中道を指し示す意義がありそうに思われる。

　本章は、2つの陣営の対立が見せかけのものにすぎないことを論証し、対立の図式によって隠されてきた真の主題を明らかにすることを目的とする。

　以下、第2節でマルコフの議論を解説し、そこで示されている AI と IA の対立の図式を詳らかにする。第3節では、2つの陣営を包摂する技術論の起源

1）　たとえば、ケヴィン・ケリーは、コンピュータ開発における「ミンスキー派対エンゲルバート派」の対立の構図に言及し、自らがミンスキー派であると書いている（Kelly, 1994, pp. 33-34）。

が古代ギリシアにあることを明らかにする。第4節では、起源において展開された議論を精査することでこの技術論が提起する主題を確認し、コンピュータを含む人工物に適用する際の意義と限界について論証する。そして、第5節では、技術に関する議論で使われている用語のうち本章の考察に関係するものの意味を確定しつつ、昨今の AI 論の論点を整理する。

2│AI と IA の対立図式

コンピュータをめぐる2つの陣営

マルコフは、コンピュータの未来をめぐる対立を次のように説明している。

> コンピュータ世界では、歴史や価値観、優先課題が明らかに違う2つのコミュニティがある。一方の人工知能コミュニティでは、人間の経験を自動化するというゴールに向かって絶えず前進を続けている。もう一方のヒューマン・コンピュータ・インタラクション（HCI）のコミュニティは、先駆的な心理学者 J. C. R. リックライダーが現代のコンピュータ時代に向けて、聡明なマシンへの中間ステップとして提示した「人間とマシンの共存」というアイデアに配慮してきた。(Markoff, 2015, pp. 27-28)

ジョセフ・C・R・リックライダーが活躍した時期を基準にすると、既に1960年頃には、コンピュータ開発のヴィジョンの違い、あるいはコンピュータと人間の関係についてのアイデアの違いが先鋭化していたと推定できる。

　コンピュータによる自動化を極限まで進めることを開発目標に掲げる陣営をAI派と呼ぶならば、AI派のヴィジョンは、自動化による人間の「置き換え」と言い換えられる。ここでの「置き換え」は、「人間とマシン」の分業において人間のなすべき仕事のすべてをマシンが代行し、マシンが人間を不要にすることを指す。このような AI 派のヴィジョンを受け入れた場合でも、正反対の2通りの評価がありうる。すなわち、マシンによる「置き換え」を、労役からの解放と捉えればポジティヴな、仕事の簒奪や雇用の喪失と捉えればネガティヴな評価が下る。主人と奴隷の喩えを使うならば、ポジティヴな評価からは、

コンピュータを奴隷のように使役し、主人の地位を満喫する人間の未来が描け
る。他方、ネガティヴな評価に基づけば、人間が主人の座をコンピュータに明
け渡す未来が描き出せる。マルコフによれば、マーヴィン・ミンスキー、ジョ
ン・マッカーシーらが AI 派に分類されるが、マルコフは AI 派を「コンピュ
ータを主人として仰ぐ」ヴィジョンとして捉えたのであり、マルコフは、AI
派の議論の中にネガティヴな意味を見出したということになるだろう。

　他方、IA 派は、コンピュータによる完全な自動化を望まず、人間を分業の
輪から排除しないことを前提にした「人間とマシンの共存」を模索する。実際、
リックライダーの「共存」には、コンピュータは人間から主人の地位を奪う存
在ではなく、あくまで人間の「知的能力を増強するための道具」であるべきこ
とが含意されている。このことをマルコフは、IA 派の議論ではコンピュータ
が道具あるいは奴隷として人間に仕える身分をあてがわれていると解釈したの
である。IA 派の筆頭にあがるのがリックライダーであり、ダグラス・エンゲ
ルバートもここに分類される（Markoff, 2015, Chapter 1）。

二項対立の裏に何があるのか

　さて、ひとまずコンピュータをめぐる言論状況が 2 つの陣営に切り分けられ
たが、少なくとも 1960 年代頃の対立の図式を理解するためには、補足を要す
る。リックライダーが提示した「人間とマシンの共存」がいかなるものであっ
たかを確認するところから、単純な二項対立の図式から漏れ出る意味を掬い上
げよう。

　リックライダーは 1960 年の論文（"Man-computer symbiosis"）で、コンピュ
ータを含む機械と人間との「共生」のアイデアを語っているが、リックライダ
ーによれば、「共生」とは、人間を機械的に「拡張」すること（mechanically
extended man: MEM）ではなく、それに対置される状態を指す。リックライ
ダーは、機械が一方的に人間の能力を「拡張」する片務的な分業を批判し、こ
の文脈で、双務的な「共生」の理想を説いているのである。

　また、マルコフの引用からもわかるように、リックライダーが、人間の知力
を凌ぐコンピュータ（「聡明な機械」）が登場する未来の到来を前提に、そこに
至るまでの「中間的なステップ」のあり方について提言している点にも注意が

必要である。リックライダーは、コンピュータによる人間の「置き換え」を不可避のこととしつつ、その実現を可能な限り先送りし、その間に両者の「共生」で得られる果実を最大化するための束の間の策を提起しているのである。この点については、マルコフも理解していた。

　他方、リックライダーが、「共生」を実現するための機械についてはもちろんのこと、片務的な MEM であっても、分業において機能の「拡張（extension）」、あるいは能力の「増強（amplification）」の効果が得られると考えていた点について、マルコフの注意が疎かになっているのを見逃してはならない。リックライダーは、人間とコンピュータの「共生」を唱道しながら、MEM を批判するときも、そして、コンピュータが人間の主人となる未来でさえも、「拡張」、あるいは「増強」の効果が得られると考えていたのである。分業の形の如何を問わず、コンピュータは人間に「拡張」の効果をもたらす。この前提を不問に付していることからは、マルコフもまた同様の信念をもつと推定できる。

　マルコフが提起する「パートナー」のヴィジョンとは、人間と機械の「適正な」分業の形を探ることを自らに課すものである。この限りで、マルコフ自身は IA 派に属す。さらにマルコフは、人間の知能を超える「聡明な機械」の登場を念頭に、「人間中心の設計」をコンピュータにいま施せば、完全な自動化の果てに人間が主人の地位を奪われる未来を回避できるとも考えている。「パートナー」のヴィジョンとは、リックライダーの「共生」を永続化することで、AI 派のヴィジョンを挫く企て、とまとめられよう。

　マルコフのアイデアを正面から批判するならば、対等な「パートナー」シップの実現可能性を議論すべきところだが、それは本章の目的ではない。本章の目的は、マルコフが提起した AI 派と IA 派の対立が、俯瞰すれば上辺のものにすぎないこと、そして、この対立を強調することで、本来議論すべき重要な問題が見えなくなっている事実を明らかにすることにある。

　次節では、AI 対 IA の対立の図式を包摂する技術論に遡り、マルコフ流の技術論の意義と根本的な限界とを指摘する。

3 ｜ マルコフの技術論の意義と限界

拡張論の起源『パイドロス』

　機械は人間の仕事を代行することで「拡張」の効果を生み出す、道具は人間に備わった能力を「増強」する、といった論理、そしてこの論理に基づく技術論は、以下に紹介する通り、コンピュータの草創期を経由して古代ギリシアに遡る、各時代に見られた正統でありふれたものである。コンピュータや機械などの複雑な機器に限らず、簡易な道具に関する議論にも使われる点では汎用的なものとも言える。これらの事実の詳細は以前別稿で考察した（柴田, 2022a, Chapter 1）。ここでは、マルコフの対立図式を巨視的な観点から眺めるために、「拡張」や「増強」の効果をうたう技術論（以下、「拡張論」と記す）の起源と、そこでどのような議論が闘われたのかに焦点を絞る。

　拡張論の起源は、プラトン『パイドロス』の中の説話の1つに求められる。エジプトのナウクラティス地方を舞台にしたこの説話は、発明神テウトとエジプト王タモスとの対話で進行する。テウトは新しい技術を発明するたびにタモスに披露し、エジプト人に伝えることを進言する。タモスは技術の1つひとつについてそれらがどのように役立つかを尋ね、良い点を褒め、悪いと思った点を咎めた。将棋や双六に似たゲームなどを発明してきたテウトが文字を携えてタモスを訪れるところから対話が始まる。テウト曰く、

　　王様、この文字というものを学べば、エジプト人たちの知恵はたかまり、もの覚えはよくなるでしょう。私の発見したのは、記憶と知恵の秘訣なのですから。（プラトン, 1967, p. 134）

発明者のテウトは、文字が記憶力と知恵を高める益をもたらす発明だと言う。これに対し、タモスは次のように応答する。

　　たぐいなき技術の主テウトよ、技術の事柄を生み出す力をもった人と、生み出された技術がそれを使う人にどのような害をあたえ、どのような益をもた

らすかを判別する力をもった人とは、別の者なのだ。(Ibid.)

発明者とその効果の判別者とが異なることを断った上で、タモスは、文字がもたらす害、すなわち負の効果を指摘する。

　いまもあなたは、文字の生みの親として、愛情にほだされ、文字が実際にもっている効能とは正反対のことを言われた。なぜなら、人がこの文字というものを学ぶと、記憶力の訓練がおざなりにされるため、その人たちの魂の中には、忘れっぽい性質が植えつけられることだろうから。それはほかでもない、彼らは、書いたものを信頼して、ものを思い出すのに、自分以外のものに彫りつけられたしるしによって外から思い出すようになり、自分で自分の力によって内から思い出すことをしないようになるからである。じじつ、あなたが発見したのは、記憶の秘訣ではなくて、想起の秘訣なのだ。また他方、あなたがこれを学ぶ人たちに与える知恵というのは、知恵の外見であって、真実の知恵ではない。(Ibid., pp. 134-135)

　まずテウトの発言からは、文字が人間の仕事（記憶や知恵）を代行し、その結果、「拡張」の効果が生み出される、との論理が抽出できる。これ以降、「代行」によって機能を「拡張」するとの論理が時代ごとの新しい発明に適用され、古代ギリシアに始まる拡張論の歴史が創られてきたのである。

技術論における拡張論の席巻

　たとえば、「新しい環境に適応する目的で、有機体のもつ自己調節的制御機能を拡張する（extending）ために外来の部品を意図的に組み込んだ存在である」(Clynes & Kline, 1960, p. 27) とのサイボーグの定義にも、外来の部品で自己調節機能を「代行」させることでその働きを「拡張」するという論理が見て取れる。そして、「知性増幅機械（Intelligence Amplifier）」、および「記憶拡張装置（memex: memory extender）」(Bush, 1945) の掛け声とともに始まった電子コンピュータの開発史でも、仕事の一部をコンピュータに「代行」させることで「拡張」や「増幅」の効果が得られることが大前提になっている。本章で

見てきた2つの陣営の対立は、「機械、そして情報処理における人間と機械の
パートナーシップによる人間の知性の大規模な拡張（extension）」（Ramo, 1969,
p. 47）の枠内での対立だったのである。

　確かに、人工物との間に侵襲的な関係が築かれるサイボーグ技術や、身体に
付着して使用し身体化が語られる道具と対照させると、コンピュータとの間に
築かれるのは非侵襲的な関係であり、コンピュータは使用者から独立して働く
人工物であるかのように思われる。しかし、両者の違いは絶対的なものではな
い。人工物を身体の内側に取り込んで「系＝システム」を実現する場合でも、
身体の外側にある人工物との協働で「系」を実現する場合でも、人工物が「代
行」することで得られる「拡張」の効果の発議が議論の出発点にある限り、同
じ論理で当該人工物が考察されていることに注意しなければならない。つまり、
IA 論と AI 論はともにテウトの末裔なのである。

　実際、マルコフが提起した対立の図式は、「代行」と「拡張」をセットにし
たロジックで成り立っている。翻って、拡張論が技術論を席巻した理由の1つ
は、身体の内外を問わず「系」さえ確立されれば、それによって得られる果実
に目を向けるよう促すという実践的な姿勢にあったと推察される。拡張論のこ
のような鷹揚さが、文字の考察に始まる議論を人工物一般に適用する道を拓き、
二〇世紀半ばに AI と IA をまとめて議論する土俵を用意したのである。

　20 世紀半ばから今日までの技術論を概観すれば、技術一般から AI やサイボ
ーグの議論に至るまで、遍く拡張論が確認でき、あたかもそれ以外の論理が存
在しないかのような錯覚が作り出されている。21 世紀の本邦で注目を集めて
いる人間拡張工学も拡張論の血を引くものの1つであることを付言しておきた
い（柴田, 2022a, Chapter 1）。

　拡張論とは、人間にもともと備わった機能や器官を「代行」することで「拡
張」の効果をもたらすものとして人工物を捉える論理であり、立場である。
「代行（substitution）」やこれに類する語、「拡張」する「機能（function）」や
「能力（power, capacity, ability）」に相当する語が用いられていることがその指
標となる。効果が高まる様子については、「拡張（extension）」で表すのが一般
的だが、「増強（enhancement）」、「増幅（amplification）」、「増大（augmenta-
tion）」などのヴァリエーションがこれに代わって使われることも珍しくない。

「代行」についても、人間と人工物との「分業」における割合や役割に応じて、「協力（collaboration）」「協調（cooperation）」「補完（complement）」「共生（symbiosis）」から、人間が不要になる「置き換え（replacement）」に至るヴァリエーションとグラデーションが観察できる（ibid., p. 41）。

　さて、起源の議論を概観することによって、拡張論が、「拡張」とは別の効果を言い立てることでこれに対抗する立論（以下、「衰退論」と記す）とセットになっていたこともわかった。昨今の技術論を顧みれば、衰退論が切り捨てられ、拡張論のみが跋扈するという歪みがあるとは言えないだろうか。こうした現状をふまえて、両論を併記し、原初の議論を正しく継承すべきことを唱える向きもあるだろう。しかし、そのようなやり方では取り繕えない根本的な問題がある。次節では、拡張論の射程とともに、衰退論を含むこの技術論に内在する課題を確認し、加えて、この内在的な課題に無自覚なまま拡張論を使う議論の誤りを指摘する。

4 │ 拡張論に内在する誤りとは何か

『パイドロス』の対話における隠れた主題

　まず、2 人の対話を表にすることで見えてくる隠れた主題に注目しよう（表2-1）。テウトもタモスも相手の立論に全面的に異を唱えているわけではない。明示的同意を○、暗黙の同意を（○）とすれば、相手の発言に対応する各箇所に（○）を記入することができる。2 人の対話は、それぞれの主張を認めた上で、新たな論点を提起する仕方で進行しており、その意味で弁証法的だと言える。

　このように表にしてみると、タモスの反論が、文字が記憶の働きを「代行」

表2-1　テウトとタモスの対話の隠れた主題

	1	2	3
テウト	「代行」→拡張の効果＝「融合」	（○）	（○）
タモス	（○）	文字への依存＝訓練がおざなりになる	「分離」＝「融合」の解除により衰退の効果が露呈

したときの拡張の効果に直接向けられたものではないことがわかる。

　タモスにとっての記憶とは、自らに彫りつけ、内から思い出すことであり、文字とは、自分以外の外のものに彫りつけ、外から思い出す発明だった。タモスは、テウトが「もの覚え」と一括した心の働きを捉え、記憶と想起のそれぞれ2つのタイプに分節する。そして、文字への依存が、記憶力の訓練をおざなりにし、内から思い出すタイプの想起の不調をきたすことを難じている。タモスは、「忘れっぽい性質」が植えつけられることに警鐘を鳴らすことで、内から思い出すタイプの想起の方の不調を俎上に載せる一方、外から思い出すタイプの想起を文字が担いうることについては否定していない。タモスにとっての文字とは、自らに彫りつけるタイプの記憶を「代行」して新たなタイプの記憶を創出し、内から思い出すタイプの想起を「代行」して新たなタイプの想起を創出する発明、ということになる。「記憶力の訓練」が自らに彫りつけるタイプの記憶の訓練だとすれば、文字とは、そのような訓練を省略する別のタイプの記憶を実現する発明なのである。もしそうならば、文字の使用でタモスが言うような「忘れっぽい性質」が植えつけられようとも、文字が彫りつけられていて、想起の働きを「代行」してくれる「ノート」さえあれば、忘れっぽい性質に由来する害は発現しようがない。

　タモスは、2から始まる議論を継ぐことで、発明者のテウトが気づいていない文字の効果、すなわち、文字に依存することで潜在的に醸成される負の効果を指摘し、それが露呈する危険に注意を促している。繰り返しになるが、タモスの発言は、テウトが1で語った「拡張」の効果そのものを難じることを意図したものではない。人工物（この説話では文字とそれを彫りつけたもの）が人間の働きの一部を「代行」し、人間と人工物との分業が成り立っている状態を「融合」と呼ぶならば、3の局面は、「融合」が解かれ、人工物が「分離」する事態がありうることに警鐘を鳴らし、2の局面は、「分離」によって露呈する負の効果が、使用とともに醸成されることに読者の目を向けさせる役割を担う。2人の対話に少々の違和感があるとすれば、タモスが「融合」の状態が続く際の効果を論じたのに対し、テウトが「分離」の状態で発現する効果について論じていることの齟齬に起因すると考えられる。

　こうしてタモスは、知恵についてはともかく、記憶力に関しては確かに、良

い点を認めてこれを褒め、その上で、テウトが気づいていない負の効果を指摘し、制作者の不明をたしなめている。換言すれば、潜在的に進行する負の効果の存在を指摘する一方、文字を使い続ける「融合」の状態が継続し、「分離」が生じなければ、制作者が意図した通りの「拡張」の効果があることを認めていると解釈できる。

　タモスが指摘した、依存の後の「分離」が、使用前の状態への回帰ではなく、依存の間に徐々に進行していた「衰退」の効果を顕現させるとの議論は、プラトン後の拡張論と衰退論の興亡の歴史の中では「ブレイクダウン」などの表現を得て衰退論の拠り所となり、また、拡張論の鬼門であり続けてきた。とはいえ、拡張論と衰退論は、相容れない立場の表明ではなく、それぞれが弁証法的な対話の一部を成すという意味で、論点を補い合う相補的な関係にあると言うべきである。拡張論が、人工物の使用で拡張の効果が得られることを前提に、それを最大化するために人間と人工物の間にいかにして適正な分業を実現するかを主題とするのに対して、衰退論は、やはり使用を条件に拡張の効果を認めつつ、予期しない形で使用が中断される事態がありうることを指摘し、人工物に依存することで生じる負の効果に注意を促すなど、拡張論者が見落としている論点を拾い集めることを主題にしている。こうしてタモスは、制作者であるテウトの知らない文字の効果を指摘する判別者の役割を担うことになるのである。

判別者の役割と資格

　以上をふまえると、マルコフが提起した AI 対 IA の対立の図式の問題点が明らかになる。まず、マルコフの議論は人間との適切な「分業」（局面 1）の考察にコンピュータをめぐる問いを還元している点で、テウトに始まる拡張論の典型と言ってよい。次に、マルコフの議論には、衰退論が提起した、「分離」の危機や、依存による負の効果へのまなざしが欠けている。そして、負の効果の指摘によってタモスが証明しようとした事実、すなわち、制作者が同時に判別者たりうることの難しさ、への反省が等閑視され、結果、判別者の資格や能力への問いかけは期待すべくもないのである。

　判別者の資格や能力に関する議論の不在については、マルコフのせいとばか

りは言えない。というのも、テウトとタモスの対話には、肝心の判別の手立て
などについて何も書かれていないからである。ある注釈はこの問題に対して、
『国家』におけるある記述を指示する（Yunis, 2011, pp. 227-228）。そこには確か
に、テウトのような「制作者」（発明を含む創作的な仕事を行う者）ではないが、
鍛冶屋や革職人などの馬具の「製作者」が、実際に馬に乗って「それらを使う
すべを心得ている人」、つまり「使用者」よりも道具をよく知るわけではない
こと、つまり、製作者よりも使用者の方に道具の良し悪しを判別する力がある
ことが書かれている（プラトン, 1979, pp. 319-322）。

　制作者よりも使用者に、単なる使用者よりもうまく使用する者に判別の力が
あるとすれば、エジプトの人々に広める前に使用に通じることはおろか、使用
した痕跡さえない2人に、文字を含めた発明について語る資格があったのだろ
うか。神や王であることによって特別な能力が備わっているという詭弁を弄す
ならば、この箇所を読んだ者が同様の万能感を以って人工物について語り始め
ても責められまい。『パイドロス』の説話は、拡張論の故郷であると同時に、
いかなる者が判別者たりうるかが明示されていないという消極的な要因と、使
用の効果を判別する基準が示されないにもかかわらず文字の効果について合意
に達して対話が進むという積極的な要因とによって、実際の「使用」の観察を
省略し、「拡張」の効果を先験的に認める議論を量産することになったのであ
る。拡張論の内在的な問題とは、効果を先取りする誤りを犯していることと言
い換えられる。

　プラトンの良き読者でなくとも、人工物を理解したいのであれば、文字に関
する対話と馬具の判別者の議論との整合化を図り、効果を測定するために何が
必要かを考え始めなければならないだろう。さらに、プラトンが十分に展開し
なかったいくつかの論点についても、併せて考え始めなければなるまい。たと
えば、使用を通じて当該人工物の効果が発見されるのであれば、同時に、効果
に見合った使途も発見されていくはずである。人工物に「固有機能」があると
しても、それは、設計者が意図した機能そのものではありえず、使用者が偶然
に発見するそれとのせめぎ合いを通じて暫定的に定着し、安定した機能を言う
にすぎない（cf. 直江, 2013, pp. 268-276）。さらに、使用者がその機能を言語化
できる保証はなく、また言語化に貢献する理論を修得した者（たとえば、使用

の効果を客観的に計測する認知科学者？）であっても、人工物の効果が社会にど
のように受容され、いかなる使途に供されるかを特定することは原理的に不可
能であり、予測の範囲でそれについて語る資格をもつと言えるにすぎない。そ
の良し悪しを判断し、人工物を理解する際には、このような「複数安定性」
（Verbeek, 2011, 邦訳 19 頁）を前提しなければならないのである。ここでもま
た、無条件に「拡張」の効果を謳う技術論の弊害が再認識できる。

楽観論と悲観論の新たなカテゴリー分類

　対話の続きを想像する自由が読者にあることを信じ、「分離」を前提にした
タモスの反論（2、3）に対し、テウトにはどのような反駁ができるか、考えて
みたい（表 2 - 2）。発明神のテウトであれば、タモスが指摘するように「分離」
が起こりうる脆弱性を認めた上で（4）、「分離」を阻止する仕掛けや工夫を根
拠に、意図しない人工物の振る舞いが制御・コントロールできると言い立てる
ことだろう。そしてタモスがそのような制御が不可能であることを説けば、2
人の対話が滞り、アポリアに到達する（5）。

　荒唐無稽な解釈のようだが、実は次節で見るように、拡張論に依拠する今日
の技術論の多くは、コントロールをめぐる主題に逢着している。また、次に見
るように、このような対話の続きを想定することで、マルコフとは別の図式で、
AI 論における楽観論と悲観論をいくつかのカテゴリーに分類できる効用もあ
る（cf. 柴田, 2022b, pp. 38-41）。この分類が妥当なら、2 人のもともとの対話と
は別に、その延長線上にある 4 と 5 とをもう 1 つの主戦場にして、今日の AI
論が展開していると言えそうである。

　分類のための最初のラインは、コンピュータをこれまでの人工物と同じく単
なる道具にすぎない、と見なす群（①）と、自律性を獲得する最初の人工物と
見なす群（②）の間に引ける。①には、いわゆる IA 派、すなわち、コンピュ

表 2 - 2　テウトによる反駁、そしてアポリア

	4	5
テウト	（○）	「分離」阻止：制御可能
タモス	脆弱性あり	×：制御不可能

表2-3　楽観論と悲観論の新たなカテゴリー分類

	①AI はあくまで道具にすぎない	②AI は自律的な機械に成長し、人間のコントロールを逸脱する	③AI は自律的な機械に成長するが、人間のコントロールに服する
楽観論	「〈IA＝道具〉論」	「AI ダーウィニズム」	「〈AI＝道具〉論」
悲観論	「ネオ・ラッダイト」	「フランケンシュタイン・コンプレックス」	

ータに本当の意味での知能が備わることを否定し、人間の知能を増強する道具と考える一派が含まれる。②はさらに２つの群に分けられる。一方が、自律性を獲得したコンピュータが人間のコントロールを脱し、結果、人間社会に悪影響が及ぶと考える群、他方が、自律性を獲得しようとも人間がコンピュータをコントロールし続けられると考える群である。①とカテゴリーの水準に齟齬はあるが、便宜上、前者に②、後者に③のラベルを貼る。以上の①②③の３つの群を、コンピュータが発達する未来を楽観的に捉えるか（楽）、悲観的に捉えるか（悲）でさらに細分化する。以下で具体的に考察していくが、AI をめぐる楽観論と悲観論を分類するための新たなカテゴリーとして、表2-3を提案する。

　文字の効用を高らかに喧伝するテウトはもとより、純粋な IA 論者や人間拡張工学を旗印にする技術者集団は①楽に分類できる。ただし、リックライダーのように、一見するとここに分類できるようでいて、長期的な観点では「聡明な機械」の登場を想定する者がいることには注意しなければならない。この群に名前を与えるなら、「〈IA＝道具〉論」が相応しい。同語反復のようだが、以下に見る通り、自律性を備えた AI を道具的な存在と見なす群（「〈AI＝道具〉論」）との対比で、この呼び名の意義が明確になる。

　他方、コンピュータを道具にすぎないと考えても、それが「分業」において人間を「置き換え」てしまったり、人間のコントロールを容易に脱する危険な人工物と見なされるとき、①悲が生まれる。産業革命期のラッダイト運動を皮切りにした雇用の簒奪を危惧する議論はここに分類できる。また、「分業」に関するものとは別に、道具を使い始め、それに依存することで人間が本来もっていた能力が減退したり、道具がうまく作動しなくなったり、さらに深刻な

「ブレイクダウン」を想定して悲観的な論を立てる者がいる。これらの、タモスの末裔と呼ぶべき人々の議論もまた「悲観的道具論」に分類できる。ともあれ、ここに属する人々を即座に「技術恐怖症（technophobia）」と呼ぶのは適当ではない。タモスは、文字を使うことで記憶力や知恵が減退するおそれがあることを語るとともに、人工物への依存に伴う危険を理解し、リスク管理を技術論の主題とする道筋を指示した。道具によって得られる力が大きくなればなるほど、それが及ぼす負の効果、すなわち、発生の確率は低くともリスク事象が大きいことは無視できなくなる。にもかかわらず、「拡張」の効果のみが声高に語られる状況があるとすれば、①悲の意見は、見落とされがちな論点を補い、それを深化させるものになるはずだからである。やや使い古された感があるが、この群の名称には「ネオ・ラッダイト」が妥当だろう。当然、この名称が適用されるのは、原義の「ラッダイト」に忠実に、機械を擬人化することなく、負の効果について議論するものに限られる。

　「聡明な機械」が進化のさらなる高みに上るための踏み台となって人類が滅びることに栄光を見たり、超人と猿人の橋渡しをすることに人類の使命を見出すアーサー・C・クラークは②楽の代表と言えよう。人類の滅亡を従容として受け入れることに喜びを見出すクラークに対し、トランスヒューマニスト（超人主義者）の一部には、人間のコントロールを脱して進化を続けるコンピュータと首尾よく「融合」し、滅びゆく人類を足下に超人的なサイボーグとなって生存を図ろうとする者さえいる（Warwick, 2002; cf. 柴田, 2022a, pp. 48-54）。人類の存続や人間のありようを二次的なものと見なし、AI の進化自体を祝福するこれらの議論を一言でまとめるなら、「AI ダーウィニズム」ということになろうか。

　②悲については、枚挙に暇がない。『ターミネーター』などの創作を想起すれば、ここに分類できる議論が物語の歴史の中に長い系譜を形作っていることに思い至るはずである。『エレホン』や『フランケンシュタイン』、ゴーレムの説話などを背景に、自らの意思をもったコンピュータが反乱を起こしたり、暴走したりする未来を喧伝する議論はすべてここに分類できる。今日の AI 論にもその脅威を強調することで人々の耳目を集めようとしているとしか思えないものが多々あるが、スティーヴン・ホーキングが AI の脅威を説いたことを力

に、一定の社会的認知を得ている。これらの議論については、SF の泰斗のアイザック・アシモフが造語した「フランケンシュタイン・コンプレックス」でまとめるのが相応だろう。

③楽には、AI の教科書の執筆者としても有名なスチュアート・ラッセルがいる。ラッセルは、「ゴリラ化問題」（人類が自分たちよりも知能の高い機械に対して優位と自律を保てるか）と「ミダス王の問題」（人間の目的を機械に正しく指示することは可能か）を提起することで、AI のリスクをその出所とともに整理し、2 つのリスクの関係を明らかにしようとしているが、実は、ラッセルの議論もまた、「拡張」の語彙に規定されている。すなわち、「ゴリラ化問題」とは、「分業」において AI に主導権を奪われる恐怖の、「ミダス王の問題」とは AI への指示に失敗し、AI の「制御」を失う（「分離」を許す）恐怖の表れであり、各々が「代行」と「分離」にまつわるプラトン以来の問題を引き継ぐものなのである。

ラッセルの議論で注目すべきは、「ミダス王の問題が解決されるとゴリラ化問題も解決される」（Russell, 2019, 邦訳 159 頁）との指摘だろう。ラッセルによれば、指定された目的に向けて最適化を実行するように機械を設計する現行のモデル（「標準モデル」）に準拠する限り、「制御」問題は解決できない。ラッセルは、「標準モデル」に代えて、(1)人間の選好の実現を最大化することを目的にしつつ、(2)その目的が不確実なものであるとの自覚をもち、(3)人間の振る舞いを観察して選好を学習し続ける、という 3 つの原則に基づく新しいモデル（Ibid., Chapter 7）で AI を設計することを提案するのである（cf. 柴田, 2022a, pp. 219-220）。ともあれ、ラッセルが提唱する「有益な機械」の設計とは、コンピュータが道具以上の存在に成長しうることを念頭に、コントロール可能な機械であり続け、人間がその便益を享受するためのアイデア、と言い換えられよう。いずれにせよ、一定程度以上の自律性を備えた AI の誕生を前提にしつつも、それを人間がコントロールし続けられるとの楽観的な見立てには、自律的 AI の誕生を想定しない「〈IA＝道具〉論」との対照で、「〈AI＝道具〉論」の名称が相応しい。

以上から、悲観論には共通して、分業の調整不調、またはコントロールの不全に由来する恐怖があることがわかる。逆に、分業の輪に人間を容れ、コント

ロールに服する人工物としてコンピュータを見る限り、それが道具であろうと自律する「聡明な機械」であろうと、悲観的な発想は生まれない。③悲に分類できる議論は論理的にありえず、実際、管見の限りだが、そのような議論を見つけることができない。ともあれ、拡張論が即座に楽観論に、衰退論が即座に悲観論に帰結しないことは以上の通りである。

新たな分類によるマルコフの位置づけ

　マルコフの議論は、何らかの対策を要すると考える点で「〈IA＝道具〉論」でないことは確かだ。「ネオ・ラッダイト」から出発するものとも、あるいは、コンピュータの擬人化からは「フランケンシュタイン・コンプレックス」から出発するものとも考えられるが、「パートナー」のアイデアを得て、最終的に「〈AI＝道具〉論」に着地した模様である。ただし、AI 対 IA の対立に議論の焦点を合わせていることは、「分業」の局面に偏ったものであることの証左であり、別途「制御」の実現に必要な議論をした痕跡もない。同じ「〈AI＝道具〉論」のカテゴリーに属するラッセルが「分業」と「制御」の議論を網羅し、さらに次節で見る「誤用」にも言及している（Russell, 2019; cf. 柴田, 2022a, pp. 226-227）のと比して物足りないばかりでなく、楽観論の根拠も異なると見なければならない。また、効果の判別を問う姿勢にないことから、効果の先取りという誤りを無自覚に引き継いでいることがわかる。マルコフの議論は悪しき意味で典型的な拡張論である、と結論できる。

　次節では、技術に関する用語の意味を確定することを通じて、昨今の AI 論の論点を整理する。

5 │ 衰退論から見えてくるもの

負の効果への注目と衰退論

　拡張論をその起源において考察したことで、セットになる衰退論の立論を確認することができた。衰退論が主題にしたのは、「分離」によって発現する負の効果だった。使用によって潜在的に進行する効果、つまり拡張論者が掲げる正の効果とは別の効果に目を向けるところに、衰退論の存在意義があると言え

よう。ただし、技術論では、衰退論の埒外にある負の効果が問題になってきた。衰退論を地とすることで図化する、別の視点で提起された負の効果の議論の1つとは、「誤用」に関するものである。

　悪用や乱用を含め、「適正な」使途を意図的に逸脱して当該人工物を使うことを「誤用」と呼ぶとき、「誤用」を行う者は、「適正な」使途で始まる工程では議論されていない効果を想定して当該人工物を使用している。旅客機をミサイルのように使ったり、原子炉を爆弾に見立てて攻撃する類の「誤用」でも、従来の「適正な」使途とは別建ての工程で新たな「拡張」的効果が想定されていると考えるべきである。もちろん、実際の「誤用」を待たずとも、「誤用」の使途が認知された段階で、つまり、善良な判別者が「ならず者」の目線からの別建ての工程における当該人工物の効果を検証できた段階で、「誤用」を封じる策が講じられるのが常である。首尾よく「誤用」が認知されれば、旅客機の運行ではハイジャック防止の対策が整備され、原子炉では建築構造上の堅牢化が施されたり、戦時法規により攻撃に規制がかけられたりする。「誤用」の効果は、遡及的に「適正な」使途の工程の「制御」の局面の課題として取り扱われ、相応の対策が図られた時点で「適正な」使途の一部に組み入れられる。

　「誤用」とは、「適正な」使途からすれば負の効果をもたらす用例ではあるが、もちろん、ピーター゠ポール・フェルベークによる「複数安定性」の議論が示すように、「誤用」が「適正な」使途に昇格する可能性はつねに開かれている。特に登場して間もない人工物では、当面、「適正な」使途の入れ替わりが続くと考えておくのが妥当である。

　「衰退」とも「誤用」とも別の視点から語られる負の効果としては、経済学における「外部効果」が挙げられる。自動車が排気ガスをまき散らして大気を汚染し、火力発電所が二酸化炭素を排出して地球温暖化を促進するなど、いわゆる公害がこれにあたる。一部の技術者や研究者にはそれが想定できたかもしれないが、通常、「外部効果」は設計者や使用者が意図しない形で他者や社会に及ぼす効果を指し、この点で「誤用」と異なる。なお、ここでは「外部効果」のうち、負の効果を特に強調したが、もちろん意図せずに波及し、事後的に確認される正の効果がありうることも念頭に置くべきだろう。いずれにせよ、それが認知された段階で「適正な」使途の工程への組み込みが始まる点では、

「誤用」と変わらない。

　「ヒューマンエラー」がもたらす負の効果は上記のいずれともまた異なる。問題がマシンと人間のインターフェースで生じる以上、マシンを生み出す設計と製作の局面、人とマシンの「分業」の局面、もしくは「分離」を阻止するための「制御」の局面で生じる問題のうち、人間の過失によるものを「ヒューマンエラー」と呼ぶべきことがわかるだろう。「ヒューマンエラー」もまた、まずは設計段階のシミュレーションなどでわかれば使用前に、ついで、設計段階で見逃されたエラーについては使用を通じて認知され次第、「適正な」使途の工程に組み込まれる。

衰退論による知見の集約とシナジー効果

　拡張論を精査することの効用としては、このようにいくつもの衰退論の主題を明確化することに加え、衰退論を含め、技術分野で使われる用語を整理できることが挙げられる。

　衰退論は、人工物に依存する間に進行する負の効果に注目し、それが「分離」によって露呈することに警鐘を鳴らした。自動運転技術の開発で課題となっている「ハンズフリー問題」とは、運転を「代行」するAIが危機が到来したときに人間に運転を「返上」するというシステムにおいて、AIに依存していた人間の注意がおざなりになり、危機を回避できなくなるという問題である。また、作業の自動化による人間の能力の衰退を問題視する「オートメーションバイアス」とは、具体的には、AIに診断を委ねることで長期的に医師の技能が低下するといった危惧を指す概念である。これらはいずれもタモスが俎上に載せた衰退論の一種であり、研究領域の違いが原因で別々の名前で呼ばれているにすぎない。同じ課題に取り組んでいるわけだから、研究領域の垣根を越えて知見を集約すれば、シナジー効果が期待できよう。

　「レジリエンス」も同様に、知見の集約によるシナジー効果が見込める語の1つである。災害社会学や災害人類学では、社会機能の中断が不可避であること、つまり、地震や台風などの自然災害という外的要因によって引き起こされる「分離」が阻止できないことから出発し、原子力発電所やインターネットなどの社会インフラの「分離」を前提にした「レジリエンス」が構想されている。

この場合、「復元力・回復力」の側面が強調され、「分離」による被害を最小限にとどめつつ、速やかに回復することが研究と実践の主題となる。「よりよい復興（build back better）」の標語は、「分離」を前提にした「制御」の試みなのである。これに対し、技術分野では、「耐性・強靭化」の側面を強調する傾向があり、災害の生起は不可避であっても、それによる「分離」を所与のものと考えない姿勢が顕著である。たとえば、原子炉の建設では、外的、および内的な攪乱があっても「分離」を阻止する方向で対処することになる。こうして、「耐性・強靭化」が「強固（robust）」と同義で使われるようになる。

　サイボーグ論では、別種の、しかしやはり拡張論に由来する「レジリエンス」が観察できる。移植型医療機器が患者に及ぼす感覚を起点にしたサイボーグ論（Oudshoorn, 2020; cf. 柴田, 2022a, pp. 64, 143）が提起する「レジリエンス」は、「融合」の間に醸成される効果の中に、「衰退」に還元されず、また、使用時に得られる「拡張」とは別の、ポジティヴな効果や価値があることに言及するものである。この意味での「レジリエンス」では、「分離」は「制御」を必要とする厄介な事象ではなく、ポジティヴな効果を発現させるスイッチと捉えられている。同様の発想は、最近の人間拡張工学にも見られる。使用時に得られる効果ではなく、「分離」によって発現する効果に予め着目する動向は、それを実現する機器の開発を促進するとともに、「レジリエンス」の意味を更新している。

二者関係の先にあるもの

　拡張論の「代行（substitution）」は、分業における人間とマシンとの関係の一形態を指す語だったが、ミクロ経済学の「代替財（substitutional goods）」の「代替」は、市場における財の置換の意味で使われている。たとえば、米とパンとは、一方の価格が上昇すれば他方の需要が増し、一方の価格が下がれば他方の需要が減少し、互いに代替されうる関係にある。一方は「分業」、他方は市場の違いはあるが、両者はともに、1つの閉じた「系」の中での二者関係に注目している点では共通している。

　クラークのAI論は、人間と機械の「分業」をより長期的な視点から眺めた点に特徴がある。クラークは、人間との分業の中で知能を「拡張」し続ける機

械が、自らの同胞を人間の手を借りずに設計し、増殖する力を手にした段階で、人間に分業関係の解消を申し入れる日が来る、と予言する（Clarke, 1962, 邦訳 230-243 頁; cf. 柴田, 2022a, pp. 44-48）。クラークの「人間の廃退（The Obsolescence of man）」の「廃退」が「分業」という人間と機械の二者関係に注目し、一方が「分業」の輪から放逐される様を表現するものであるのに対し、メディア研究のマーシャル・マクルーハンが使う「退廃（obsolete）」は、やはり長期的な視点をもちつつも、人間と機械の「分業」ではなく、財同士（マクルーハンの場合には、メディア同士）の関係を考察した語である点で、経済学の「代替」に似る。しかし、財の間の関係を二者関係で捉えることに疑いを抱いたマクルーハンは、「場（field）」の理論に着想を得て、1 つの人工物の登場がその他すべての人工物のあり方に影響を及ぼすとの認識の下、人工物全体の配置の中での人工物間の盛衰を論じようとした（柴田, 2013, pp. 35-50）。マクルーハンの主著の 1 つとされる『グーテンベルクの銀河系』は、ヨハネス・グーテンベルクによる印刷技術と、その生産物である印刷本の登場が形成した人工物の配置図（銀河系）を描き出し、その中で個々の人工物（星）の位置や中心からの距離を捕捉する試みなのである（ibid., pp. 12-16）。実際、写本の「退廃」を印刷本の登場の因果で説明したり、馬車の「退廃」を自動車の発明と 1 対 1 に関連づける議論の無理を知れば、財の「代替」も、それが進行した先にある一方の「廃退」も、少なくとも長期的には、二者関係で捉えることは不可能であることがわかるはずである。当初、拡張論における「拡張」の語を使っていたマクルーハンは、晩年、「廃退」の対義語として「拡張」の語を使うようになった[2]。その特異な用例は、マクルーハンの思想を読み解く鍵となるとともに、人工物間の消長や盛衰という視点で AI を考える契機にもなりそうである。

AI による「技術的失業」の楽観論と悲観論
最後に、以上をふまえて昨今の AI 論の論点を整理しよう。
　AI が「技術的失業」を招来するとの主張は、自動化に対する見立てや失業

---

2)　最晩年の著作（e.g. McLuhan & McLuhan, 1988）には、この意味での「廃退」と「拡張」を含めて、4 つの視点でメディアを理解するためのマトリクスの「テトラッド（tetrad）」が登場する。初期の「拡張」の用例については、拙著（柴田, 2013, Chapter 2）を参照されたい。

に対する評価に応じて楽観的にも悲観的にもなる。まず、「分業」において AI
が人間を「置き換え」、仕事がなくなっても、人間がすべき新しい仕事が生ま
れるのだから心配ない、と考える楽観論がある。人類が何度か経験してきた
「産業革命」において事態がそのように推移してきたという歴史的な事実が、
この見立ての根拠になっている。議論の焦点は自ずと、「置き換え」によって
失業者が一時的に増えた後、新しい仕事が生まれるまでの期間をいかに凌ぐか、
に移行する（e.g. Frey, 2019）。いずれは（中長期的には）機械との適正な「分
業」が回復するとの確信的な予想が、この楽観論の支えとなっている。

　この立場を採る経済学者に AI に対する認識を問い詰めれば、おそらく前出
の「〈IA＝道具〉論」か「〈AI＝道具〉論」のいずれかに落ち着くはずである。
あえて旗幟を鮮明にしていないのは、経済学では AI という存在に対する根本
的な理解が主題化されないまま放置されているからにすぎない。これに対し、
これまではともかく、今度こそ新しい仕事は生まれず、一度失われた機械との
「分業」関係は二度と回復しない、と考える悲観論がある。肉体労働を「代行」
してきたこれまでの機械類と違い、知的作業を「代行」できる AI は、人間に
しかできなかった仕事を根こそぎ奪う最初の機械になる、との確信的な恐怖の
存在がうかがい知れる。「技術的失業」の状態が中長期的にも改善されず、恒
常的に続くと前提すると、議論の焦点は「技術的失業」者を養っていくための
制度設計に移行する。すべての国民に一定額の給付金を支給し、最低限の生存
を保障するベーシック・インカムの導入を強く提唱する経済学者の大半は、こ
の悲観論者に分類できる。きわめて現実的で、空想を嫌う一群であることを考
慮すると、上記の「ネオ・ラッダイト」を支持するものと予想する。

　実は、「技術的失業」が永続化すると見立てても悲観的にならない議論が 2
つある。2 つに共通するのは、「分業」の輪から人間が外れることに積極的な
意味を見出す姿勢である。両者とも、コンピュータがコントロールに服するこ
とを前提にしつつ、「分業」の輪を外から眺めることで成り立つ。2 つのうち
の 1 つが、ベーシック・インカムを提唱する残りの一群である。「分業」の輪
から放逐された人間が労働以外の営みに従事し、労働で得られる以上の価値を
見出しうる場合に、この立場が成り立つ。もう 1 つは、そもそも「失業」を恐
れず、当初から「分業」の外にいて、「分業」を差配するための議論である。

労働者と AI の双方を使役する立場にある経営者や資本家にとって、最重要の
課題は最も効率的に「分業」の成果を上げることである（岡本, 2018, p. 173）。
彼らには、人間と機械の「分業」の割合はこの課題に従属する問題でしかない。

　いずれの楽観論でも AI は簒奪者ではなく解放者と見なされるが、立ち位置
の違いを意識せずにこれらの言説を紹介したり、支持したりすれば、知らず知
らずのうちに現実世界の力関係を固定化するイデオロギーに加担することにな
るだろう。翻って、既存の「系」の外に出てみることの効用は、労働以外の人
間の営みに思いをめぐらせ、既存の「分業」の枠の窮屈さを自覚し、また、人
間と AI の双方を使役する立場にいる真の「主人」の存在に気づくことにある
と言えよう。労働以外の営みに目を転じれば、「聡明な機械」との新たなつき
あい方も構想できるに違いない。

　労働以外の営みについては、すぐさま古代ギリシアのポリスに暮らす市民の
生活や、人間の「活動的生活（vita activa）」には「労働（lobor）」以外に「仕
事（work）」と「活動（action）」があることを指摘したハンナ・アーレントの
思想が想起されることだろう（Arendt, 1958）。近年の AI 論では、ノーレン・
ガーツのように、労働からの完全な解放を待たずとも、AI の利用で生じる幾
ばくかの「余暇」があればその時間を AI の理解にあて、望ましい利用方法を
考えるべきことを説く者もいる（Gertz, 2018）。

　実は、アーレントが上記の人間の諸活動の範型を古代ギリシアに求め、近代
以降に顕著なその変容の軌跡を追った『人間の条件』の中にも、人工物による
「代行」と、その結果としての効果の「拡張」のロジックが確認できる。アー
レントは、同書を公にした 1958 年の段階で、道具（Arendt, 1958, 邦訳 181 頁）
のみならず、電子計算機（ibid., 邦訳 270 頁）にもこのロジックを適用している
のである。これらの箇所では、人間の活動力のうちで人工物に「代行」できる
のは「労働」、そして「知性」の中でも労働的な「論理的推理力」のみであり、
諸活動力のヒエラルキーで「労働」の上位にあるべきもの、すなわち、人工物
をつくる活動力である「仕事」や政治的な判断を行う「活動」を、人工物が
「代行」したり「置き換え」たりすることはない、と考えられている。この限
りでは、アーレントを「〈IA＝道具〉論」に分類できる。しかし、同書の別の
箇所で、アーレントは、現代の科学的な世界認識の「真理」がもはや普通の言

葉や思想の形では表現できない領域に到達している点を捉えて、「脳は、私たちのしていることを理解できず、したがって、今後は私たちが考えたり話したりすることを代行してくれる人工的機械が実際に必要になるだろう」（ibid., 邦訳12頁）と書き、人間が「技術的に可能なあらゆるからくりに左右される思考なき被造物」に堕す未来を憂いてもいる。アーレントの内には、「〈IA＝道具〉論」と「ネオ・ラッダイト」が居心地悪く同居しているかのようである。そして、アーレントは「分業（division of labor）」の語を労働における交換可能な活動力に関してのみ使い、仕事における「専門化（specialization）」、政治的な活動における「組織化（organization）」と区別してもいる（ibid., 邦訳183頁）。活動力にはそれぞれに独特な協働の形がある、との指摘は、「余暇（leisure）」（ibid., 邦訳193頁）の問題を含め、労働以外の場面でのAIとのつきあい方を構想する上で示唆に富む。ともかく、21世紀の前半を生きる者には、AI技術の進展を見ながらアーレントを足場にして自由に考えたり、話したりする猶予がまだ残されている。

「制御」に注目する重要性

　第4節で見たように、プラトンによる原初の議論を敷衍して、1〜3までの枠を超えて5までを含む工程でAIを考察するとき、「新しい仕事」が生まれる場所も確認できる。「共生」や「パートナー」の議論は「分業」の箇所（1）のみに注目した議論だったが、「制御」の箇所（5）に注目すれば、AIが「分離」したり、「制御不能」になったりしないよう、システム内外の攪乱要因を念頭にAIの保守に従事し、リスクを管理する仕事（「リスクマネジメント（risk management）」）が必要になることがわかる。現代のテウトが「分離」を完全に阻止するような工夫を実現できず、タモスの想定が正しいとすれば、この仕事は「分業」における人間の「置き換え」が起きてもそれに影響を受けず、存続し続けるはずである。もちろん、人間がこの仕事を始めるや否や、そこは不可避的に「ヒューマンエラー」が生起しうる場所となる。そして、AIに対する「リスクマネジメント」を別のAIに任せ、自動化を一層進めようとするならば、この仕事における人間との「分業」と、この仕事に従事するAIの「制御」という、入れ子の内側の工程についても考えなければならなくなる[3]。

　AI が「反乱」したり「暴走」したりする恐怖は、「分業」ではなく、「制御」の箇所で生じる。「分離」を完全に阻止するような工夫を実装した人工物が実現しない限り、人間は、この種の恐怖から自由になれないのである。このことはまた、「分離」によって生じる被害の規模こそ違え、すべての人工物に「分離」の危険がある以上、コンピュータや AI が「反乱」する場合にのみ悪意や意図の在処を詮索し、人格を擬制するのは文字通りフィクションであることを裏書きする。ハンマーやトースターから AI に至るまで、すべての人工物の「反乱」や「暴走」が「分離」の別称にすぎないとすれば、これをリスクと捉え直し、人間と社会のレジリエンスを高めることが喫緊の課題となるはずである。

6 ｜ おわりに

　昨今の AI 論の多くは、人間と AI の「分業」、または AI の「制御」を主題にしている。これらの主題を掲げる AI 論は例外なく拡張論に依拠するものと見て間違いない。

---

3)　ウェンデル・ウォラックとコリン・アレンは、自動化の議論の中で、AI を特定の使途に供する工程と、AI を管理する工程とを分け、前者を「一階のレベル」、後者を「二階のレベル」と表現し、一階部分の複雑さが増すに伴って二階部分の工程も人間による監視に馴染まなくなり、「自己管理」という形で自動化が進み、人間が不要となる、との見立てを示している（Wallach & Allen, 2009, 邦訳 40 頁）。この見立ての可否はさておき、2 つの工程の関係の理解には難があると言わなければならない。すなわち、前者のありようが後者に影響を与える点はよいとしても、「自己管理」の工程が拡張論における「制御」の箇所に相当し、「使用」や「分業」と同じレベルで存在していたことを想起すれば、両者を二階建ての垂直関係で捉えるのが適当ではないことは容易にわかる。両者は元来水平的な関係にある。その上で、「自己管理」の箇所を精査する場合に初めて、その効果を検証するために元のものとは別の工程を新たに立てて考えなければならなくなり、結果、元の工程に当該工程が包摂されているという意味で、両者は「入れ子」の関係になるのである。
　なお、ウォラックとアレンの議論は「〈AI ＝道具〉論」に分類できるが、さらに言えば、拡張論の歴史の中に同形の議論を見つけることさえできる。「高次の心的機能のすべてを人工システムに実現することは、不可能でないとしても、非常に難しい課題」（ibid., 邦訳 62 頁）との認識の下、コンピュータが機械的・反復的タスクを担うことで「人間はもっと重要な事柄に注意を向ける時間を作れるようになる」（ibid., 邦訳 60-61 頁）との観測は、コンピュータとの理想の分業の効果を、水平的な仕事量の増大にではなく垂直的な仕事の質の向上に求め、人間がより高次の仕事を開発し、それを担うことに人間の存在意義を見出したサイモン・ラモ（Ramo, 1961; cf. 柴田, 2022a, pp. 36-39）のそれと同形を成す。

　プラトンの説話に起源を有する拡張論は、当初から、人工物をいかに判別するかの課題を積み残してきた。判別の方法を論点にしていない拡張論は、「使用」に先立って拡張または衰退の効果を語るという、内在的な誤りを犯していることが認められる。この点で、AI 対 IA の図式を提起したマルコフの議論は、「分業」論に特化した典型的な拡張論だった。

　新たな人工物を使い始める際には、「適正な」使途では想定されていなかった効果や影響について考える責務を負わなければならない。「分離」が引き起こす危機を注視する衰退論者以外にも、AI の使用に通じた「ならず者」が引き起こす「誤用」の事例は、AI とのつきあい方を考えるときに参照すべきものとなる。「複数安定性」で語られる人工物の個別の歴史を繙けば、AI の「適正な」使途などは、まだ発見されていないと言うべきなのだろう。「誤用」の事例集は、封じ込められた使途の一覧であると同時に、将来の「適正な」使途を含むカタログなのかもしれない。

　「複数安定性」の概念を過去についての歴史的な説明の軛から解き放ち、人工物の使途が未来に向けてつねに開かれていることを保証する概念と見なすとき、AI の使途とともに、人間に与えられた役割のいくつかが見えてくる。言うまでもなく、AI をシミュレーションに使えば、現実世界では不可能な人工物の使用状況を経験でき、その効果を予測する作業が緒に就く。より複雑で現実世界に近い文脈で予想したければデジタルツインの中で、より社会的な文脈で予測したければメタバースの中で使用してみればよい。もちろんその場合には、現実世界と共通の物理法則やアフォーダンスに基づいて仮想世界とそこで活動するエージェントをつくった上で、人工物を投入する必要がある[4]。さらに、人工物の使用をシミュレーションするという AI の使途からは、シミュレーションの対象になった人工物の効果を判別するための材料以上のものが期待できる。シミュレーションにおいて AI と人間が「分業」している様子を俯瞰するとき、使途を指定する仕事を AI が「代行」できないことに気づくはずだからである。

---

4)　別稿（柴田, 2023a; 2023b）にて、現実世界と仮想世界の関係、特に、後者の持続が前者に全面的に依存している点、さらに現実世界での生活が仮想世界でのそれと質的に異なる点について詳説した。

人工物をお仕着せの使途で使い続ける必要はない。人工物の使途を構想する
自由を出発点に、AI とのつきあい方を考えていけばよい。

参照文献

Arendt, H. (1958). *The Human Condition.* Chicago: The University of Chicago Press. (ハンナ・アレント『人間の条件』志水速雄訳，筑摩書房，1994 年)

Bush, V. (1945). As we may think. *The Atlantic monthly, 176*(1), 641-649.

Clarke, A. C. (1962). *Profiles of the Future.* London: Gollancz. (アーサー・C・クラーク『未来のプロフィル』福島正実・川村哲郎訳，早川書房，1980 年)

Clynes, M., & Kline, N. (1960). Cyborgs and space. *Astronautics*, September, New York: Columbia University Press. Reprinted in C. H. Gray (Ed.). (1995). *The Cyborg Handbook* (pp. 29-33). New York and London: Routledge.

Frey, C. B. (2019). *The Technology Trap.* Princeton: Princeton University Press. (カール・B・フレイ『テクノロジーの世界経済史——ビル・ゲイツのパラドックス』村井章子・大野一訳，日経 BP，2020 年)

Gertz, N. (2018). *Nihilism and Technology.* Totowa: Rowman & Littlefield International. (ノーレン・ガーツ『ニヒリズムとテクノロジー』南沢篤花訳，翔泳社，2021 年)

Kelly, K. (1994). *Out of Control: The New Biology of Machines, Social Systems and the Economic World.* New York: Basic Books.

Licklider, J. C. R. (1960). Man-computer symbiosis. *IRE Transactions on Human Factors in Electronics*, Vol. HFE-1, Issue: 1, 4-11.

Markoff, J. (2015). *Machines of Loving Grace: The Quest for Common Ground between Humans and Robots.* New York: Ecco. (ジョン・マルコフ『人工知能は敵か味方か——パートナー，主人，奴隷：人間と機械の関係を決める転換点』瀧口範子訳，日経 BP，2016 年)

McLuhan, M. & McLuhan, E. (1988). *Laws of Media: The New Science.* Toronto: University of Toronto Press. (マーシャル・マクルーハン＆エリック・マクルーハン『メディアの法則』高山宏監修・中澤豊訳，NTT 出版，2002 年)

Oudshoorn, N. (2020). *Resilient Cyborgs: Living and Dying with Pacemakers and Defibrillators.* London: Palgrave Macmillan.

Ramo, S. (1961). The scientific extension of the human intellect. *Computer and Automation*, February, 9-12 (based on a talk "The scientific challenge of the new age" by Dr. Ramo before the 65th annual congress of American industry, Dec. 7, 1960.).

Ramo, S. (1969). The computer as an intellectual tool. In R. Kostelanetz (Ed.). *Beyond Left & Right* (pp. 47-51). New York: William Morrow and Company (Originally Published at the American Federation of Information Processing

Society, 1965).

Russell, S. (2019). *Human Compatible: Artificial Intelligence and the Problem of Control*. New York: Viking.（スチュアート・ラッセル『AI新生──人間互換の知能をつくる』松井信彦訳，みすず書房，2021年）

Verbeek, P.-P. (2011). *Moralizing Technology: Understanding and Designing the Morality of Technology*. Chicago: The University of Chicago Press.（ピーター゠ポール・フェルベーク『技術の道徳化──事物の道徳性を理解し設計する』鈴木俊洋訳，法政大学出版局，2015年）

Wallach, W. & Allen, C. (2009). *Moral Machine: Teaching Robots Right from Wrong*. Oxford: Oxford University Press.（ウェンデル・ウォラック＆コリン・アレン『ロボットに倫理を教える──モラル・マシーン』岡本慎平・久木田水生訳，名古屋大学出版会，2019年）

Warwick, K. (2002). *I, Cyborg*. London: Century.

Yunis, H. (Ed.). (2011). *Plato: Phaedrus*. Cambridge: Cambridge University Press.

岡本裕一朗 (2018).『人工知能に哲学を教えたら』SBクリエイティブ.

柴田崇 (2013).『マクルーハンとメディア論──身体論の集合』勁草書房.

柴田崇 (2022a).『サイボーグ──人工物を理解するための鍵』東京大学出版会.

柴田崇 (2022b).「オンラインの経験におけるAIの位置──テレプレゼンス／テレエグジスタンスの再定義から」，北海学園大学経営学部編『新しい時代を生きるための実践力とアクティブ・ラーニング』共同文化社，35-58.

柴田崇 (2023a).「メタバース」『年報 新人文学』第19号，108-141.

柴田崇 (2023b).「メタバースと現実世界の関係性──現在地と方向性」『年報 新人文学』第19号，142-165.

直江清隆 (2013).「技術の哲学と〈人間中心的〉デザイン」村田純一編『知の生態学的転回（二）──技術：身体を取り囲む人工環境』東京大学出版会，259-285.

プラトン (1967).『パイドロス』藤沢令夫訳，岩波書店.

プラトン (1979).『国家（下）』藤沢令夫訳，岩波書店.

＊本章はJST/RISTEXの研究開発プログラム「人と情報テクノロジーの共生のための人工知能の哲学2.0の構築」および科研費22K00104の研究成果の一部である。

第3章 ┃ 人工知能と現象の理解

今泉允聡

1 ┃ はじめに――深層学習と人工知能

深層学習の登場

　深層学習は、2010年代に開始した人工知能（Artificial Intelligence: AI）ブームの主要技術である（LeCun et al., 2015）。本項ではその深層学習が登場した経緯を簡単に紹介する。

　深層学習とは、ニューラルネットワークという数理的なモデリング技術を用いて、データに基づく予測を可能にする技術である。特に深層学習では、「層」と呼ばれる構成要素を多くもつニューラルネットワークが用いられることが多く、特にこれを多層ニューラルネットワークと呼ぶ。ニューラルネットワークの歴史は古く、オリジナルの概念は1980年代まで遡り、また1990年代には層が少ないニューラルネットワークを用いた技術が実用化されていた。対して層が多いニューラルネットワークは、その潜在的な性能は2000年代から注目を集めていたが、実用化に耐えうる技術はすぐには登場しなかった。

　実用的な多層ニューラルネットワーク、すなわち深層学習が注目を集めたのは2010年代初頭である。この時期に、音声解析や画像解析の領域における予測精度を競う国際大会（ImageNet Large Scale Visual Recognition Challenge: ILSVRC）で、深層学習を実用化した技術が提案され、かつそれが従来法に比べて非常に高い精度を達成した（Krizhevsky et al., 2017）。これが契機となって深層学習の高い精度が注目され、これ以降の大会では改良された深層学習技術がつねに最高精度を更新し続けるようになった。たとえば2012年の

ILSVRC では、深層学習によって分類精度が従来の 74% から 83% に引き上げられ、かつその 3 年後には改良された深層学習によって 96% の精度が達成されている（He et al., 2016）。

　上記のような精度の向上は強い注目を集め、多くの応用領域で深層学習を用いた技術が開発された。これがいわゆる第 3 次 AI ブームである。象徴的な例としては、2016 年に DeepMind 社による囲碁プログラム AlphaGo が、深層学習を用いて人間のプロ囲碁棋士を破った事例がある（Silver et al., 2016）。囲碁はチェスなどと比べると高度に複雑なゲームであるため計算機による人間の打倒は難しいとされてきたが、この困難さを深層学習による複雑な推論能力が解決した形になる。その他、文章読解能力で人間より高い能力を示した BERT（Devlin et al., 2019）、文章や画像の生成に汎用的に使える GPT-3（Brown et al., 2020）、分子の 3 次元構造予測で高い性能を発揮した AlphaFold（Jumper et al., 2021）など、多くの革新的技術が深層学習を用いて継続的に開発されている。

技術的な構成

　上記の技術革新は、ひとえに深層学習の高い性能と汎用性の恩恵を受けているものである。どうしてこのような技術が実現しているのかを簡単に説明しよう。

　まず確認するべき目的として、深層学習がどのような技術であるかを簡単に説明する。雑駁にまとめると、深層学習とは「計算機上で関数を作る技術」である。関数とは、ある特定の数値（ベクトル）を入力すると、対応する数値（ベクトル）を出力する数学的概念である。たとえば写真から写っている人間を特定する深層学習による関数は、写真を数値化したものを入力すると、写真の中の人物の座標や名前を出力する。囲碁のための深層学習は、盤面を数値化したものを入力すると、次に指すべき一手を表す数値を出力する。このような適切な出力を作る関数を計算機上で構成するのが、深層学習をはじめとした機械学習の主たるアプローチの 1 つである。

　この関数を構成するには、主に 2 種類の技術が必要である。すなわち(i)関数のモデル（模型）であるためのニューラルネットワークと、(ii)モデルのパラメ

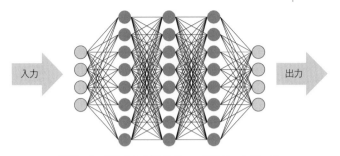

入力　　　　　　　　　　　　　　　　　　　　　　　　　　出力

図3-1　最もシンプルなニューラルネットワーク
神経細胞を模したノード（丸）とエッジ（線）の組み合わせからなり、最も左のノード列が入力され
るデータ、最も右のノード列が出力されるデータを表している。入力されたデータは内部のノードと
エッジで変換されて出力される。

ータを学習するためのアルゴリズムである。以下にそれぞれを簡単に説明する。
　関数を表現するための数学的なモデル（模型）として、ニューラルネットワ
ークが用いられる（図3-1）。これは人間の脳の構造に着想を得たもので、ニ
ューロンを模した数学的演算で皮質を模した層を形成し、その層を複数組み合
わせることで入力されたデータを変換していく。1つあたりのニューロンや層
で行える変換は比較的シンプルだが、大量のニューロンや複数の層を用いて何
度も変換を繰り返すことで、複雑なデータの変換を可能にする。また各層の構
成方法も多様化しており、生物の視覚皮質の構造から着想を得た畳み込み層や、
膨大なデータから注目するべき部分を抽出するアテンション機構など、データ
の特性や解析の目的に応じた多様な構成方法がある。これらの構成は、当初の
手本であった人間の脳の構造にはもはやとらわれていない。
　もう1つの重要な技術は、モデルを学習するためのアルゴリズムである。モ
デル自身はパラメータと呼ばれる不定変数をもち、この値を変えることで表現
する関数を柔軟に変化させる。目的を達成する関数を構成するには、そのため
のパラメータの値を精緻に選択する必要がある。これには、損失最小化（もし
くはエネルギー最小化）と呼ばれる技術が用いられる。これは、ニューラルネ
ットワークによる関数が過去のデータ（訓練用データ）にどれだけ適合してい
るかを損失という値を用いて計測し、その損失を小さくするようなパラメータ
を探索する（図3-2）。この探索は、エネルギー曲面の上でニューラルネット

図3‐2　エネルギー関数（損失関数）と、その上でパラメータを探索するアルゴリズム
アルゴリズムは、関数の傾きの情報と確率的な変動を用いて、エネルギーが小さくなるパラメータを模索する。

ワークを安定させるパラメータを探索することに対応しており、計算機上では確率勾配降下法（Stochastic Gradient Descent: SGD）というアルゴリズムおよびその亜種を用いて行われる。この一連の過程は「学習」と呼ばれ、ニューラルネットワークに過去のデータの性質を模倣させることに対応している。

　これらの技術の実用化を可能にした大きな要因として、計算機性能の向上とビッグデータ時代の進展がある。上記のニューラルネットワークモデルがもつ大量のニューロンを再現し、かつそれらのパラメータを更新して探索するには、高い性能の計算機能力が必要になる。たとえば2012年に登場した深層学習で使われているニューラルネットワークは、全体で6000万個のニューロンとそれに付随するパラメータをもつ。またそれらの学習にはパラメータを数万回にわたって更新する必要があり、1回の学習でも数十億回の演算が必要となる。このような演算は、ニューラルネットワークが提案された当時の計算機では望むべくもない。またこれらのニューラルネットワークやアルゴリズムは、何千倍もの回数の試行錯誤の末に発見されたものであることを考えると、これらの模索をある程度簡単に行える計算機環境なしでは発明が難しかったことがわかる。

　加えて、データの収集や保存が大きく進んだビッグデータ時代の到来も大きな要因である。ニューラルネットワークを学習させるには過去のデータが必須だが、データが少ないとニューラルネットワークの関数表現の自由度の高さがデータの情報量よりも過剰となり、かえって無秩序かつ無意味な関数が学習されてしまうことが知られている。このような現象を防ぐためには一定数の多様

性・情報量をもった訓練データが必要であり、一般的な深層学習では少なくとも数千から数万程度のデータ数が用いられている。また、研究に必要なベンチマークとしてのデータがインターネットを通じて整備され普及したことの影響も、深層学習の発展の上では非常に大きな要素である（e.g. LeCun et al., 1998）。

2 │ 深層学習・人工知能と「理解」

深層学習と理解に関する課題

　人工知能、特に深層学習を用いたデータ分析には、「目的を達成する高精度な関数の構成はできるが、その中身を理解することが難しい」という大きな問題点が知られている。たとえば囲碁をプレイする人工知能では、盤面を入力された深層学習による関数は次の一手を出力し、それに従って手を進めていけば人工知能は勝利するだろう。しかし、人工知能は「この手を選んだのはこういう理由があるからです」「こういう戦法を取ろうと思います」などと丁寧に説明してくれるわけではなく、傍から見ている人間にとっては、意図のわからないが形勢を有利にしてくれる手が淡々と出力されるだけである。

　このような現象は、人工知能や深層学習の実用上の大きな課題となっている。ここで2つの側面を述べる。

　1つ目の大きな側面は、「知識の普遍化への障害」であり、すなわち人工知能によって発見された断片的な知識を、より体系だった理論に抽象化していくことに困難があることを指す。たとえば囲碁の人工知能によって非常に斬新で有用な手が発見されたとして、可能ならばそれをもとに新しい理論や戦略が発展することが望ましい。ある大きな戦略の枠組みが確立されれば、それをもとにした新しい囲碁の戦術やそれへの対抗策が確立されていくだろう。しかし、人工知能はその斬新な手の着想に至った背景や意図を説明してくれるわけではないため、そのような体系だった戦略の構築は容易ではない。実際のところ、人工知能との対局を無数に繰り返した人間の棋士が、その対局の経験を通して新しい体系を手作りで模索する必要がある。

　もう1つはより社会的な側面で、「組織や社会の合意を形成することの困難さ」である。たとえば、人間の将来性を判定する人工知能が会社の人材採用部

門で使われていたとして（そういった人工知能を作ることは倫理的に望ましくないが、技術の上では十分に可能である）、それがある特定の個人の能力が成長する確率が高いと予測し、その人材の採用を強く推薦したとしよう。しかし、実際に会社に膨大な人件費を払わせるためには、説得的な証拠を揃えて上層部を説得しなければならず、ただ人工知能の予測結果1つではほぼ不可能である。また、仮に事業が失敗したときの責任を人間という社会の主体に負わせるためにも、人間の言葉で予測結果を解釈することは非常に重要である。

　さらに加えて、人工知能の解釈性が強く求められる理由の1つに、「技術として発展途上であり、予測結果を完全に信頼できるわけではない」という技術的な側面がある。言い換えると、人工知能、特に深層学習による予測は、用いるニューラルネットワークやアルゴリズムの設定を少し変えるだけで、予測結果が大きく変動することがよくある。たとえばニューラルネットワークを用いる際には層の数を指定する必要があるが、この層数を決めるべき明確な規準は確立されていない上に、これを10にするか20にするかで予測の結果は大きく変動する。またアルゴリズムにおいても、パラメータの更新回数の些細な変更が予測結果を劇的に変えることはよく観測される。実際の運用では、多くの計算機を用いて層数などをしらみ潰しに探索することで良い組み合わせを模索するが、これが最適であるという保証がつねにあるわけではない。ここには、深層学習は実用化されているとはいえ、内部で使われているアルゴリズムなどが未だ試行錯誤の段階であり、完全に洗練されるまで至っていないという事情がある。これらの不安定性が、深層学習による予測を手放しで信頼できない状況を作るため、予測結果以外での説得性が求められる傾向を強めている。

本章で扱う2つの論点

　本章では、深層学習と理解に関する2つのトピックを紹介する（図3-3）。1つは「深層学習による現象の理解」、もう1つは「深層学習の原理の理解」である。これらのトピックは言葉の上では非常によく似ており混同もされやすいが、議論の対象としてはまったく別のトピックであり方針も完全に別となる。本章ではそれぞれに個別の節を設け、関連する研究や技術的な試みを紹介する。

　前者は、深層学習による予測結果を用いて、分析対象である事象の理解を進

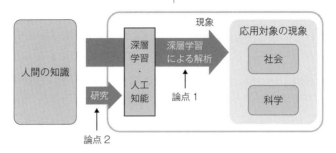

図3-3 深層学習を取り巻く諸領域と、本章で議論する論点の関係
深層学習は1つの技術として社会や科学の領域に応用されると同時に、1つの研究対象となる現象で
もある。1つ目の論点は深層学習を用いて現象を理解することについて、2つ目の論点は深層学習そ
のものを理解する試みを扱う。

めるという試みである。具体的な内容として、深層学習の結果から解釈性を高
めようという研究群や、深層学習の出力から新しい自然科学の試みを紹介し、
さらにその上で現象の理解について議論する。これは前項で紹介した深層学習
に関する論点のうち、知識の普遍化や社会のための説明可能性に関連するトピ
ックである。

　後者は、深層学習という技術・現象そのものを理解の対象とし、その原理を
明らかにするというものである。深層学習は技術として実現してはいるが、そ
の仕組みが十分にわかっていないため、試行錯誤でかつ非効率だと思われる技
術が用いられることが多い。これらの課題を解決するための基礎研究として、
深層学習の原理を記述し制御することを目指す研究群を紹介し、明らかになっ
た事項と未解決事項の両方を議論する。

3 ｜ 深層学習を使って物事を理解すること

データ科学の役割——予測と解釈

　まず初めに、データに対する統計的解析の全体を概観する。データとは、事
象がもつ情報の一部を保存・加工可能な形で与えられたもので、典型的には数
値の列の形を取る。写真や文章といったデータは数字の形とは限らないが、こ
れらを情報を最大限保ったまま数値に変換する技術も多く開発されている。た

とえば、市民といった人間の集合を事象と捉えると、その人の年齢・性別・身長・体重といった身体的特徴や、職業・収入・交友関係といったより社会的な特徴がデータとして扱われることが多い。なお、人柄や雰囲気といった客観化・数値化の難しい情報は捨象されがちであるが、それはデータ解析の本質的な限界の1つとも言える。

　データ解析によって実行できる操作は、あえて乱暴に分類すると「予測」と「解釈」の2種類に大別できる[1]。予測とは、データから学習した関数を用いて、新しい入力に対して出力を計算することを指す。先ほどの例においては、たとえばある人の身体的プロフィール（年齢・性別・身長・体重）を入力として、職業のような値を出力として予測することが行われる。解釈とは、データから事象の理解に寄与するような情報を抽出することを指す。先ほどの市民の例では、たとえば年齢と収入の相関の有無や、性別による交友関係の傾向の違いを抽出する、などが挙げられる。前節で少し言及したように、深層学習をはじめとする現代の人工知能は、予測に特化した性能をもつが、解釈については未だ多くの課題を抱えている。

従来のデータ分析による解釈

　データを用いた「解釈」について、深層学習に限らない従来のデータ解析がどのような方法をとってきたかを確認しよう。乱暴な議論ではあるが、従来の解釈法は「単純化された低次元なデータ空間で可視化・情報抽出・仮説検証を行う」ことであると総括できる。すなわち、高次元性や非線形性といった複雑な構造をもつデータを、低次元や線形といった簡単な構造に単純化した上で、何らかの解釈を行うことである。

　わかりやすい例として可視化を挙げる。可視化の標準的な手法は、実際は高次元なデータのばらつきを、人間が理解しやすい2次元平面に射影することで行われる。図3-4は、150標本のアヤメのデータを、主成分分析（Principal Component Analysis: PCA）という古典的な方法（Pearson, 1901）で2次元平面に射影した様子を表す。このデータは、それぞれのアヤメ1標本につき4種

---

1)　多くの例外があるためこの分類は厳密ではない。

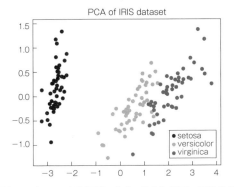

図3‑4　150標本のアヤメの4次元データを、PCAを用いて2次元に射影し可視化
これらのアヤメの標本は3種類（setona, versicolor, virginica）に分類される。データセットは Dua & Graff（2017）より取得。

類の特徴をもっており、すなわち1標本の情報は4次元のベクトルとして表される。この射影を行う際、データのばらつきを最大限に保つような2次元平面を選ぶことで、データの分布がもつ情報をなるべく落とさない形で射影が行われる。この2次元平面上でデータを表示することで、われわれはこのアヤメの分布が主に2つのグループに分けられることを理解できる。

　次の典型的な例として、線形回帰を挙げる。線形回帰とは、変数間の関係を線形モデルに単純化して表現する関数のモデル（模型）を用いた解析で、入力変数の重み付き和で出力変数を表現する。このモデルの上では、入力変数の変化による出力変化の変化率はつねに一定で、よってグラフの上では出力変数を直線で表せるという性質がある（図3‑5）。データを線形回帰によるモデルで表現すると、データのもっている非線形性（たとえば入力変数の変化によって出力変数が増えることも減ることもあるという性質）が捨象されるという欠点があるが、各入力変数の出力に対する影響力（寄与度）を一律に評価できるという利点が生まれる。この利点により、大量にある入力変数の中から重要なものを抽出できるようになる。線形回帰と組み合わせる Lasso という手法（Tibshirani, 1996）を用いると、たとえば2000種類を超える遺伝子から癌の発病に関連のある10個程度の要素を少ない標本からでも抽出できる。この大量の遺伝子候補からの高速な抽出は、線形回帰による現象の単純化により実現している。

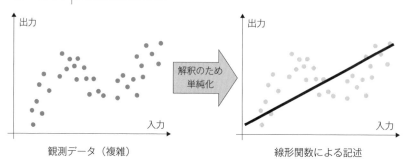

図3‑5　線形回帰によるデータの単純化と線形関数による記述
この単純化により、多くの種類の高速かつ信頼性の高いデータの解析が可能になる。

加えて、線形回帰はその技術的な性質がよく理解されているため、誤差の大きさや必要なデータ数の分析が容易で統計的仮説検定なども発達しており（Javanmard & Montanari, 2018）、この解析結果は高い統計的信頼性をもつ。

　これらの例のように、人間がデータ解析の結果を解釈するには、ある程度の単純化が必要となる。それは、人間が視覚的に解釈できる低次元空間への射影であったり、仮説を検証するための現象の単純化であったりする。従来のデータ解析では、計算機が比較的単純なモデル（模型）しか扱えなかったことも相まって、このような手法で解釈を構成することが主流だった。

深層学習によるデータ解釈と人間の理解

　次に、深層学習によるデータ解析の結果を解釈する試みを扱う。深層学習による予測結果を、予測だけでなく解釈につなげようという試みは複数存在しており、それらの研究は XAI（explainable artificial intelligence: 説明可能な人工知能）と呼ばれている。主要な技術を挙げると、重要要素の可視化、局所線形モデルによる重要度変数の抽出、そして理解可能言語への変換である。

　XAI の代表例は、顕著性マップと呼ばれる可視化技術である（Simonyan et al., 2013）。これは深層学習が予測を構成する上で、重要な役割をもったデータの要素を可視化する方法であり、特に画像データに対して使われる。図3‑6はこの画像の内容を判断する上で重要だと思われた画像の部分を抽出しており、たとえば図3‑6の左の歯を磨く画像では口や歯ブラシの部分が重要な寄与度

歯を磨く　　　　　　　　　　　　木を切る

図 3 - 6　顕著性マップの例

深層学習で画像の内容を解析したときに、その画像の中で大きな情報量をもっている部分を可視化する。上段が元の画像で、下段が重要部分に色を被せた画像。結果は Zhou et al.（2016）より引用。

をもっていたことを表している。技術的には、画像の各部分を意図的に変動させたときに、それが予測にどのように影響を与えたかを計測することでこのマップを構成する。

　もう 1 つの代表例は、局所的な線形モデル近似を用いて、予測に対する重要な情報を抽出する方法である。このアプローチでは、深層学習が再現している高度に非線形な現象を、ある特定の予測を行う状況に限定し、その上で線形回帰モデルで近似することで情報を抽出する。これは前項で扱った線形回帰を局所的に応用するもので、線形回帰モデルへの局所的な単純化によって、解釈可能な結果を提供している。有名な技術である LIME（Ribeiro et al., 2016）は、文章データや画像データから重要な要素を抽出し図 3 - 6 と類似した結果を出力できる。

　これらの XAI の技術からは、深層学習を用いているとはいえ、データを通して現象を解釈する技術は従来の枠組みに留まっている、ということが示される。すなわち、データを学習したニューラルネットワークは、データのもつ複雑な構造（高次元性や非線形性）を保持しているが、それを解釈として与えるためには、結局は可視化や線形化といった単純化をしなければならない。このことは、以下のようないくつかの示唆を与える。

　第 1 の示唆は、深層学習のような高精度な予測を行わなくても、従来の方法

で類似の解釈を達成することはある程度は可能であるということである。深層学習がいかに複雑なデータ構造を学習していようとも、人間がその中身を解釈するにはその複雑性を捨象しなければならない。すなわち、ニューラルネットワークのような複雑なモデル（模型）を用いずとも、最初から従来のシンプルな方法で類似した解釈をもたらすことは可能である。深層学習を射影操作の補助やノイズ除去器として用いて利便性を上げることは可能だが、本質的に得られる情報は変わらない可能性がある。

　第2の示唆は、解釈を行う上で、現象を高精度に再現できるという深層学習のメリットはほぼ失われているということである。解釈に用いられるような線形回帰モデルなどは、画像や文章といった複雑性の高いデータを扱う段階において、高い予測精度を発揮することは非常に難しい。高い精度の予測を行うには深層学習を用いて高度な非線形性を学習しなければならないが、その予測を人間が解釈するにはそれを捨てなければならず、結果として解釈ができる状況においては高い予測精度は失われる。

　これらの示唆をまとめると、人工知能を通して現象を理解しようという試みにおいて、近似的に理解を与えることは可能だが、そもそもその理解を行う段階では深層学習の特性の多くは喪失していると言える。すなわち、現象の再現精度と理解の間には二律背反があり、この2つを両立することは難しい。現象を解釈するための単純化の形式を複雑にするという試みは多く存在するが（e.g. Elmarakeby et al., 2021）、それでも単純化すると再現精度を捨てなければならないという構造に変わりはない（図3-7）。

深層学習による科学的法則化への試み

　深層学習と解釈性に関する試みとして、いわゆる解釈可能な人工知能とは別に、自然科学分野、たとえば物理・科学といった領域における人工知能・深層学習の活用が進んでいる。用途の多くは、前項までで扱ったデータ科学的な重要な情報の抽出や可視化に加えて、実験や観測で得られたデータをニューラルネットワークに学習させ、現象を再現させることで実験の補助や反実仮想的な状況の検証に用いられている。

　具体的な成功例としては、深層学習による新物質探索技術がある（San-

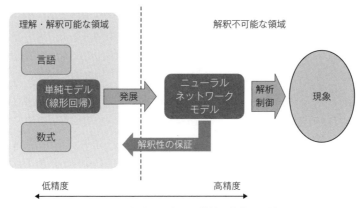

図3-7　解釈や理解の可能性と精度の関係

深層学習はニューラルネットワークモデルを用いて現象に漸近し高い精度を実現したが、その中身を解釈しようとするとモデルを単純なモデルに簡単化せねばならず、結果として精度や現象への近さが失われる。

chez-Lengeling & Aspuru-Guzik, 2018)。これは既存の分子構造をニューラルネットワークに学習させた上で、少しだけ性質の異なる類似の分子構造をそのニューラルネットワークから生成することで行われる。既存の分子構造を精緻に再現しているニューラルネットワークは、それらの分子に共通する構造による性質を保っている。これは言い換えると、このニューラルネットワークは一定の性質をもつ分子構造のみを出力するようになっているため、この出力を少し変更するだけで同じ構造をもつまったく未知の物質の生成が可能になる。

　類似の成功例も数多い。2021 年に提案された DeepMind 社による Alpha-Fold（Jumper et al., 2021）は、分子式から分子の3 次元構造を予測するという問題において、既存の手法より非常に高い精度を達成した。これにはトランスフォーマーという複雑なニューラルネットワークを分子構造に特化させた技術が用いられている。2022 年には Google 社が AI 技術を用いて、行列の掛け算の演算を高速化する法則を発見した（Fawzi et al., 2022）。行列の掛け算は人工知能だけでなく非常に多くの情報処理に用いられる基盤技術であり、この技術が活用されれば計算機技術の全体的な底上げが期待される。この技術は 50 年前に人間による法則性の発見がされてから進展がなかった分野であり、ここに

人工知能による新たな法則性が発見されたことが大きな話題を呼んだ。

　これらの技術の限界として指摘されるのが、予測や探索などの実用的・工学的な用途には使えるが、「新しい知識の獲得及び体系化に使えているのか」というものである。確かに既存の現象を再現したり新しい物質・法則を発見するといった結果は出ているが、それがどのような原理から得られているのかは明らかにはされていない。たとえば前出の深層学習による物質探索技術においては、新しい物質自体は発見できるとはいえ、どのような分子構造が物質の性質を決めるのかといった普遍的な知識が得られるわけではない。もう1つの例である行列の掛け算の法則性についても、この得られた法則は人工知能というブラックボックスから与えられたものであり、これがすぐ他の計算に応用できるわけではない。すなわち、この法則はある特定のサイズの行列の掛け算に対して得られたものであるが、サイズの異なる行列の掛け算に対しては、その法則の原理がわかっていないため現状不可能である。これらの状況を見て、人工知能による自然科学分野の知識の獲得については、「示唆を与えられることは多いが、確固とした知識の獲得には至っていない」という意見が出されている。

　これらの限界への対処として、再現した現象を言語や数式の形に変換させる、という技術的な試みがある（Chen et al., 2022）。たとえば言語処理のための人工知能が、ある画像に対する解釈を言語化し、人間の可読性を担保するというものである。また、未知の現象をニューラルネットワークに再現させた上で、その現象を再現する数式を物理法則のように記述させるという技術もある。これを用いると、確かに人間の理解可能な形で現象が記述される。しかし、それが知識として有効な含意をもつかどうかわからず、またその数式表現が一意に定まることも少ない。よって正しい理解の形として見なせるかは不透明であり、十分に妥当な手段であると判断するには一層の発展が必要であるとされている（Krenn et al., 2022）。

現象の解釈・理解とは何だったのか？

　これまでの議論で明らかになったのは、「解釈・理解するという行為と、人工知能による現象の再現との埋められない乖離」である。深層学習の成功によって、近年の人工知能は複雑な現象を再現するにとどまらず、それを制御して

新しい発見をもたらすことも可能になった。この再現は、新しい物質や数学的な法則の発見など、人類の技術水準を大きく前進させる可能性がある。対して、この技術を「解釈」「理解」するには、現象を単純なモデル（模型）や人間の言語（文章・数式）といった単純なもので近似しなければならない。すなわち原理的に、人工知能の中で何が行われているかという現象自体を理解することは非常に困難であり、人間は人間にわかるように単純化した世界でしかものごとを理解できないのである。このような乖離は、人工知能の登場前からある程度認識されてきたことであると思われるが、人工知能によって複雑な現象を制御できるという事実が如実になったことで、この乖離がより際立ち始めていると言えるだろう。深層学習の伸び代が未だ残っているため、今後も人工知能による知識の発見は継続していくと思われる。すなわち、人間が「理解」できない不可知の領域において、現象を制御できる能力をもった人工知能が新しい知識の断片を提供してくれるだろう。そのため、今後もこの制御と理解の乖離は拡大していくと思われる。

　ここで想起される問いが、「人間は現象を理解をするために何をすればよいか？」である。これに本章で1つの方針を与えるならば、「人間が理解できる枠組み・記述言語を発展させること」である。すなわち、人間の現象に対する理解はそれを記述するモデル（模型）や言語（文章・数式）の表現力に制限されているため、このモデルや言語の表現力を拡張することが必要である（図3-8）。たとえば過去の例では、不確実性が高かったり多様性が大きすぎる現象を理解するために、数学は確率という概念を導入し、結果としてデータ科学分野における現象の制御だけでなく挙動の理解にある程度成功している。今後は、深層学習の内部で動いている現象を記述するための数学的理論が発展すれば、より複雑な現象を記述し、結果として人間の理解できる領域も拡張されることが期待される。

　次節では、具体的に深層学習の原理を探る理論研究の詳細を紹介し、その領域における必要な理解の枠組みの拡張について議論する。

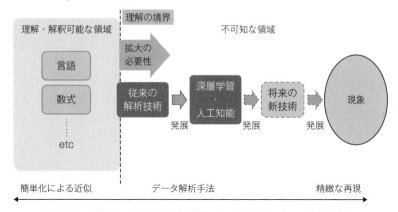

図3-8 継続的に発展する深層学習・人工知能およびその将来技術と、それらを理解するための知識の境界線の拡大の必要性

技術は今後も発展し、現象を制御する性能は高まり続けると予想される。しかしそれを理解するにはそもそも深層学習・人工知能に頼るのではなく、人間の理解できる領域自体を拡張せねばならない。

4 理解の対象としての深層学習

深層学習を理解すること、人工知能を理解すること

本節では、深層学習と理解に関するもう1つのトピックである「深層学習の原理の解明」について論じる。深層学習は実用化が進んでいるとはいえ、この技術の中身は多くの技術の試行錯誤から発見されたもので、既存の技術やそれを説明する理論の枠外にある。こうした事情から、その仕組みや精度の高さの理由の多くは未解明であり、また未解明であることが、技術の効率的な運用や発展の障害となって社会への技術の浸透が遅れることの一因ともなっている。よって、この原理を説明するような新しい知識体系の構築が急がれている。

1つ興味深い点は、この深層学習の理解に向けた新しい理論の構築が、前節で述べたような人間の理解の枠組み構築の一例になっていることである。深層学習による成功は、ある程度は制御可能だが原理の理解が難しい現象である。これを記述・理解するために、統計学やそれに関連する数学の枠組みそのものの拡張が必要とされており、現在その研究が急速に進んでいる。

　本節では、深層学習の理論に関するトピックを2つほど挙げ、解明するべき現象とそのための理論的な進展を紹介する。深層学習をめぐる未解明な点は数多いが、ここで紹介する2つは最も代表的なものである。

過剰パラメータの謎

　深層学習の大きな特徴の1つは、ニューラルネットワークの層の多さからくるパラメータの多さ、すなわち自由度の高さである。第1節で述べたように、ニューラルネットワークは多くの層の積み重ねで構成されており、その層の数は年々増加傾向にある。最初期の実用的な深層学習である AlexNet は8層、その数年後に提案された ResNet は 100 以上の層をもつ。

　この層の数の増加に伴って現れる現象が、ニューラルネットワークに含まれるパラメータの増加である。パラメータとは数値を格納する変数で、ニューラルネットワークにおいてはノードとノードを繋ぐ枝（エッジ）に相当する。層が多くて巨大なニューラルネットワークほど枝の数は増えるため、パラメータの数も増加の一途を辿っている。この数が多いほど、ニューラルネットワークが構成する関数を変形する自由度が高まるため、深層学習で扱える関数の柔軟性も高まる。深層学習の成功の一因に、この大量パラメータを扱う枠組みができたことによる、ニューラルネットワークの表現力の向上がある。

　対して、過剰に多いパラメータは予測精度を悪化させることが知られており、この現象は過学習や過適合と呼ばれる。過適合は、訓練データに適合するようにニューラルネットワークのパラメータを学習させるときに、過剰なパラメータによって増大しすぎた自由度によって関数がデータ中のノイズや不要な要素にまで適合してしまい、かえって新しいデータに対する予測性能を失う現象を指す（図3‑9）。この現象は受験生の入試対策に喩えられ、記憶力が高すぎる受験生は過去問（ここでいう訓練データに相当）の回答を丸暗記してしまうため、本番の入試問題を解くこと（ここでいう新しいデータで予測をすること）に失敗するというものである。この過適合は、過去のデータから得られる経験則から法則性を推定するというデータ科学特有の問題であり、深層学習以前の手法でパラメータの数を容易に増やせなかった原因でもある。なお、パラメータの増加はニューラルネットワークの表現力を高めて予測精度を向上させると前

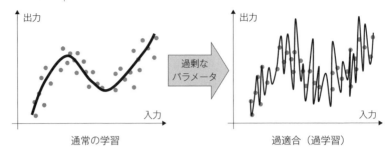

図3‐9　過適合（過学習）の様子

学習データ（点）から学習される関数（黒線）を表している。パラメータが少ないと通常の学習が可能だが、パラメータが過剰になるとデータに内在するノイズ成分まで学習してしまうため、かえって不適切な関数が学習されるという考え。

段落で触れたが、この過適合とは二律背反の関係になることを述べておく。

　この過適合は、深層学習の登場以前からデータ科学の分野ではよく解析され、実験的にも理論的にもよく理解された現象だった。特に理論の意味では、過適合による誤差の増加は「モデルの複雑性」「統計的次元」などと呼ばれる数学的概念で定義され、パラメータが増えることでこの複雑性や次元が増加し、それが過適合を起こすと説明されていた。しかし深層学習の実情はこの理論と食い違っており、大量のパラメータをもつニューラルネットワークは大きな複雑性や統計的次元をもつが、過適合を起こさないことが実験的に観測されている。この矛盾を解決するには、深層学習という新種の現象を解析するための新しい理論的な枠組みが必要で、その解析が2015年前後から大きく進められた（Zhang et al., 2021）。

暗黙的正則化をどう解明するか

　新しい理論の代表的な1つにおいては、実際のニューラルネットワークは大量のパラメータをもつとはいえ、その複雑性や統計的次元は案外高くないのではないか、という方針で解析が進められた。実際の深層学習において、ニューラルネットワークは何億というパラメータをもつことも珍しくないが、実は学習後にそれらをよく観測すると、大半のパラメータはほとんど何の役割ももっていないことが知られている。具体的には、学習後のニューラルネットワーク

から不必要そうなパラメータを除去しても深層学習の予測精度はほぼ下がらないことが知られており、この事実は「枝刈り」などの実用的なニューラルネットワーク圧縮技術に活用されている。このように、明示的ではない形でニューラルネットワークの自由度が制約されていることを「暗黙的正則化」と呼ぶ。この暗黙的正則化の１つの形として、パラメータのほとんどが冗長な領域にとどまっていたり更新の初期状態から動いていない設定の下では、ニューラルネットワークの複雑性や統計的次元が増加しないことが示された（Neyshabur et al., 2017）。

　しかしこの理論には、具体的な暗黙的正則化の形が、未だ明瞭にはわかっていないという限界が指摘されている。上述の研究では、パラメータの移動領域が制限されており、これが暗黙的正則化であるという仮説のもとで理論が構築された。しかし理論を実験的に検証すると、ニューラルネットワークのパラメータの移動領域は案外制限されておらず、自由にパラメータ空間内を移動している様子が観測される（Nagarajan & Kolter, 2019）。すなわち、大量のパラメータの多くは狭い領域に制限されているという前提が成立しないため、これは暗黙的正則化の適切な記述でない可能性が示唆されている。これらをふまえて、より異なる形での暗黙的正則化が模索されている（Imaizumi & Schmidt-Hieber, 2022）。

　この暗黙的正則化の解明への障害の１つが、ニューラルネットワークの深層構造に由来するエネルギー（損失）関数の曲面の確率的変動の複雑化である。過適合はデータのランダムさに由来する現象であるため、その結果としてニューラルネットワークがもたらすエネルギー曲面がどのように確率的に摂動するかを記述することが重要になる。層の数が少ないニューラルネットワークの場合は、摂動がエネルギー曲面に与える影響が限られていたため、解析は比較的容易であった。しかし層の数が多いニューラルネットワークでは、１層目の摂動が２層目以降の摂動に乗算的に影響するため、従来の数学的概念では記述が難しくなる（図3‑10）。このため、理論的な解析において統計的次元を実際の値よりも過剰に見積もってしまうという問題が発生する。この問題を解決するには、エネルギー曲面のより複雑な摂動を記述するための新しい数学的枠組みが必要であり、その発展が急がれている。

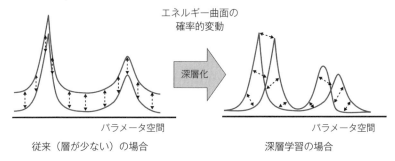

図3‐10　エネルギー曲面の確率的変動

左は深層学習以前の変動で、層が少ないため関数は上下方向に移動する。右は深層学習の場合で、層が多いため変動の形が複雑になる。

学習アルゴリズムの挙動の謎

　深層学習の原理におけるもう1つの大きな謎である、学習アルゴリズムの成功の要因を議論する。前提として、第1節で述べたように、ニューラルネットワークのパラメータを学習する際、学習アルゴリズムはエネルギー（損失）曲面上での安定点を探すようにパラメータを探索する。ここで安定とは、谷底の1点のように近傍と比べてエネルギー（損失）が小さくなっている点の状態を指し、特に安定性の高いパラメータの元で深層学習の精度が向上しやすいことが知られている。

　層の多いニューラルネットワークにおいて、この深層構造がエネルギー曲面の形状を非常に複雑にすることが知られており、これが深層学習の原理を理解する上での大きな障害となっている。もし層の数が1しかない非常にシンプルなネットワークであれば、この曲面は図3‐10の左のような非常に簡単な形となり、学習後のパラメータはこの窪みの中心部にいることが自明にわかる。対して層の数が少しでも増えると、この形状は途端に複雑化し、学習中のパラメータの挙動はブラックボックスに包まれる。さらにパラメータの数が膨大なので、2次元平面や3次元空間上で厳密に可視化することも難しく、次元圧縮による近似しか直感的に捉えることができない。深層学習の実用的な現場においては、複数の異なる学習アルゴリズムを準備して並列的に学習を開始させ、一番良さそうなパラメータを発見したものを採用するという探索的な方法が採ら

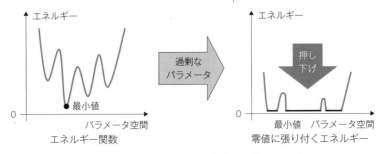

図3‑11　エネルギー関数（損失関数）が零値に張り付く現象

左でパラメータが少ない状態ではエネルギー関数は複雑な形状をしており、最小に到達することは難しい。対して右図では、過剰なパラメータの影響で関数が全体的に現象したため、最小値への到達が容易になっている。

れている。

　このエネルギー曲面の複雑な形状の影響により、層の数が増えるほど学習アルゴリズムの挙動や安定的なパラメータの性質が不明となり、効率的な探索や発見が難しくなる。特にこのような形状では、エネルギー曲面の浅い谷の部分でパラメータの学習が停止することが多いため、安定していても十分に良いパラメータが得られないことが多い（図3‑11の左側）。深層学習以前の機械学習の解析においては、このような複雑なエネルギー曲面をもつ手法は精度が安定しないため敬遠され、必ず良いパラメータを得られるようなエネルギー曲面が好まれる傾向にあった。しかし深層学習では、エネルギー曲面がきわめて複雑でありながら精度の良いパラメータが得られるため、その理由はわからぬままに実用化が進められている。

過剰なパラメータの新しい役割の可能性

　層が多い場合の学習アルゴリズムの挙動を記述する方法として、過剰なパラメータの役割がこの領域でも注目され、それに基づく理論が発展している。これを一言で述べると、パラメータを膨大に増やすことでエネルギー（損失）全体を減少させ、パラメータのほとんどが限界まで低いエネルギー（損失）水準を達成できるようにする、というものである（Allen-Zhu et al., 2019）。ニューラルネットワークにパラメータが増えると、増加分のパラメータを変動させる

ことでエネルギーを減少させる操作が可能になるため、エネルギー曲面の全体が低下する。そしてエネルギーはその設定からマイナスにはならないため、限界まで減少したエネルギー面はゼロに張り付くという現象がおこる（図3-11の右側）。この結果、学習アルゴリズムはおおむねどの点からパラメータ更新を始めたとしても、ほぼ間違いなく最もエネルギーを最小（この場合はほぼゼロ）にする点に到達できるため、つねに高い精度と安定性を確保できる。この描像は新しい理論によって明確に描写され、ニューラルネットワークの学習に対する新しい理解を与えた。

　しかしながら、未だその理論は発展の余地を残している。1つの課題は、必要なパラメータの数の理論的な膨大さと、その影響である。理論上は、必要な性能を達成するのに必要なパラメータ数はきわめて膨大で、既に数が多い実用上のニューラルネットワークの大きさを上回りかねない。また本節の前半で扱ったように、過剰な数のパラメータは過適合を引き起こして予測精度を下げることが指摘されている。この論点には前出のように色々な批判があるが、その原理が未解明である以上、学習アルゴリズムのための過剰なパラメータがどのように影響するかも十分に理解されているとは言い難い。もう1つの課題として、パラメータの探索空間の広さがある。この理論はいくつかの制約的な仮定を置いているが、その1つに「パラメータの更新の大きさが非常に小さい」というものがある。これは数学的な帳尻を合わせるために必要な設定だが、実はこの設定下ではパラメータの移動範囲が限定的になるため、実際の深層学習とはかけ離れた挙動をしている、という指摘がある（Li et al., 2020）。実際、この理論による制約に沿う形で求めたパラメータを用いた深層学習は、実際の最先端の深層学習よりも性能がある程度以上に劣るという報告がされている。すなわち、理論はパラメータの学習を大きく制約した下での現象を記述しているが、実際の深層学習はそれよりも広い領域のパラメータ空間を探索している。この懸隔を埋めるための数学的な試みがいくつかなされているが（Ba et al., 2022）、未だ発展途上であると言える。

新しい科学分野の可能性と今後の人工知能

　ここまで、深層学習に関する大きな謎と、それを記述しようとする理論的な

試みを複数扱った。過剰パラメータと過適合のトピックでは、暗黙的正則化という発想で過適合を説明する試みと、その限界を紹介した。学習アルゴリズムのトピックでは、エネルギー（損失）曲面の複雑さと、パラメータの数を増やすことでそれを解決する発想の成果と欠点を紹介した。どちらも未だ道半ばであり、今後は数学的な言語を拡張し、未知の現象を記述する枠組みの構築が必要である。

　これらの未解決問題を記述するのに必要な枠組みの1つが、深層構造に対応した確率的変動の定式化である。確率的に動く概念の記述は、決定論的に動く要素のそれより難しくなるため、簡単なモデル（模型）で行われることが多い。実際、層の少ないニューラルネットワークにおいてはその確率的な記述はある程度は精緻化されており、実験結果と一致するような理論が数多く提案されている。たとえばニューラルタンジェントカーネル理論（Jacot et al., 2018）は多層ニューラルネットワークを2層に帰着させることで学習過程を完全に記述しており、パラメータが増えるほど誤差が再減少を始める二重効果現象（Belkin et al., 2019）は2層ニューラルネットワークでは理論的に再現されている（Hastie et al., 2022）。しかし層が多くなることでその記述は非常に困難となり、層の多いモデル（模型）の記述の成功例は未だ非常に少ない。この問題を解決するには、そもそも深層構造に適した確率的変動そのものを記述する数学を作る必要があり、それには長い基礎研究の蓄積が必要であると考えられる。

　もう1つの必要な理論的枠組みとして、複雑化したエネルギー曲面を記述する数学がある。現状、エネルギー曲面の形状を記述する言語は、凸性と呼ばれる単純な構造とその拡張が主となっており、図3-11の左図に示したような非常に複雑な関数の形は、分類や命名さえ困難であるのが現状である。分類による記述さえ難しい状況であるため、各状況に即したアルゴリズムの開発なども容易ではなく、探索的な手法の実装が進められているのが現状である。実験や観測の上ではいくつか典型的なパターンが発見されているため、これらを手がかりにした理論の発展が求められる。

5 ｜ おわりに

　本章では、深層学習という新技術を中心に、「深層学習を用いた現象の解釈・理解」と「深層学習という現象を理解するための理論」という2つの独立したトピックを紹介した。どちらにも言えるのは、われわれは深層学習や人工知能を用いることで、「よくわからぬものをよくわからぬまま観測・制御する方法を手に入れた」ということであり、また「深層学習・人工知能はよくわからぬものを人間にわからせてくれるわけではない」ということである。人間が人工知能を「理解」しようとするならば、それは人工知能に頼らず、人間の理解とは何かというそのものを自省し、かつ理解するための言語・枠組みを人間の内省によって拡張していく必要がある。人工知能技術の発展は今後も急速に続くことが予想されるため、それから取り残されないように、人間側の思考の枠組みの拡張が必要であると考えられる。

参照文献

Allen-Zhu, Z., Li, Y. & Song, Z. (2019). A convergence theory for deep learning via over-parameterization. In *International Conference on Machine Learning*, PMLR, pp. 242-252.

Ba, J., Erdogdu, M. A., Suzuki, T., Wang, Z., Wu, D. & Yang, G. (2022). High-dimensional asymptotics of feature learning: How one gradient step improves the representation. In *Advances in Neural Information Processing Systems, 35*, 37932-37946.

Belkin, M., Hsu, D., Ma, S. & Mandal, S. (2019). Reconciling modern machine-learning practice and the classical bias-variance trade-off. *Proceedings of the National Academy of Sciences, 116*, 15849-15854.

Brown, T., Mann, B., Ryder, N., Subbiah, M., Kaplan, J. D., Dhariwal, P., Neelakantan, A., Shyam, P., Sastry, G. & Askell, A. (2020). Language models are few-shot learners. *Advances in Neural Information Processing Systems, 33*, 1877-1901.

Chen, B., Huang, K., Raghupathi, S., Chandratreya, I., Du, Q. & Lipson, H. (2022). Automated discovery of fundamental variables hidden in experimental data. *Nature Computational Science, 2*, 433-442.

Devlin, J., Chang, M.-W., Lee, K. & Toutanova, K. (2019). Bert: Pre-training of deep bidirectional transformers for language understanding. In *Proceedings of the*

2019 Conference of the North American Chapter of the Association for Computational Linguistics, pp. 4171-4186.

Dua, D. & Graff, C. (2017). UCI machine learning repository.

Elmarakeby, H. A., Hwang, J., Arafeh, R., Crowdis, J., Gang, S., Liu, D., AlDubayan, S. H., Salari, K., Kregel, S. & Richter, C. (2021). Biologically informed deep neural network for prostate cancer discovery. *Nature, 598*, 348-352.

Fawzi, A., Balog, M., Huang, A., Hubert, T., Romera-Paredes, B., Barekatain, M., Novikov, A., Ruiz, F. J. R., Schrittwieser, J. & Swirszcz, G. (2022). Discovering faster matrix multiplication algorithms with reinforcement learning. *Nature, 610*, 47-53.

Hastie, T., Montanari, A., Rosset, S. & Tibshirani, R. J. (2022). Surprises in high-dimensional ridgeless least squares interpolation. *The Annals of Statistics, 50*, 949-986.

He, K., Zhang, X., Ren, S. & Sun, J. (2016). Deep residual learning for image recognition. In *Proceedings of the IEEE Conference on Computer Vision and Pattern Recognition*, pp. 770-778.

Imaizumi, M. & Schmidt-Hieber, J. (2022). On generalization bounds for deep networks based on loss surface implicit regularization. *IEEE Transaction on Information Theory, 69*(2).

Jacot, A., Gabriel, F. & Hongler, C. (2018). Neural tangent kernel: Convergence and generalization in neural networks. *Advances in Neural Information Processing Systems, 31*.

Javanmard, A. & Montanari, A. (2018). Debiasing the lasso: Optimal sample size for gaussian designs. *The Annals of Statistics, 46*, 2593-2622.

Jumper, J., Evans, R., Pritzel, A., Green, T., Figurnov, M., Ronneberger, O., Tunyasuvunakool, K., Bates, R., Žídek, A. & Potapenko, A. (2021). Highly accurate protein structure prediction with alphafold. *Nature, 596*, 583-589.

Krenn, M., Pollice, R., Guo, S. Y., Aldeghi, M., Cervera-Lierta, A., Friederich, P., dos Passos Gomes, G., Häse, F., Jinich, A. & Nigam, A. (2022). On scientific understanding with artificial intelligence. *Nature Reviews Physics, 4*, 761-769.

Krizhevsky, A., Sutskever, I. & Hinton, G. E. (2017). Imagenet classification with deep convolutional neural networks. *Communications of the ACM, 60*, 84-90.

LeCun, Y., Bengio, Y. & Hinton, G. (2015). Deep learning. *Nature, 521*, 436-444.

LeCun, Y., Bottou, L., Bengio, Y. & Haffner, P. (1998). Gradient-based learning applied to document recognition. *Proceedings of the IEEE, 86*, 2278-2324.

Li, Y., Ma, T. & Zhang, H. R. (2020). Learning over-parametrized two-layer neural networks beyond NTK. In *Conference on Learning Theory*, PMLR, pp. 2613-2682.

Nagarajan, V. & Kolter, J. Z. (2019). Uniform convergence may be unable to explain generalization in deep learning. *Advances in Neural Information Processing Systems, 32.*

Neyshabur, B., Bhojanapalli, S., McAllester, D. & Srebro, N. (2017). Exploring generalization in deep learning. *Advances in Neural Information Processing Systems, 30.*

Pearson, K. (1901). Liii. on lines and planes of closest fit to systems of points in space. *The London, Edinburgh, and Dublin Philosophical Magazine and Journal of Science, 2,* 559-572.

Ribeiro, M. T., Singh, S. & Guestrin, C. (2016). "why should i trust you?" explaining the predictions of any classifier. In *Proceedings of ACM SIGKDD International Conference on Knowledge Discovery and Data Mining,* pp. 1135-1144.

Sanchez-Lengeling, B. & Aspuru-Guzik, A. (2018). Inverse molecular design using machine learning: Generative models for matter engineering. *Science, 361,* 360-365.

Silver, D., Huang, A., Maddison, C. J., Guez, A., Sifre, L., Van Den Driessche, G., Schrittwieser, J., Antonoglou, I., Panneershelvam, V. & Lanctot, M. (2016). Mastering the game of go with deep neural networks and tree search. *Nature, 529,* 484-489.

Simonyan, K., Vedaldi, A. & Zisserman, A. (2013). Deep inside convolutional networks: Visualising image classification models and saliency maps. *arXiv.* https://arxiv.org/abs/1312.6034

Tibshirani, R. (1996). Regression shrinkage and selection via the lasso. *Journal of the Royal Statistical Society: Series B (Methodological), 58,* 267-288.

Zhang, C., Bengio, S., Hardt, M., Recht, B. & Vinyals, O. (2021). Understanding deep learning (still) requires rethinking generalization. *Communications of the ACM, 64,* 107-115.

Zhou, B., Khosla, A., Lapedriza, A., Oliva, A. & Torralba, A. (2016). Learning deep features for discriminative localization. In *Proceedings of the IEEE Conference on Computer Vision and Pattern Recognition,* pp. 2921-2929.

第4章 深層学習後の科学のあり方を考える

大塚　淳

　今日、AI（人工知能）と総称される機械学習技術、とりわけその中心となっている深層学習の進展は、われわれの日常を大きく変えつつあるだけでなく、科学のあり方や実践にも影響を与え始めている。Google 傘下の Deep Mind が近年発表した AlphaFold2 は、タンパク質の立体構造予測において従来手法を大きく上回る成績をあげ（Jumper et al., 2021）、創薬や生物工学など幅広い領野のゲームチェンジャーになりうると言われている（Callaway, 2020）。またそれ以外にも脳科学や物理学など、多くの分野において深層学習の積極的な導入が進んでいる（田中ら, 2019; 橋本, 2019）。

　深層学習が引き起こしつつあるこうした変化の波は、今後科学の個別的実践や方法論を変えていくだけでなく、「科学とは何か」という、科学自体の規定とわれわれの科学観にも影響を与えざるをえない。そもそも科学とは、人類普遍的に存在するものではなく、そのつどの技術的発展や社会情勢に対応して、変化・発展し続けてきたものである（佐倉, 2020）。そうであれば、活版技術の開発やインターネットの普及が科学を変えたように、深層学習が今後の科学のあり方を大きく変化させることはありえないことではない。もちろん、現時点でそうした変化の方向性を予測することは不可能である。しかし具体的な予測は措くとしても、深層学習の科学的受容が、科学がもつ理念にどう影響し、場合によってはそれにどう緊張関係をもたらすのかについて思いを巡らせることは、今後のわれわれと科学のあり方を探る上でも無益ではないだろう。こうした問題意識のもと、本章では機械学習の発展がわれわれの科学観、およびその根本にある近代合理主義的な理念に対して与えうる影響を、科学哲学的な観点

から考えてみたい。

1 │ 科学における統計学の役割

経験科学における客観性と合理性

　深層学習の科学への影響を考えるにあたり、まずその前駆体である統計学が、科学において果たしてきた／している役割を、拙著（大塚, 2020）に即する形で確認しておきたい。たとえば「統計的に有意である」という言明が、しばしば科学的仮説の正しさの立証として通用していることからも明らかなように、統計学は現代科学において特権的な役割を有している。ではその特権性は何に由来するのだろうか。

　一言に科学といっても、多様な分野が含まれ、その境界は曖昧である（伊勢田, 2003）。ここでは「データに基づいて帰納推論を行う」ことをその主要な目的に含む分野を考えたい。ただしここでの帰納推論は、単に未知の予測だけでなく、物理学や生理学で行われるような一般仮説の形成、古生物学や地球科学に見られるような過去の復元（retrodiction）、また政治的介入やマーケティング効果の予測のような因果推論などを含む。この意味で解された経験科学の目的は、収集したデータに基づき、できるだけ正確な推論を行うような理論や手法の確立にある。しかしこのように広く解された帰納推論は、単に科学に限らず、すべての人間が日々の生活の中で行っていることでもある。こうした個人的活動と科学的推論を分ける1つの特徴は、科学が集団的かつ公共的な営みであるということである。科学は単に個人や一企業によって進められるものではない。それは私秘性やセクト性を排し、客観性を尊ぶ[1]。つまり科学的主張は、特定の訓練を積み、そして十分に議論を尽くしさえすれば、どのような人であっても原則理解可能なものだと期待されている。そしてそのコミュニケーションの規範となるのが、合理性である。科学的な議論や説得は、合理的な基準に則して行われねばならず、共感や趣味的な一致などの他の基準に訴えてはなら

---

[1]　「客観性」という言葉には、観主観的な意見の一致、対象との一致、バイアスの不在、公平性など多様な意味合いがあるが（Reiss & Sprenger, 2017）、本章では一貫して、個人を超えた集団的・間主観的な意見の一致という意味で用いる。

ない。

　以上からさしあたり本章では、経験科学を「客観性と合理性とを旨とした帰納推論」を行う営みと規定したい。もちろん、ここであげた「客観性」や「合理性」などはそれ自体が分析を必要とする言葉であり、これをもって「科学」概念の分析と言うことはできない。また博物誌など推論の色合いが薄い分野もあるだろうし、逆に合理性は科学に限らず知的営み一般に広く妥当する規範であろう。さらに実践に目を向ければ、科学的論争のすべてが合理的な基準によって白黒つけられているわけではまったくない。よってこれらの特徴は、科学を定義する必要十分条件ではない。しかしそうであっても、人々および科学者自身が直感的にもっている科学観ないしその理念をそれなりに反映しているとは言えるだろう。

　統計学の科学における重要性は、まさにそれがこうした科学的理念に対してうってつけの方法論を提供する、という点にある。推測統計は、データから未観測のものを推定・予測する定量的かつ厳密な手法として発展してきた。こうした数学的手法は、20世紀においては主に古典統計・ベイズ統計として体系化され、「p値」や「ベイズファクター」など標準化された推論の評価基準をもたらすとともに、多くの科学分野やジャーナルにおいて仮説や帰納推論の良さを判断するプロトコルとして機能してきた。そこには昨今の再現性問題など、さまざまな問題が指摘されてきてはいるものの（Wasserstein & Lazar, 2016）、事実問題としてこうした標準的プロトコルが、背景知識や実験の詳細を知らずとも、科学的仮説を抽象的な「帰納推論」として評価し分析することを可能にしたことには変わりない。つまり統計学は、対象や分野の差異にとらわれずに科学的推論を客観的に議論できるような、汎科学的コミュニケーション・プラットフォームとしての地位を確立したのである。そしてこの評価基準の合理性は、各々の統計学的手法の性質や限界が確固たる数学的諸定理に基づくという事実によって担保されている、あるいは少なくともそう期待されている。このように統計学は、「客観性と合理性とを旨とした帰納推論」という経験科学の目的に合致した方法論を提供してきたのである。

正当化の枠組みとしての統計学

　しかし実際のところ、なぜ統計学はそうしたプロトコルとしての資格をもちうるのだろうか。というのもヒュームが指摘したように、帰納推論とは本質的に、不可能な試みではなかったのか。過去の経験をもとに未来事象を予測するためには、対象（自然）が不変にとどまるという斉一性の想定が必要であるが、この想定を経験や論理のみから論証することはできない（Hume, 1739）。もちろん、現代統計学はヒュームの懐疑論を直接に解決するものではない。それが行うのは、帰納推論に不可欠な（しかしそれ自体は決して完全には正当化されえない）前提としての「自然の斉一性」を数学的に定式化し、あくまでその前提のもとで、データからその性質を推論すること、そしてその推論の正確さを見積もることである。

　ここには少なくとも2つの前提がある。1つは、対象が何らかの数式によって表現されるようなある一定の構造をもっているという、いわば存在論的な前提である。ここにはたとえばデータの背後にある「真の分布」、独立同一分布（IID）、特定の分布族（正規分布等）の仮定などが含まれる。もちろんこうした想定は、単に仮定して終わりというわけではなく、その正当性はデータや事前知識に照らし合わせて入念にチェックされねばならない。しかしそうしたチェック自体も帰納推論である以上、その確実性を担保することはできないし、またその「確からしさ」を定量的に評価しようとも、必ずどこかで何らかの非定量的な前提を導入する必要がある。その意味で、存在論的仮定は堂々巡りであって、ヒュームの呪いから逃れることはできない。よって統計学における存在論的前提の主眼は、こうした無限後退を止めることにあるのではなく（なぜならそれは不可能な相談なのだから）、むしろそこで導入されている自然の斉一性の想定を明示化し、他者と客観的に共有することにある。

　2つ目の想定は、しかるべき手法を用いることで、措定された構造をデータから正しく推定することができる、という認識論的想定である。しかし「正しく」と言っても、特定の問題において用いられた手法が現実世界とどの程度合致しているか、ということを直接に知る術は存在しない。分布の「本当の」平均値、モデルの「正確な」汎化性能などというものは、われわれには永遠に隠されたものである限り、統計的推論の正しさを直接的に評価することは不可能

である。よってわれわれが言えることは、推論が正しいということではなく、せいぜいそれが正当化（justified）された妥当な推論である、ということのみである。たとえば何の変哲もないコインを100回投げて55回表が出たとき、そのコインの表が出る確率を1%と見積もるような仮説は、原理的にはその可能性を排除できないにせよ、正当化されるとは考えにくい。ではそもそも、データに基づいて仮説を正当化するとはどのようなことであり、その推論はどのようになされるべきなのか。このことに関する認識論的な示し合わせが、この第二の前提である。

　そしてこの点において、認識論としての統計学の多様性と相違が現れてくる。ベイズ的な見方では、統計的推論とは諸々の仮説に対するわれわれの考え方をデータによって更新していくプロセスである。ベイズ定理は、得られたデータに対する仮説の尤度（つまり仮説が正しいと仮定したときのデータの確率）と事前確率から、データのもとでの仮説の確率（事後確率）を導く。こうすることによってそれは、データ観察後の仮説に対するわれわれの評価を、事前の評価や尤度といった推論の前提条件から論理的に正当化する。このように、正当化を明示的な前提から結論への導出関係として捉える見方は、哲学において内在主義的（internalist）な正当化概念と言われる。このような正当化概念を有するがゆえに、ベイズ統計は論理的整合性に大きな価値を見出す。また同時にそれは、推論主体がもつ前提を事前分布のような形で明確化しておくことを要求するし、また階層ベイズのような仕方でその前提を柔軟にモデリングするための手法を提供する。

　それに対し、一般に「頻度主義」とも呼ばれる古典統計の正当化概念は外在主義的（externalist）に特徴づけられる。内在主義的な正当化には、その論理的導出で用いられる前提はいかに正当化されるのか、という問題がつねにつきまとう。同様にベイズ統計に対しても、その前提である事前分布はどのように正当化されるのか、という批判が向けられてきた。古典統計はこの困難を回避するため、直接的に仮説そのもののもっともらしさを評価するのではなく、まず仮説を判断するプロセスの信頼性を見積もり、そこから間接的にそのプロセスによって下される結論を正当化する。たとえば統計的検定とは、データから帰無仮説の棄却ないし維持を結論する認識プロセスの一種と捉えることができ

る。古典統計理論は、検定の信頼係数や検出力などを計算することで、このプロセスを長期的に使用し続けると仮定した際の偽陽性と偽陰性、つまりその信頼性を見積もる。ところで、信頼性の高いプロセスによる判断は、そうでないプロセスによる判断より、より正当化されていると言えるだろう。これは正当化の基準を「プロセス」という外的装置に基づけるという意味で、外在主義的な認識論だと言える。

　ベイズ主義と古典統計、内在主義と外在主義は、どのような推論が合理的なのか、ということに関する異なった見方を表している。したがって、20世紀に繰り広げられたベイズ対頻度主義の論争の多くが、主に推論の合理性に関する問題であったことは偶然ではない（たとえば停止規則問題や事前分布のパラドクスなど）。なぜなら問題となりうるのは、外的正確性（どちらの推論が正しいのか）ではなく、どちらの正当化体系がより合理的な推論を可能にしているのか、ということだからである。もちろん、外的な正しさと正当化はまったく別個の問題ではない。むしろ認識論的な正当化が目指すのは、正当化が最終的に真理をもたらすということ、つまりそれが真理促進的（truth-conducive）であるということである。しかし真理促進性は、直接示すことができる類の性質ではない。それゆえ、それへの論証はつねに迂回路をたどる必要がある。そして合理性は、真理への最も確実な道であるように思える。こうしたことから、統計学諸派は、自らの方法論が合理的であることをもって、それが真理促進的であること、そしてそれゆえ「客観性と合理性とを旨とした帰納推論」に最も資するものであると論じてきたのである。

2 深層学習

伝統的な統計モデルと深層モデルの違い

　伝統的な統計的推論は、推論対象を1つの数式（統計モデル）によってモデリングすることから始まる。科学者は、対象の性質や推論に影響を与える変数などについての事前知識に基づき、入念にモデルを設計する。当然、そうしたモデルはわれわれに解釈可能なものでなければならないし（解釈不可能なものを設計することはできない）、そこに現れる変数は意味をもっていなければなら

ないし（いわゆる"unknown unknowns"を考慮することはできない）、また過度に複雑であってはならない。よってモデル構築は、対象のあり方に制約を入れていく作業でもある。われわれの認知的制約に沿った仕方でモデルを構築することは、対象の性質や推論過程を詳らかにし、また理解可能にするという意味においてその科学的実践の客観性や合理性に寄与するだけでなく、また過適合（overfitting）を防ぐことで予測性能の向上にもつながる（Akaike, 1974）。

　一方で、近年発展が著しい機械学習、とりわけ深層学習のアプローチは、こうしたボトムアップなモデル構築作業とは対極をなす。そこでは数千万から億のオーダーのパラメータをもつモデルを大量のデータでトップダウンに訓練することによって、適切なモデルが学習される。そのように訓練されたモデルは、きわめて巨大かつ複雑であり、その構成部分の意味や役割を人間が解釈することは難しい。もちろん、深層モデルの各レイヤーの配置やその接続構造などはエンジニアによって具体的に設計されるものである限り、それは完全な「ブラックボックス」ではない。しかし具体的に学習された個々のパラメータからその意味や役割を読み取ることはきわめて困難であるということを考慮すれば、伝統的な統計モデルよりも遥かに可読性が低いということは言えるだろう。

　それにもかかわらず、周知のようにこうした深層モデルは種々のタスクにおいて華々しい成績をあげ、現実に社会の随所において実装され始めている。こうした成功は、1つの哲学的問題を惹起する。上述のように統計学は、科学的仮説を正当化する役割を担ってきたのであった。では深層学習の「良さ」は、いかなる意味で正当化されるのだろうか？　それは明らかに、内在主義的なものではないだろう。前述の通り、複雑巨大な深層モデルの内部で働いている前提や要因を明示的に把握することは不可能であり、モデルの判断がどのように導かれたのかを知る術もないからだ。一方、外在主義的な正当化は、深層モデルが「信頼に足るプロセス」であるということを認めるならば、より見込みがありそうではある。しかしながら、古典統計の手法がその理論からの数理的帰結であり、よってその信頼性についての合理的説明があったのに対し、深層モデルの信頼性はほとんどがベンチマークを用いた実験結果に基づくものであり、「なぜうまくいくのか」ということについての理解が伴わない。よって仮に外在主義を採ったとしても、深層モデルの結論を、少なくとも古典統計と同定度

の確度をもって理論的に正当化することは難しそうである。

深層モデルの正当化への2つのアプローチ

　実際、深層モデルの正当化は、機械学習分野においても喫緊の課題であり、さまざまなアプローチが提唱されている。1つのアプローチは、いわば解剖学的視点によってモデルの構造を分析することにより、その役割を理解しようとするものである。典型的な例として、画像認識の標準的機構である畳み込みネットワークは、移動不変的な表現を作ることで、画像中の位置や向きに関わらず対象を認識することを可能にすることが知られている（Goodfellow et al., 2016）。こうした要素技術についての理解は、確かにモデル全体がなぜ特定の課題で優れた成績をあげることができるのかを説明するだろう。その意味においてこれは、モデルの信頼性を合理化することで、外在主義的な正当化を補完するアプローチであると言える。

　それに対して、より内在主義的なアプローチでは、モデルが行っている判断の根拠をできるだけ明らかにすることに主眼が置かれる。上の解剖学的視点に対比して、これはどちらかといえば心理学的に、いわば「モデルの身になって世界がどう見えているか」を探る試みであるといえよう。具体的には、モデルがデータからどのような特徴量を抽出しているかを明らかにする表現学習（representation learning）や、モデルの判断基準を利用者であるわれわれに理解可能な仕方で明示する方法を探る「説明可能なAI（eXplainable AI: XAI）」のプロジェクト（Das & Rad, 2020; 大坪ら, 2021; 森下, 2021）は、こうした内在主義的な性格を有している。

3 ｜ 何のための正当化か？

「うまくいく」だけではだめなのか

　前節最後で深層学習の正当化にまつわる問題を取り上げたが、一方でここに問題を見出さないという選択肢も当然ありうるだろう。つまり、深層学習は「実際にうまくいく」という経験的信頼性で十分であり、それ以上の理論的正当化は必要ないという立場である（Krishnan, 2020）。確かに、社会で用いられ

ている科学技術は必ずしもその機序が解明されているわけではない。医療や工学分野においては、仕組みは完全にはわからないが効果があるから使われているというような薬や原理は珍しくなく、それがとりわけ問題視されることもない。であるとすれば深層学習も同様に、「うまくいく」という理由だけでその使用を正当化することに何の問題があるのだろうか。

もちろん、特定の帰納推論様式の過去の成功は将来における成功をまったく含意しない、ということはすでにヒュームが指摘していることであり、こうした議論によって懐疑論を退けることはできない。また、敵対的攻撃（Szegedy et al., 2014）の存在が示すように、いかに成功しているように見える深層モデルであっても、それが失敗する文脈は無数に存在しうる。ただそれを認めたとしても、こうした楽観論には人々の心情に訴えかけるものがあり、今後、統計学（ないしその現代的発展形態としての機械学習）に期待される正当化の役割が小さくなっていく、あるいはプラグマティズム的なものへと置き換わっていくことは十分に予想されることである。

しかしながら、AIをめぐる現状と工学・医学的技術との間には、確かに共通点も多くあるが、相違点もあることを指摘しておかねばならない。それは、工学・医学的技術においてブラックボックス化されるのはあくまで目的達成のための手段であるが、一般にAIに対して期待されているのは何を行うかを決める判断そのものである、という点である。作用機序が明らかでない薬の投薬に際しても、病気を診断し投薬判断を行うのは医師である。薬はそうした判断に従属しそれをサポートする手段にすぎない。一方、AIが行うと期待されているのは、たとえばデータから病変を診断したり、あるいは適切な治療法を提示したりすること、つまり判断を下すことである。そして社会において、判断というのはつねに説明責任（アカウンタビリティ）を伴うものと考えられている。投薬を行う医者は求められればその判断を説明せねばならないし、またその適切性をめぐって公的な議論が引き起こされることもありうるだろう。そうであれば、それを置き換えるAIに対しても、少なくとも同程度の正当化が求められることは想像に難くない。つまり判断主体としてのAIに対しては、単なる技術的手段に対してよりも重い説明責任が課されており、それゆえ工学的プラグマティズムがそのままの形でAIの正当化を免除するとは考えにくい[2]。

深層学習は科学における正当化の役割を変えるのか

　以上は主に AI の社会的応用における正当化の問題であった。一方で、冒頭で触れたように深層学習は科学的実践のあり方も大きく変えつつある。科学という営みにおける正当化の本質的な重要性に鑑みると、むしろこの点における深層学習の含意の考察が焦眉の課題となるだろう。つまり深層学習の科学的な応用は、科学における正当化の役割自体を変えていくのだろうか。極端に言えば、工学的プラグマティズムは科学的正当化を不要にする、あるいはその役割を弱めるだろうか。またそうなったとき、科学の実践や科学観はどのような影響を被るだろうか。この問いが重要性をもつのは、前述の通り、合理化と正当化は科学の本質的特徴の1つだと考えられるからだ。合理性や理解可能性を放棄した科学は、もはや魔法になってしまうのではないだろうか？

　もちろん、深層学習は科学から合理性を排除するわけではない。しかしそれが、「客観性と合理性とを旨とした帰納推論」としての科学的理念への反省のきっかけを与えるのも事実である。そこで以下では、1つの思考実験として、深層学習の科学的な応用が及ぼしうるこの科学的理念への影響について、特に客観性と合理性の関係性に着目しつつ考えてみたい。

4 │ 客観性と合理性[3]

合理的正当化と客観性

　一般に、合理性と客観性は科学の両輪であると信じられている。そしてそれらは単に別々の要素なのではなく、互いに深く関連していると考えられている。ではそれはどのような関係なのだろうか。

　人が合理的正当化に訴えるのは、自分の主張に他者の同意をとりつけるためである。しかし同意をとりつけるといっても、たとえば力ずくで脅迫したり、泣き落として共感を誘うようなことは正当化とは言わない。正当化は単なる力

---

2)　執筆時点である 2022 年において、AI 技術の主要な応用が、自動運転や税務・経理処理などの実務的かつ重要度の高い課題よりも、翻訳や絵画、ゲームなど利便的あるいは趣味的な領野でより進んでいるのは、こうした事情もあるだろう。

3)　この節は、大塚（2021）を一部改変して取り入れたものである。

の発揮ではなく、一定のルールに従ったゲームとして行われねばならない。そしてそのためには、自他の間でルールが共有されていなければならない。まったく異なる「合理性」の基準をもつ人に対しての正当化は無益である。これが意味するのは、正当化を行うためには、われわれは自らの判断基準を、共有された外的基準に従わせねばならない、ということである。正当化がどのようなルールに基づいて行われるべきかについての決定権は、私自身には存しない。このように自らの判断を正当化するとは、その正当性の根源を外部の他者に移譲し従わせるという、逆説的な契機をはらんでいる。

　この点において、合理的正当化は客観性と手を携える。科学史家のセオドア・ポーターがその著書『数値と客観性』（Porter, 1996）で描き出したように、19〜20世紀の欧米では、会計士や保険数理士、土木技術者などといった多様な領域における判断根拠が、訓練された専門家の見識や見立てから、より公共的かつ明示的に確認できる数字へと移っていった。ポーターによれば、この流れを進めたのは、利害関係者や議会、規制当局など、専門家集団の外部から加えられた正当化への要求である。専門家たちは決して恣意的に振る舞っていたわけでなく、自らの専門分野に特有の正当化の論理とエートスを有していた。しかしそれはあくまでその分野の訓練を受けた者の間でのみ通用する基準であり、たとえば為政者や顧客などといった外的なステークホルダーが理解したり、その正当性を評価できるものではなかった。後者からの要求によって、専門家集団は内的な判断根拠を諦め、より公共的に確認できる数値と機械的な手順に従った判断様式を採らざるをえなくなる。つまり客観化とは、合理的正当化が本質的に要請する基準の共有を、より広い範囲に開いていくこと、そしてそのことによって同時に、判断をますます没個人化していくことなのである。

科学の「客観化」と知識の没個人化

　ダストンとギャリソン（Daston & Galison, 2007）が明らかにしたように、科学的実践においても、客観性という概念は知識の没個人化と表裏一体であった。それは、科学データの典型例としての役割を果たしてきた、科学図像に対する科学者の態度の変遷に現れている。18世紀において、解剖学や博物学における図像作成は、単なる自然の模写ではなく、選別された典型的標本を適度な抽

象化や修正を施しつつ描く専門的アートであった。しかし 19 世紀になり、よ
り科学の「客観性」が意識されるにつれ、こうした専門技能は主観的かつ恣意
的であると忌避されるようになり、かわって透写や写真など、作者の意図を極
力排した機械的手法が用いられるようになった。ダストンとギャリソンは、こ
うした歴史を、機械的客観性による科学者自身の自己否定プロセスとして描き
出した。

　合理性・客観性・自己疎外の間のこの関係性は、近代の理性概念の内にすで
に本質的な仕方で含まれていたともいえる。デカルトは、判断する能力として
の良識（bon sens）は万人に共有されていると述べた。つまりわれわれは前提
知識さえ揃えれば、持ち前の理性を行使することによって皆同じ結論にたどり
着くはずである。またカントは客観的判断の可能性を、人間悟性の普遍性によ
って担保した。われわれ人類は同じ感覚および概念能力によって世界を知覚し
理解する、だとすればその能力が正しく行使される限りわれわれの判断は一致
するだろう。一方で、判断における個人的・主観的な要素は、人間の共通理性
を曇らせるバイアスでしかない。一人ひとりの固有性を取り除き、判断根拠に
おける主体の役割を透明にすればするほど、われわれは「人間一般」に妥当す
る客観的判断にたどり着ける[4]。合理性とは、そうした人間一般が共通して従
うであろう判断基準の別名にほかならない[5]。

　18 世紀からの啓蒙主義は、この客観的合理性という概念に、さらに民主的
平等という意味合いを付け加えた（Israel, 2009）。啓蒙主義の（少なくとも表向
きの）目標は、判断基準を貴族や聖職者などの特権階級から開放することにあ
った。政治的統治は伝統や迷信によってではなく、理性に従ってなされなけれ
ばならない。こうした意識から、政治体制に対する批判的検討が加えられ、ま
た経済活動を人間理性の普遍的法則に基づいて考察する経済学が発展した

---

[4]　同様の考え方は、19 世紀に社会学に統計学的手法を最初に導入し、大きな影響力をもったアド
　　ルフ・ケトレー（L. A. J. Quetelet）にも認められる。ケトレーの社会的法則はデータから抽象さ
　　れた「平均的人間」を対象にし、個人差はそこからの「誤差」でしかなかった（Porter, 1986; So-
　　ber, 1980）。
[5]　カッシーラーは次のように述べている。「精神的形状が呈する多種多様性は、実はその本性は等
　　質で統一的な造形力の完全な展開であるにすぎない。そして 18 世紀はこの力を一言で特徴づけよ
　　うとしてそれを「理性」の名で呼んだ」（Cassirer, 1932, 邦訳 4-5 頁）。

(Outram, 2013)。また民主的政治の歯車たる官僚機構も、客観性を必要とした。というのも、公共的に導かれた数値は、立案された政策が偏りなく公平であることを正当化するための効果的な手段であったからである（Porter, 1996, 邦訳25頁）。

深層学習がもたらす客観化の極限と自己疎外

深層学習の興隆とその科学への進出は、このように近代から綿々と彫琢されてきた科学的理念、特にその合理性・客観性・民主的平等性の関連性を揺るがし、それに内在する緊張関係を先鋭化させる可能性を宿している。まず、もし客観性が特定の個人や団体の恣意性や偶有性に左右されないということを意味するのであれば、深層モデルの判断はきわめて「客観的」であると言える。深層モデルを訓練するビッグデータは、それが社会から取られたものである限りは確かに人々の判断の集積ではあるが、その巨大さゆえ個々人の特徴は完全に埋没している。もちろん、アルゴリズムに悪意のあるコードを仕込むことによってその挙動を操作するバックドア攻撃は可能であり、またAIの社会適用における現実的な脅威ともなっている（Gao et al., 2020）が、しかしそうした作為的なケースを除けば、複雑なモデルを製作者の意図通りに訓練することは比較的困難である。そして何より、データ収集から判断までを一貫して行う汎用AIは、その個々の判断過程において一切人の手が介在しないという意味において、完全に客観的である。

先に示したように、ポーターが描き出した客観性は、判断根拠を公的に確認できる数値へと移譲することであった。20世紀に発展した統計学は、こうした根拠としての数値を実際の判断へとつなげるための、機械的なプロトコルを提供する。しかしそこには依然として、対象の性質に基づいてモデリングを行い、また出てきた結果を解釈する科学者や統計学者の主体性が残されていた。「機械的客観性はけっして純粋に機械的なものにはなれない」（Porter, 1996, 邦訳22頁）。しかし機械の役割を際限なく拡大していくことはできる。もし汎用AIが残されてきた科学者の介在を不要にし、判断そのものを機械へと委譲することを可能にするのであれば、それはこの意味において「客観化」の極限的な姿を示している。

　他方において、深層モデルによって達成されるそうした「客観化」は、近代合理主義が約束したはずの利点を伴っていないように思える。まずそれは、人間による合理的な理解や正当化を拒む。われわれは先に、客観性とは人間の正当化という営みの延長線上にあり、それと連続した概念であることを確認した。しかしもし深層モデルの判断について、「それがうまくいく」という以外の正当化が与えられないのであれば、それがもたらす「客観性」は、われわれ人間の理解を超え出たものになるだろう。こうして深層学習はまず、客観性と合理性の間にくさびを打ち込む。次にそれは、啓蒙主義的な理念である民主的平等性をも脅かす。その理念に従えば、客観性の希求は、判断を一部の特権階級から引き剝がし、合理的理性を共有するすべての人類に根付かせるはずなのであった。しかしすでにさまざまなところで問題視されているように、深層モデルの判断はそれを訓練するデータの鏡でしかなく、よって現実社会における差別やバイアスをそのまま反映する。しかも深層モデルの解釈不可能性は、モデルがもちうる差別的傾向の発見や修正を著しく困難にする。こうして、深層モデルは現実社会における既得権益を温存し、そこに含まれる差別構造を「客観性」の名のもとに固定化してしまう可能性すらある。これはもちろん、啓蒙主義がその建前とした民主的平等性とは真逆の事態である。

　近代合理主義において、客観性はたしかに主体性の譲渡であったが、それでもそれが理性的存在としての「人間一般」への収斂である限り、自己疎外ではなかった。むしろそれは、一部の人間（貴族・聖職者）から万人へと判断主体を取り戻す民主的な契機であった。この「個人的判断根拠の移譲としての合理的客観性が、却って主体性の回復につながる」という神話のもとにあるのは、移譲される先が理性的存在としての人間そのものである、という合理主義的人間観である。しかし AI のもたらす「客観性」は、こうしたものではない。それは判断理由を人間の理解の届かないところに連れ去ってしまう上に、構造的不正や不平等を隠蔽することで、社会的弱者への抑圧を強化する可能性すらもつ。だとしたら、それは誰にとっての客観性であり、何のための客観性なのだろうか？

AI の婢としての理性？

　かくして、深層学習の科学への導入がもたらすのは、単に科学的実践の効率化や目的の変化だけでない。すでに 20 世紀からのプラグマティズム的潮流の中で、第一原理からの演繹的理解を旨とする基礎づけ主義的科学観は徐々に後景に退き、より工学的で実用的な知へと強調点が置かれるようになってきた。深層モデルの科学への導入は、単にこの潮流を推し進めるだけでなく、近代以来の科学的理念そのものを改変する可能性を有する。つまりそれは、科学が拠って立つところの「民主的で客観的な合理性」という概念自体にくさびを打ち込む。

　もちろんこれは、深層学習によって科学が客観的ないし合理的ではなくなる、という意味ではない。むしろある意味において、それは正反対である。前述のように深層学習は、科学のオートメーション化を進め、科学者個人の熟練や判断を不要にするという点で、科学をより「客観的」にするものと受け止められるだろう。また深層学習開発の基盤にあるのは高度に発達した数理的理論であり、それが用いられることによって諸科学の合理化はますます進むであろう。しかしそうした要素技術への深い理解は、必ずしもその技術を用いて得られた事柄の理解を含意するとは限らない。深層学習の数理は、モデルのパフォーマンスを上げるためには役立つが、そうしたモデルがもたらすであろうさまざまな科学的発見についての説明や理解を約束するものではない。そのような発見は、むしろビッグデータと無数のパラメータの中から、ある種の啓示としてもたらされる。であればここでの合理性とは、啓蒙主義が期待していたような自然を遍く照らす光なのではなく、むしろ中世の哲学者トマス・アクィナスが述べたような「啓示の婢としての理性」でしかないのかもしれない。かくしてAI の科学的探求への導入は、科学が合理的で客観的な営みであるというのははたしてどういうことなのか、そしてそれはなぜ望ましいのか、ということについての再考を促すのである。

5 │ 新しい科学観に向けて

　以上、本章では、深層学習の科学への応用がもたらしうる、科学の理念への

影響について考察してきた。あらためて、これらはみな今後の深層学習技術の発展の仕方に左右される事柄であり、「仮に深層モデルの外的・内的な正当化が与えられないまま、科学的文脈に応用され、われわれ人類には解明ないし理解不可能な発見がもたらされるようになったら、われわれの科学観はどのような影響を受けるか」ということについての、一種の思考実験であることを強調しておきたい。場合によっては、深層学習の理論的基盤が整理され、従来の統計学的手法と同程度にまでその方法論的特性が明らかになる、というシナリオも十分にありうる（この点については、本書第 3 章も参照）。よって本章の考察は、今後の科学の成り行きについての予測と捉えられるべきではない。

　また同時に、本章の意図は、正当化が伴わない状況での深層モデルの科学的応用を批判したり、AI の社会的進出に警鐘を鳴らすことにあるのでもない。確かに筆者は、そうした応用が科学のあり方自体を変えていく可能性があると考えているが、しかしその良し悪しについての予断は有していない。むしろそれは、われわれが日頃無自覚に抱いている科学についての考え方を反省する、良いきっかけになりうるとさえ信じている。というのも、合理的なものは客観的であり、また民主的でもあるという近代科学の理念自体、1 つのドグマにすぎないからである。啓蒙主義は、これら本質的に異なる諸概念を科学的理性の元に結びつけ、その間の緊張を合理的な人間像という神話によって覆い隠してきた。もちろんこうした啓蒙主義的科学観は、2 つの世界大戦を経験した 20 世紀において再三批判されてきた（代表的なところでは、アドルノやホルクハイマー、そしてフーコーらの仕事が思い起こされるだろう）。しかしそれらの声は、いわば科学の外部からの異議申し立てであった。一方で、本章で扱った事柄は、科学の内部において起こりつつある変革であり、その意味において個々の科学者自身にとっても無関心でいられるものではない。

　哲学における思考実験の役割の 1 つは、極端な状況を設定することにより、われわれが普段用いている概念を明確化することにある。その意味において、本章が目指したのはそうした思考実験、すなわち「正当化されない深層モデルの科学への適用」という半ば仮想的な状況を通し、合理的客観性という科学的理念の根本にある概念がはらむ問題を明らかにすることであった。しかしこれはあくまで問題提起にすぎない。これを受けて、今後われわれは新しい科学像

を構築するべきなのだろうか。そうだとしたら、それはどのようなものなのか。
その検討は、今後の考察に委ねられなければならない。

参照文献

Akaike, H. (1974). A new look at the statistical model identification. *IEEE Transactions on Automatic Control, 19*(6), 716-723.

Callaway, E. (2020). "It will change everything": DeepMind's AI makes gigantic leap in solving protein structures. *Nature, 588*(7837), 203-204.

Cassirer E. (1932). *Die Philosophie der Aufklärung.* Tübingen: Verlag von J. C. B. Mohr (エルンスト・カッシーラー『啓蒙主義の哲学』中野好之訳，紀伊國屋書店，1962 年.)

Das, A., & Rad, P. (2020). Opportunities and challenges in explainable artificial intelligence (XAI): A survey. *arXiv.* http://arxiv.org/abs/2006.11371

Daston, L., & Galison, P. (2007). *Objectivity.* New Jersey: Princeton University Press. (ロレイン・ダストン＆ピーター・ギャリソン『客観性』瀬戸口明久・岡澤康浩・坂本邦暢・有賀暢迪訳，名古屋大学出版会，2021 年.)

Gao, Y., Doan, B. G., Zhang, Z., Ma, S., Zhang, J., Fu, A., Nepal, S., & Kim, H. (2020). Backdoor attacks and countermeasures on deep learning: A comprehensive review. *arXiv.* http://arxiv.org/abs/2007.10760

Goodfellow, I., Bengio, Y., & Courville, A. (2016). *Deep Learning.* Massachusetts: The MIT Press. (Goodfellow, I., Bengio, Y., & Courville, A.『深層学習』岩澤有祐・鈴木雅大・中山浩太郎・松尾豊監訳，ドワンゴ，2018 年.)

Hume, D. (1739). *A Treatise of Human Nature.* (デイヴィッド・ヒューム『人間本性論（第 1 巻）知性について』木曾好能訳，法政大学出版局，1995 年.)

Israel, J. (2009). *A Revolution of the Mind: Radical Enlightenment and the Intellectual Origins of Modern Democracy.* New Jersey: Princeton University Press. (ジョナサン・イスラエル『精神の革命』森村敏己訳，みすず書房，2017 年.)

Jumper, J., Evans, R., Pritzel, A., Green, T., Figurnov, M., Ronneberger, O., Tunyasuvunakool, K., et al. (2021). Highly accurate protein structure prediction with AlphaFold. *Nature, 596*(7873), 583-589.

Krishnan, M. (2020). Against interpretability: A critical examination of the interpretability problem in machine learning. *Philosophy & Technology, 33*(3), 487-502.

Outram, D. (2013). *The Enlightenment.* Cambridge: Cambridge University Press. (ドリンダ・ウートラム『啓蒙』田中秀夫監訳，法政大学出版局，2017 年.)

Porter, T. M. (1986). *The Rise of Statistical Thinking, 1820-1900.* New Jersey: Princeton University Press. (セオドア・ポーター『統計学と社会認識』長屋政勝・木村和範・近昭夫・杉森滉一訳，梓出版社，1955 年.)

Porter, T. M.（1996）. *Trust in Numbers*. New Jersey: Princeton University Press.
（セオドア・ポーター『数値と客観性』藤垣裕子訳, みすず書房, 2013 年.）

Reiss, J., & Sprenger, J.（2017）. Scientific objectivity. In E. N. Zalta（Ed.）, *The Stanford Encyclopedia of Philosophy*（Winter 2017）. Metaphysics Research Lab, Stanford University. https://plato.stanford.edu/archives/win2017/entries/scientific-objectivity/

Sober, E.（1980）. Evolution, population thinking, and essentialism. *Philosophy of Science, 47*, 350-383.

Szegedy, C., Zaremba, W., Sutskever, I., Bruna, J., Erhan, D., Goodfellow, I., & Fergus, R.（2014）. Intriguing properties of neural networks. *arXiv*. https://arxiv.org/abs/1312.6199

Wasserstein, R. L., & Lazar, N. A.（2016）. The ASA's statement on p-Values: Context, process, and purpose. *The American Statistician, 70*(2), 129-133.

伊勢田哲治（2003）.『疑似科学と科学の哲学』名古屋大学出版会.

大塚淳（2020）.『統計学を哲学する』名古屋大学出版局.

大塚淳（2021）.「統計学と機械学習から見た「正当化」のあり方」『アステイオン』第 95 号, 163-175.

大坪直樹・中江俊博・深沢祐太・豊岡祥・坂元哲平・佐藤誠・五十嵐健太・市原大暉・堀内新吾（2021）.『XAI（説明可能な AI）──そのとき人工知能はどう考えたのか？』リックテレコム.

佐倉統（2020）.『科学とはなにか』講談社ブルーバックス.

田中章詞・富谷昭夫・橋本幸士（2019）.『ディープラーニングと物理学──原理がわかる, 応用ができる』講談社.

橋本幸士（編）（2019）.『物理学者, 機械学習を使う──機械学習・深層学習の物理学への応用』朝倉書店.

森下光之助（2021）.『機械学習を解釈する技術──予測力と説明力を両立する実践テクニック』技術評論社.

Ⅱ　人工知能を活用する──道具としての可能性

第5章｜医療 AI の倫理——倫理的な判断を AI が担う、

　　　　未来の患者・家族・医療従事者関係

中澤栄輔

1｜はじめに

医療上の判断を行う AI

　医療用 AI の開発は加速しており、その利活用が急速に広まりつつある。医療の中で患者から提供されるデータは多岐にわたり、そして膨大である。このデータを AI を用いてさらに有効に活用し、患者の診療に役立てることが望まれている。厚生労働省において組織された有識者会議である「保健医療分野における AI 活用推進懇談会」が平成 29 年 6 月に取りまとめた報告書では、日本において重点的に AI 開発を進めるべき 6 つの領域が選定されている（厚生労働省, 2017a）。中でも AI の実用化が比較的早いと考えられる領域として、ゲノム医療、画像診断支援、診断・治療支援、医薬品開発の 4 つの領域が挙げられており、実用化に向けて段階的に取り組むべきとされる中長期的目標に属するものとして、介護・認知症、手術支援の 2 つの領域が挙げられている（厚生労働省, 2017b）。

　特に近年、医療用 AI で最も先行している領域が画像診断である。主流は畳み込みニューラルネットワークを用いたもので、X 線、CT、MRI、核医学検査、内視鏡画像といった医療において検査目的で撮像されるありとあらゆる画像から、悪性腫瘍、心血管疾患などこれもありとあらゆる病変の有無を判別する AI システムがいくつも開発されている。科学的に信頼性の高い方法で専門家と AI の画像診断力を比較している研究はそこまで多くはないものの（Na-gendran, et al., 2020）、中には専門医の読影よりもよく病変を判別することがで

きる AI システムも報告されていることから（Lim, et al., 2022）、今後、大規模な仕方で画像診断の領域から医療の構造の変革が起きてくると考えられる。

　より治療に直結するものとして、AI を用いた臨床意思決定支援システムの開発も盛んである。たとえば、多種にわたる薬剤の組み合わせの検討が必要となる糖尿病治療において、治療薬の選択をサポートする AI システムが開発されているが（日立製作所, 2022）、こうした診断・治療を総合的にサポートする AI システムは今後もニーズがさらに高まると予想される。内閣府が実施している省庁横断的に未来社会を構想する技術の実現を目指す戦略的イノベーション創造プログラムにおいて、「AI（人工知能）ホスピタルによる高度診断・治療システム」プログラムが 2018 年度より実施されているが（医薬基盤・健康・栄養研究所）、これは医療現場におけるさまざまな場面に AI を深く浸透させていこうとする取り組みである。

本章の問い

　医療 AI システムの発展の方向性は、単純な医学的判断からより複雑で高度な判断に移行しているようである。医療用 AI システムの急激な発展のさなかにあって、われわれの関心は、そのさらなる発展可能性に向けられている。今後、臨床意思決定支援システムや、より包括的なケア提供システムが実現していくにつれて、われわれが受診する医療の質はどのように変化していくのだろうか。

　医療は意思決定の連続である。治療において、医療従事者も、そして患者も家族もさまざまな局面で選択を迫られる。そうした意思決定には、医学的なものから、より価値観や人生観にからむ倫理的なものまである。一見すると、医療 AI システムの適用は、純粋に医学的な判断の領域に限られるものであって、倫理的なものは AI システムの適用から外れるのではないか、それはまさに人間によってこそ判断されるべきものなのではないか、と思われるかもしれない。本章で議論したいのは、このポイントである。はたして、医療 AI システムが倫理的な（あるいは価値的な）判断を行うことはありうるのだろうか。そしてそれがありうるとしたら、医療 AI システムによってわれわれにとっての医療のあり方はどのように変化するのだろうか。

2 ｜ 医療における倫理的判断を AI が行う可能性

　医療において、倫理的判断が求められる場面は多岐にわたる。出生の場面、死の場面ではとりわけ倫理的な判断が求められることが多くなる。たとえば、妊娠したカップルが子どもの出生前に染色体異常についての検査を受けるかどうか。これは人が生まれる際の倫理的判断の 1 つである。本来であれば望ましくはないと考えられるが、現在の日本においては、染色体異常に関する検査と人工妊娠中絶が直結してしまっているので、検査を受けるかどうかも倫理的判断になる。一方、人が死に至るとき、延命治療を受けるかどうかは医学的な判断であるとともに、倫理的な判断でもある。これは死の場面における倫理的問題である。

　以下では、AI が倫理的判断を行いうるケースとして、2 つの事例を挙げよう。それぞれの技術は一定の実績に基づいているものの、現時点においてこうした AI システムが実現されているかどうか、社会実装されているかどうかは問わない。その実現の可能性がある程度確からしいと確認することができれば、本章の意図にとって十分であると思われる。

事例 1：がんの治療

　がんの治療は、外科的治療、化学療法、放射線治療および緩和医療など多種の医療技術の組み合わせであり、そのそれぞれに関して選択肢も多様である。たとえば、化学療法における薬剤の投与モデルであるレジメンも同一疾患で数十といった候補があり、その組み合わせは文字通り途方もない数になる。また、患者の容態はがんの進行と副作用により複雑に変化するため、それに応じた動的治療方針を検討する必要がある。このとき、患者の検査データから動的治療方針を予測し治療方針の選択をサポートする AI システムの使用が考えられる。がんの治療は、副作用と腫瘍増悪の抑制とのせめぎ合いであり、生活の質（quality of life: QOL）を維持しつつ生存期間を延ばすことが求められる。がん治療は QOL に深く関わっており、その意味で価値観、人生観と深く関わる選択がなされる場面となる。

事例２：COVID-19 における人工呼吸器などの装着

　2020 年からの COVID-19 パンデミックでは、急激に増加する患者により医療資源の枯渇が問題となった。COVID-19 による重症肺炎の治療には人工呼吸器や体外式膜型人工肺（ECMO）が用いられる。爆発的に重症患者が増加するという状況では、人的リソースも含めてこうした人工呼吸器や体外式膜型人工肺を用いた高度な治療へのアクセスが困難になってしまうことがありうる。このように、治療の需要が治療提供能力を上回ってしまわないよう、政府は事前に医療体制を整えるべきであるというのは基本的な主張で、これは第一に強調されなければならない。しかし、それでも万が一、治療の需要が治療提供能力を上回ったときには、予後の予測に基づいて最も効果的な患者に人工呼吸器や体外式膜型人工肺を優先的に使用することが検討されるべきである。患者の全身状態などから、人工呼吸器や体外式膜型人工肺の適用を推測することができる AI システムの開発は、このように医療体制が危機に陥る状況において、最も効果的な医療資源の使用について提案を行うことができるだろう。

3 ｜ 医療における倫理的判断と医学的判断の差異と連続性

医学的判断と倫理的判断の区別

　医療倫理の教科書をひもといたとき、最初に記載されている事項が、事実と価値の区別である（赤林編, 2017, pp. 21-25）。この区別はよく知られているように、ヒューム由来のテーゼに依拠している。すなわち、「すべき」という当為に関する言明は「である」という事実に関する言明から導出することはできない、というものだ。この有名なテーゼは医療倫理の文脈において次のような事例において適用される。

　新型コロナウイルス感染症のワクチンは、ウイルスに感染し発症した際の重症化を予防する効果があることが確かめられている。50 歳代の父母と 20 歳代の息子の 3 人家族で、ワクチン接種についての家族会議が行われた。母はかかりつけ医と相談し、ワクチンを接種することで自分自身の重症化リスクを下げることができること、それがひいては家族への感染リスクを下げるこ

とに繋がるため、積極的にワクチンを接種しようと考え、父と息子にもそれ
を勧めた。息子は、ワクチンの効果については母に同意しているものの、副
反応の発熱によって仕事を休まなければならなくなる可能性があり、また、
若年層であれば重症化のリスクも低いと考えるため、自身はワクチン接種に
後ろ向きだった。父は、かねてから政府のワクチン接種政策に疑義を唱えて
おり、政府がデータを捏造して有害なワクチンを広めていると信じている。
父は母と息子に対して、ワクチンを接種することは死に繋がるとして接種控
えを要請した。

　この事例では2つのタイプの意見の相違が見られる。母と父の意見の相違は、
ワクチンの有効性に関する意見の違いであり、これは事実に関するものである。
その一方で、母と息子はワクチンの有効性に関する認識は一致しているものの、
リスクを自分の生活の中でどのように捉えるかという点で意見を異にしている。
これは事実についての意見の相違というよりもむしろワクチンがもたらす価値
についての認識の相違である。

　この2つのタイプの意見の相違から得られる医療倫理的な教訓は、医療ある
いは健康管理（この事例ではワクチン接種）における倫理的問題の解決のため
には、どのレベルで認識や意見の相違が起きているのかを明確にする必要があ
るということである。治療方針をめぐって患者・家族・医療従事者の間で葛藤
が起きたとき（家族内・医療従事者内の葛藤も同様であるが）、事実判断におい
て意見の一致が見られないためにその葛藤が引き起こされる場合がある。また、
たとえ事実判断において意見の一致を見ていたとしても、価値観が異なるため
にその葛藤が引き起こされる場合もある。そうした葛藤を解決し、チームでの
意思決定を円滑に行っていく術としてこの事実と価値の区別が医療倫理の実践
に導入されている。

　医療の現場（少なくとも医療倫理が十分に浸透している医療の現場）において、
この事実と価値の区別はかなり厳密な区別として捉えられがちであるように思
われる。典型的には、医療における事実判断は医学研究に基づいており、それ
ゆえに確固とした知識に導かれた判断であり、それに対して医療における価値
判断は患者や家族の希望や生き方により多様である、といった認識の持ちよう

である。こうしたスキームにおいては「医療者」と「患者・家族」は対立項として捉えられ、また、「医学」と「倫理」もまた同様に対立項として捉えられるようになる。この対立構造を前提として、医療者が事実認識に基づきつつ患者および家族の意図や価値観に配慮し、患者および家族が納得する治療法、あるいは「落とし所」を見つけるよう知恵を絞り、歩み寄るという医療者 – 患者・家族関係が描かれる。これ自体は何ら悪いことではない。しかし、この対立構造、すなわち「医学的事実」と「患者・家族の価値」の二分法にきつく縛られてしまうのはよくない。その理由は 2 つある。第一に、「医学的事実」と「患者・家族の価値」の二分法により、医療従事者内での価値の葛藤が見えづらくなってしまう。そうすると、検討に付されている医療倫理的問題について踏み込んだ検討がなされない可能性がある。第二に、医療従事者と患者・家族が分断されてしまう。医学的事実に関する判断はもっぱら医療従事者が担うということになり、患者・家族の価値判断がそれに加味されるだけの医療従事者優位のコミュニケーションに陥りがちになる。それにより、医療従事者と患者・家族の権力勾配がこの二分法によって決定づけられてしまう。

医学的判断と倫理的判断の区別に関する再考

　事実と価値の二分法への批判はこれまでさまざまな哲学者によって行われており、また、それを鳥瞰する哲学史的分析・解説も数多い（神崎, 2006; パトナム, 2006; 一ノ瀬, 2020）。中でも有名なのはヒラリー・パトナムによる説明である。パトナムは、クワインの総合と分析の二分法に対する批判に基づいて、それを事実と価値の二分法へ展開する。総合的な判断とは、世界のあり方によって真か偽かが決まるタイプの判断であり、それはすなわち事実についての判断である。分析的な判断は、世界のあり方ではなく言葉の意味や定義などによって真偽が決まると伝統的には（すなわち論理実証主義においては）考えられてきた。

　クワインに沿ってパトナムが強調しているのは、総合的なものと分析的なものをはっきりと区別することができないのと同様に、価値中立的なありのままの事実を純粋に取り出すことはできないということである。その帰結は、事実を扱う科学（医学もそれに含まれる）には価値が前提とされており、事実と価

値は絡み合いの関係を形成しているのだということである（パトナム，2006. pp.
32-55）。パトナムが事実と価値の絡み合いの例として挙げているのが「残酷
さ」のような表現である。「あの人は残酷だ」と言ったとき、これは単なる事
実についての記述ではなく、道徳的非難すなわち価値的な側面がその言葉に含
まれている。パトナムが主張していることは、われわれは事実と価値の二分法
という強固な枠組みからしばしば逃れられず、ときに事実をありのままに取り
出すことができると誤って考えてしまいがちであるということである。われわ
れが一見、事実についての判断だと見なしているものの中には、しばしば価値
が前提とされているものが含まれている。

　では、事実と価値の絡み合いは、医学的判断と倫理的判断の区別に関して、
どのように具体化できるだろうか。第一に、かなり一般的な例として、臨床研
究における治療効果と必要症例数を挙げることができるだろう。治療法 A と
B を比較するような臨床研究では、どれくらいの研究参加者からデータを得る
べきかというサンプルサイズの決定が重要になる。医学的にも、また倫理的に
も、必要最小限の数の人を研究対象とするべきである。その計算には、有意水
準、検出力、期待される効果量といった数字が必要である。大方、有意水準が
5％、検出力が 0.8 に設定されることが医学研究では多いが、結局のところ最
終的には具体的な数値はわれわれが恣意的に設定するしかない。さらに、期待
される効果量、すなわち研究対象となっている治療法の効果とはあくまでも
「臨床的に意味のある効果」として先行研究の比較検討および臨床経験から導
かれるものであって、そこには恣意性が少なくとも何らかの形で含まれざるを
えないと言える。すなわち、高度に客観的だと考えられている医学研究であっ
ても、恣意性な設定は根本的に免れえない。このことは医学的判断にも、根深
く価値の側面が入り込んでいることを意味している。

　第二に、より特殊な例として、宗教による輸血拒否を挙げよう。次のシナリ
オ概要は医療倫理教育においてしばしば用いられる映像教材のものである。

　エホバの証人を信仰するキャロライン 17 歳、法律上は未成年である。彼女
は不治の血液疾患に冒されており、進行する貧血で、すぐにも輸血が必要な
状況である。しかし、キャロラインの信じる教義では血液は魂そのもの、つ

まり輸血を受けることは自らの魂を失うことを意味し、彼女は輸血を拒む。担当医は、彼女の信念を尊重してこのまま死を迎えさせるか、裁判所の命令を得て強制的に輸血を行うかの選択を迫られた。(丸善出版, 1995)

キャロラインの信じる教義と担当医の信念とでは、「生きる」の意味が異なっている。それゆえ、輸血という行為が、キャロラインを生かすのか、生かすことにならないのかが異なってくる。これを医学的判断と倫理的判断の絡み合いと捉えるのには若干の躊躇もある。医学的判断（事実）とはこの場合、早急に輸血をしなければ多臓器不全がじきに起こり、キャロラインの心臓も停止する、ということであろう。その上で「生きる」か「生きない」かは倫理的判断の問題だと言うこともできそうである。しかし、医学の守備範囲は輸血と心停止の関係に限定されないだろう。もしそれに限定してしまったら、医学はそのうちに含まれる重要な部分を失うように思われる。というのも、医学の対象は抽象化された物質的な人体ではなく、QOL を高めることを望む人間の健康である。健康という概念は、「健康とは、身体的、精神的、社会的に完全に良好な状態であり、単に病気や虚弱がないだけではない」(WHO, 1946) と定義されている。健康と病という概念は純粋に事実の領域にくくられるものではない。あくまでも医学の目的は健康を目指す上での病の理解とそれに基づく病への介入方法の確立である。すなわち、「輸血」と「心停止」の関係だけが医学の射程なのではない。「輸血」と「生きる」の関係が医学の対象である。やはり、医学的判断と倫理的判断の絡み合いがここに現れているのだと考えられるのではないか。

AI による判断と倫理的判断

　以上のことから、医療現場における AI による判断は、医学的判断と倫理的判断が複雑に絡み合った事象に関する判断になると考えられる。その事象には、より医学的側面が強いものと、より倫理的側面が強調されるものと、濃淡が出てくる。たとえば、内視鏡画像から悪性腫瘍を発見するといった AI システムの場合、医学的側面がより前面に出てくるのは自然である。一方で、延命治療の中止や人工呼吸器の導入といった問題に関する判断を提示する AI システム

の場合では、より倫理的側面が重要になってくる。判断における医学的側面と倫理的側面は二分法的に区分できるものではなく、スペクトラム状に濃淡を変化させると考えるのが妥当だろう。

　すると、問題になるのが、AI による倫理的判断を含む医学的判断に関して、生じる倫理的問題は何かということになる。とりわけ問題にしなければならないのは、AI の判断が医学的事実に関する判断に限られていると想定した場合と、本章の立場である AI の判断が倫理的判断にも及ぶと想定した場合の、考慮すべき倫理的事項の差異の検討ということになるだろう。

　まず、総論として人間と AI の関係に関する一般的原則を確認したのち、次節において各論を論じよう。一般的原則として考えられるのが、人間による AI の判断の承認である。人間の意思決定への AI によるサポートについて、ユネスコは 2021 年 11 月に「人工知能の倫理に関する国際的な規範」を採択した（UNESCO, 2021）。基礎的な考え方から各国の取り組みの要請が演繹されるという大きな枠組みの規範であり、当然、その中には健康・医療における AI の利用も含まれる。とりわけ、健康・医療の文脈で人間と AI との関係が問われなければならないのが AI による判断に関する人間の承認についての事項である。それについて、「人工知能の倫理に関する国際的な規範」には以下のような基本原則が掲げられている。

　人間による監視と判断

35.　AI システム・ライフサイクル[1] のどの段階においても、倫理的・法的責任を物理的な人間または現存する法人に帰属させることがつねに可能でなければならない。したがって、人間の監視とは、個々人による監視だけでなく、適切な仕方で公的な監視が行われることをも指す。

36.　有効性が高いという理由で、人間が AI システムに頼らざるをえない場合もあるかもしれないが、限定された文脈の中で支配権を譲り渡す決断は人間が行うことに変わりない。人間は意思決定と行動において AI システ

---

1)　AI システム・ライフサイクルとは、AI のシステムとしての展開を表す概念であり、データ収集、モデリング、評価といったサイクルを回して AI システムが螺旋状に維持・発展されることを示す。AI ネットワーク社会推進会議（2022）を参照のこと。

ムに頼ることができるが、AIシステムは決して最終的な人間の責任（説明責任を含む）に取って代わることはできないからである。（UNESCO, 2020）

こうしたAIの判断に関する人間の承認を要請することは、医療AIを現実の医療現場に導入していく際の基本的原則として妥当するものと考えられる。では、最終的な承認と決断はつねに人間が行うことを前提として、医療における倫理的判断をAIが行うこと、つまり、AIが倫理的判断にまで踏み込んで人間に提案することを、われわれはどのように倫理的に吟味できるだろうか。

4｜医療における倫理的判断をAIが行うことの倫理性

　倫理的判断までAIの判断を拡張してAIと人間の関係を考えると、まず、AIに関与する人間側のいわば存在論に変化が生じる。まず、倫理的承認の範囲が医師から患者・家族を含むグループへと移行することを論じよう。そののち、具体的に、AIによる倫理的判断にまつわる倫理性を、自律性と自己決定、リスク評価、社会正義の観点から吟味する。この分析の枠組みは、医療技術の倫理的評価を行う際にしばしば用いられる研究倫理の三原則（人格の尊重、善行、正義）、および医療倫理の四原則（自律尊重、無危害、善行、正義）に沿っている。

自律性と自己決定と承認の主体

　AIの判断に関する人間の承認といっても、具体的にその人間が「誰なのか」はただちには明らかではない。医学的判断に比重が置かれたAIシステムと、倫理的判断に比重が置かれたAIシステムとでは、その人間が「誰なのか」ということが異なってくる。医学的判断に比重が置かれたAIシステムであれば、AIの判断について承認を与える人間側のカウンターパートは、画像の読影の専門家である放射線科医などの医療従事者である。それに対して、倫理的判断の比重が高まるにつれて、患者本人および患者をサポートする家族等の承認が大きな意味合いをもつようになる。しかし、医学的判断と倫理的判断の絡み合

いを考慮すると、その役割分担は患者を取り巻く患者・家族・医療従事者の連合体の状況に応じてフレキシブルに変化するだろう。たとえば、認知症の進行などで患者の判断能力が減退してしまっている場合、その減退の程度に応じて患者の過去の価値観や今後の人生構想を代弁しうる家族の役割は増す。しかし、判断は家族（特に長男など特定の誰か）に一任されるのは不適切で、医療者も含めた連合チームで意思決定が導かれるべきである。また、医療従事者として医学の専門性による承認が求められたとしても、看護師と医師では異なった専門性によりその承認の内容が異なりうるし、看護師・医師でもさらに細分化された専門性によってその承認の内容は異なってくる。

　こうしたチームによる AI システムの判断についての承認は、患者の自律性のあり方を関係的なものにする。関係的に自律性を捉えるということは、医療上の意思決定に関する責任を患者個人のみに課するのではなく、それを共有することである。この自律性に関する関係性的な理解を促すのは AI システムの使用に特徴的なものではなく、医療における意思決定のモデル、特にシェアド・ディシジョンメイキング・モデルとしてしばしば言及されるものではある。シェアド・ディシジョンメイキングは、まだまだ日本の医療現場において色濃く残されている前時代的としばしば批判されるようなパターナリスティックな意思決定とも、その反動のようにして決定のすべてを患者に求める過度に個人主義的な患者の自己決定の重視とも異なるアプローチである。AI システムによる医療上の判断に価値に関する側面が含まれるとすれば、そしてその割合が高まれば高まるほど、患者の自律性を関係性的に捉えるこのシェアド・ディシジョンメイキング・モデルが医療上の意思決定にフィットすると考えられる。

　この自律性と自己決定と承認の主体という論点に関して、第 2 節で AI が倫理的判断を行いうるケースとして提示した、事例 1（がんの治療）および事例 2（COVID-19 における人工呼吸器などの装着）を検討しよう。事例 1 に AI の判断が用いられる場合では、なるべく早い段階で、すなわち言語的コミュニケーションが十分に可能なうちに、患者の考え方や価値観が家族や医療者と共有された上で、医学的にも適切な治療方針が選択されるよう、AI の判断に対する承認がなされるべきだろう。ここでの判断および承認の主体は、患者の価値を中心とした家族および医療者の連合体である。事例 2 に関する AI の判断に

ついては、「社会正義」の項でも後述するが、医療が逼迫している状況下での医療資源の配分が問題になっている場面であるために、その承認に患者や家族の意向を直接反映させるのは難しく、医療システムを担う医療者、さらにはそれを支えている社会がその承認者となる。社会からの承認とはこの場合、人工呼吸器などの装着という資源配分問題にAIシステムを用いること自体への承認となり、その承認は緊急時ではなく、平時にこそ検討されるべきものである。

リスク評価

　一般的に、医療におけるリスク評価とは、医療行為によって生じる身体的および精神的なリスクのみならず、社会的・経済的な観点も含めて負の影響を吟味し、治療効果との比較に供することであり、また、そうしたさまざまな負の影響を最小化する努力である。このとき、医療行為には、無作為、すなわち「経過観察すること」も含まれる。

　医療AIシステムを用いた診断、意思決定支援（医学的判断と同時に価値的な判断も含みうる）について、リスクとして最も懸念されるのが、AIシステムによる判断ミスである。しかし、すでに述べたように、AIシステムによる医学的および倫理的判断については、人間による承認が要請される。それをこれまで患者・家族・医療従事者チームによる承認システムとして議論してきた。この承認システムがうまく機能している限りにおいては、この判断ミスというAIシステムのリスクは患者の健康状態に直接的な影響を及ぼすことはないと考えられる。しかし、AIシステムがかなり高い確率で妥当な判断をするような場合、患者・家族・医療従事者チームによる承認システムが形骸的になる可能性はあり、そうした場合は、適切に承認システムが機能していない状態としてAIシステムによる判断ミスは（この場合、状況設定からして低確率ということになるが）生じる可能性がある。こうした判断ミスの可能性とそれに対する患者・家族・医療従事者チームによる承認システムの機能を合わせて考えると、リスクを最小限に抑えていくためには、AIシステムの判断はより保守的な仕方に調整されるのが適切であり、また、患者・家族・医療従事者チームによる承認はAIシステムによる判断をより懐疑的に吟味する姿勢を取るのが適切である。

　AI システムによる判断ミスには種類があり、画像診断を例にとれば、問題のない所見を誤って病変と判断してしまう偽陽性と、その反対に、病変を問題ないと判断してしまう偽陰性がある。倫理的判断にこの偽陽性と偽陰性という2つのエラーを直接的に当てはめることはできないかもしれないが、同様のエラーとして、たとえば治療の中止を例にとるとすると、本来であれば治療の中止を判断してはならないはずなのにそうしてしまうというタイプの判断のずれや、その逆に、治療の中止を判断してよいケースにおいてそうしないというタイプの判断のずれが考えられる。なおこのとき、「本来であれば」という仕方で価値判断に関する「正解」というものをそもそも予め想定できるのかということに関しては判断が難しいが、ここでは暫定的にこの「本来であれば」を「十分にうまく機能している患者・家族・医療従事者チームによる熟慮と合致する」と考えることにしよう。

　さてこうしたときに、画像診断の例であれば、偽陽性よりも偽陰性をなるべく少なくするような調整が望ましい。もちろん、これは診断の目的によって差異があり、確定診断に用いるときには特異度を高めて偽陽性を減らすことが求められる。しかし、確定診断は医療者による熟慮が求められる場面であり、AI システムの判断が誤っていたとしても、承認システムによってエラーを回避できる可能性が高い。画像診断をスクリーニングにおいて有効に利用するという段階では、あくまでもバランスが重要ではあるがより感度を高めて偽陰性を減らすことが求められよう。また、それとは対照的に、倫理的判断が含まれるのであれば、より保守的な選択肢が取られるように調整されることが望ましい。保守的とは、治療の中止よりも継続を優先することを指す。これは確定診断の場合と同様に、偽陽性を減らすのが望ましいと解釈することもできる。治療の中止といった後戻りのできない判断については、たとえ AI システムの判断を援用するような未来が現実になったとしても、患者・家族・医療従事者チームによる承認システムを十分に働かせなければならない。

　さらに AI システムの医療応用に関するリスクを考える際には、AI システムを利用しないことのリスクも含めて考慮されなければならない。AI システムが十分に信用に足る判断を提示することができるならば、患者・家族・医療従事者チームがそうした AI システムの意見を参考にせずに患者のケアを行う

ことにはリスクがあると判断されることになる。患者・家族・医療従事者チームがそのリスクを共有した上で、AI システムの利用を差し控えるという決断をすることはありうることではある。しかしながら、少なくとも医療従事者は患者および家族に対して AI システムによるサポートの可能性を提示しなければならないだろう。

　この医療従事者による患者への説明責任については、乳がんの手術に関して当時（平成 3 年）まだ未確立であった乳房温存術についても医師の説明義務を認めた最高裁判所第三小法廷の平成 13 年 11 月 27 日判決（最高裁判例, 2001）が参考になる。医療技術は未確立なものから標準的なものへと、かなり早い時間で変化していくものである。現時点においてはまだ現実的ではないものの、もし遠くない未来において AI システムによる医学的判断および倫理的判断が保険収載されるなど標準的な医療技術として承認されるとしたら、当然のことながら AI システムの利用についても医療従事者の説明義務が生じる。そのように標準的医療にはなっていなかったとしても、その中途の段階において、患者・家族の関心にも応じつつ、医療従事者は AI システムの利用について、適切に患者・家族に情報提供することで、患者・家族・医療従事者チーム内のコンセンサスが形成されることが望ましい。

　再度、事例 1 および 2 に戻って検討しよう。AI が倫理的判断を行いうる事例 1（がんの治療）におけるリスクは、積極的な薬物療法の差し控えに関する判断にまつわるものが考えられる。おそらく最も深刻なリスクが生じるのは、患者の希望に反して、AI が積極的治療の差し控えの判断を提示する場合である。こうした重要な判断は十分に患者の意図を反映しているのか、家族、医療者を含めたチームによってより慎重に承認がなされなければならない。なお、付加的に、AI が積極的治療の差し控えを判断したということ自体が患者に心理的苦痛を与え、その後の予後を悪くすることさえ考えられうる。こうした AI の判断による精神的な侵襲が考えられる場合、AI を用いること自体に患者および家族には事前の十分な情報提供と同意が求められるだろう。事例 2（COVID-19 における人工呼吸器などの装着）に関しても、AI の判断ミスによって生存時間が短縮されることがリスクとなる。公衆衛生的課題に AI を導入するのは医療者だけではなく社会の理解が必要であるが、それぞれのミクロな場

面での判断については、医療重視者による慎重なチェックを経た承認が求められる。一方で、がん治療法選択にせよ、COVID-19 における人工呼吸器などの装着にせよ、AI を使用しないことのリスクは再度認識がなされる必要があると考えられる。

社会正義

医療における正義の原則とは、希少な財である医療資源の公正な配分を求める。中でも医療従事者の人的リソースはその希少な資源の最たるものである。医療 AI システムの実装は、医療従事者の負担を軽減し、医療資源の公正な配分に寄与する可能性がある。とりわけ、画像によるがんのスクリーニングなど、専門的知識が要請されつつも、ルーティンとなるような手続きについては、AI システムの導入によって医療従事者の負担が大幅に軽減されると考えられる。一次的な読影について AI システムのサポートを得ることによって、承認を含む二次的な読影に注力することができよう。

医療資源の公正な分配に関しては、事例 1（がんの治療）という場面ではそこまで光が当てられる論点ではない。しかし、現在、分子標的薬、免疫チェックポイント阻害剤など新規の薬剤の開発が急速に進んでおり、中にはたいへん高額な治療も含まれる。臨床に特化した AI の医療応用であっても、医療経済との兼ね合いを考慮せざるをえないとすれば、正義の原則による吟味を避ける事はできない。しかし、より先鋭的に資源配分が問題になるのは公衆衛生の場面である。

事例 2（COVID-19 における人工呼吸器などの装着）に関して、予後予測についての AI の活用を考えてみよう。まずはその前提として、いかに COVID-19 の蔓延により病院が逼迫した状態になろうとも、ベッドの増床、人員配置の再検討などによって、すべての人に対して十分な治療を提供する環境を整えるのが、政府ならびに医療機関の責務であることを確認しよう。その上で、これは起きてほしくないことであるが、将来、COVID-19（あるいは今後新たに発生する感染症 X）の爆発的な蔓延により、どうしても治療を制限しなければならなくなるという事態を想定することはできる。こうした医療のニーズが供給を圧倒的に上回るときに行わなければならないのが治療の差し控えとなる。災害

医療においては、こうした状況において行われる治療対象の順位づけの手順を
トリアージと呼ぶ。COVID-19 は大規模な事故や災害とは異なりじわりとそ
の波が病院に押し寄せるものの、限界を越えてしまったときには、治療の順位
を検討する必要に迫られる。トリアージの原則は、限られた医療資源を活用し、
最大の数の人たちを救命することである。そのため、COVID-19 に関しては、
患者の重症化の可能性や予後を予測することが必要となる。こうした予後予測
や治療差し控えの判断は、すでにパンクしてしまっている医療環境にとって大
変な負担になるだろう。そこで、AI による予後予測の判断が、欠乏している
医療資源を少しでも補うものであるとしたら、それは正義の観点から正当化可
能であると考えられる。

　さらに、AI による COVID-19 患者の予後予測の判断が治療の差し控えの判
断に直結するとしたら、ある意味での公平性が担保される。もし自分自身がそ
うしたトリアージの対象となってしまったとき、われわれが少なくとも希望す
るのは、その選択のシステムが公平であることではないだろうか。AI システ
ムによる私情を挟まない判断は、そうした公平性を担保することができる。プ
ログラムの設定により、判断基準を一定にすることで、恣意的な判断の余地は
なくなるだろう。また、不必要に長い期間に渡ってトリアージがなされること
がないように、AI システムによる予後予測の開始と終了のタイミングを予め
設定することで、さらに恣意的な判断の余地は減ずると考えられる。こうした
判断を画一的に、ルールに沿って行うことができるのは AI システムの長所の
1 つであり、このことは AI システムの使用に倫理的妥当性を与える。

　AI による COVID-19 患者の予後予測に関しても、人間による承認が必要で
ある。しかし、その承認が患者・家族・医療従事者チームによって行われるこ
とは、医療資源の配分が問題になっているこの場合には不適切である。患者・
家族・医療従事者チームは患者の幸福の最大化のためのチームであり、そのチ
ームでなされる承認および意思決定に関して、ミクロであれマクロであれ、医
療資源配分に関する考慮が働いてはならないと考えられる。そこで、医療資源
配分に関しては、病院内において、分配のための委員会がケアチームとは別に
組織されることが望ましい。現在、診療上で生じた倫理的問題の解決にあたる
病院内倫理委員会が設置されている病院も多くなってきている。外部有識者や

市民の観点を包含することができる病院内倫理委員会の業務を医療資源配分に関する決定にまで拡張し、AIシステムによる判断がそうした委員会において承認されることは手続き的正義の観点からも適切である。

5 ｜ おわりに

　医療行為は意思決定の連続である。その意思決定が迫られる事象は医学的なものと倫理的・価値的なものが複雑に絡み合っている。したがって、医療AIシステムは、自ずと、医学的判断のみならず倫理的な（あるいは価値的な）判断を行うことになる。医療AIシステムの判断に対しては、人間による承認が必須である。とりわけ医療AIシステムが倫理的・価値的判断を行いうるとすれば、その承認は、患者・家族・医療従事者のチームによってなされなければならない。

　本章ではこうした前提に立って、自律性・リスク評価・社会正義の観点から、倫理的判断を行いうるAIシステムの運用がわれわれの医療経験をどのように変容させるかを中心に医療AIシステムの倫理について検討した。自律性の観点からは、個人的な自律性理解ではなく、関係性的な自律性理解と意思決定に関するシェアド・ディシジョンメイキング・モデルの導入が要請されると考えられる。それにより、個人に関する情報の保護と利用にあたって、患者・家族・医療従事者のチームを基礎的単位に据えることができるよう、制度が整えられていくべきだろう。リスク評価の観点からは、AIシステムの判断がより倫理的なものを含むにつれて、その判断はより保守的なものに調整されなければならない。患者・家族・医療従事者のチームによるAIシステムの判断の承認は、AIシステムの判断の妥当性や信頼性が高まるにつれて、形骸化するおそれがあるということをつねに念頭に置く必要がある。また、AIシステムの発展により、今後の医療現場においては、AIシステムを使用しないということがリスクとして認知されていくことになると予想される。社会正義の観点からは、AIシステムによる医療的判断の提示は肯定的に捉えられる部分が大きい。AIシステムの導入により、ときに感情的にシビアにならざるをえない医療資源配分について、より公平な視点がもたらされるかもしれない。ただし、

こうした医療資源配分に関わる AI システムの判断の承認は、病院内倫理委員会のような第三者組織によってなされる必要がある。

　以上のように、医療 AI システムの発展により、われわれの医療のあり方はさまざまな面で変化しうる。医療 AI システムの判断を最終的に承認するのは人間であるが、具体的にどのような人間がどのような場面で AI システムの判断に承認を与えるかの議論はまだ熟してはいない。しかし、その議論の熟成は社会的に要請された課題であると言えるだろう。本章はそうした議論に先鞭をつけるものであると考えられる。

参照文献

Lim, J. I., Regillo, C. D., Sadda, SV. R., Ipp, E., Bhaskaranand M., Ramachandra, C., & Solanki, K. (2022). Artificial intelligence detection of diabetic retinopathy: Sub-group comparison of the EyeArt system with ophthalmologists' dilated exams. *Ophthalmology Science* 100228. https://doi.org/10.1016/j.xops.2022.100228

Nagendran, M., Chen, Y., Lovejoy, C. A., Gordon, A. C., Komorowski, M., Harvey, H., Topol, E. J., Ioannidis, J. P. A., Collins, G. S., & Maruthappu, M. (2020). Artificial intelligence versus clinicians: systematic review of design, reporting standards, and claims of deep learning studies. *BMJ* 368: m689.

UNESCO. (2020). First draft of the recommendation on the ethics of artificial intelligence. 2020. https://unesdoc.unesco.org/ark:/48223/pf0000373434/PDF/373434eng.pdf.multi

UNESCO. (2021). UNESCO member states adopt the first ever global agreement on the Ethics of Artificial Intelligence. https://www.unesco.org/en/articles/unesco-member-states-adopt-first-ever-global-agreement-ethics-artificial-intelligence

World Health Organization. (1946). Constitution of the World Health Organization. https://apps.who.int/gb/bd/PDF/bd47/EN/constitution-en.pdf?ua=1

赤林朗編（2017）．『入門・医療倫理 I〔改訂版〕』勁草書房.

一ノ瀬正樹（2020）．「分析哲学の興亡」『世界哲学史 8──現代グローバル時代の知』伊藤邦武・山内志朗・中島隆博・納富信留編，ちくま新書，pp. 17-50.

医薬基盤・健康・栄養研究所「AI（人工知能）ホスピタルによる高度診断・治療システム」https://www.nibiohn.go.jp/sip/

AI ネットワーク社会推進会議（2022）．「報告書 2022～「安心・安全で信頼性のある AI の社会実装」の更なる推進～」https://www.soumu.go.jp/main_content/000826564.pdf

神崎繁（2006）．「事実と価値」『現代倫理学事典』大庭健・井上達夫・加藤尚武・川

本隆史・神崎繁・塩野谷祐一・成田和信編集委員，弘文堂，pp. 359-360.

厚生労働省（2017a）．「保健医療分野における AI 活用推進懇談会報告書」https://www.mhlw.go.jp/file/05-Shingikai-10601000-Daijinkanboukouseikagakuka-Kouseikagakuka/0000169230.pdf

厚生労働省（2017b）．「保健医療分野における AI 活用推進懇談会報告書」概要 https://www.mhlw.go.jp/file/05-Shingikai-10601000-Daijinkanboukousei kagakuka-Kouseikagakuka/0000169232.pdf

最高裁判例（2001）．平成 10（オ）576 損害賠償請求事件．平成 13 年 11 月 27 日，最高裁判所第三小法廷．https://www.courts.go.jp/app/files/hanrei_jp/226/052226_hanrei.pdf

パトナム，ヒラリー（2006）．『事実／価値二分法の崩壊』藤田晋吾・中村正利訳，法政大学出版局．

日立製作所（2022）．「複雑な治療を要する糖尿病患者の治療薬選択を支援する AI を開発」https://www.hitachi.co.jp/New/cnews/month/2022/03/0325a.pdf

丸善出版（1995）．「第 2 編 花のプレゼント［THE COURAGE OF ONE'S CONVICTIONS］」https://www.maruzen-publishing.co.jp/item/?book_no=301284

第6章 | ナッジ&ブーストエージェントによる 意思決定支援

小野哲雄

1 | はじめに

　本書でもすでに述べられているように、人工知能（AI）研究の現状を鑑みるとき、われわれがいま最も取り組むべき研究課題は、人間が AI とどのようにつきあったらよいのかについて考察を深めることだろう。言い方を換えると、AI を一種の道具と見なして、人間が AI をどのように使いこなすのがよいのかについて考えることが、現時点において実りある研究成果を生み出すことにつながるだろう。

　本章では、人間の意思決定や行動変容を支援する AI について考えてみたい。言うまでもなく、私たちは毎日、膨大な数の意思決定を行っている。食事や服装の選択、仕事でのさまざまな決断、商品の売買の判断など枚挙にいとまがない。さらに自分で意思決定をした後でも、それをなかなか実行に移すことができないことをわれわれは日々経験している。このようなわれわれの日常生活に直結した意思決定や行動変容の支援を AI が行ってくれるとすれば、そこにどのような未来像を描くことができるだろうか。もしくは、そこで起こりうる問題、あらかじめ想定すべき課題とは何だろうか。本章ではこれらの点について議論してみたい。

　私自身は大学の教員として工学部に所属し、情報科学を専門としている。つまり、コンピュータのハードウェアやソフトウェアを含めて、実際に動くシステムを構築し、そのシステムの動作（振る舞い）を通して問題への思考を深めていくという研究スタイルをとってきた。本章での議論においても、われわれ

の意思決定や行動変容を支援する AI を考えるとき、実際に動作可能な AI の機能を有するエージェントシステムを構築し、そのエージェントと人間とのインタラクションを通して、われわれの社会の未来像や起こりうる問題や課題について考えていきたい。

2　行動経済学におけるナッジとブースト

研究の背景

すでに述べたように、私たちは毎日、膨大な数の意思決定を行っている。私たちはその意思決定を多くの場合、合理的かつ論理的に行っていると信じてきた。しかし、行動経済学の研究の進展により、それらの意思決定はこれまで思われてきたものとは異なり、環境や文脈に大きく依存し、さまざまなバイアスの影響を受けていることが明らかとなってきた（Thaler & Sunstein, 2008; Kahneman, 2011; 本田, 2021）。

さらに近年、欧米各国では、これらの行動経済学の成果を人々の意思決定支援に適用することにより、省エネルギーの取り組みや年金加入者の増加、健康保険制度の改革などの政策の実現に効果的に利用しており、日本政府も「骨太の方針」（内閣府 2018; 2019）においてその重要性を指摘している。つまり、これらの施策の実現にあたって、人々のウェルビーイング（Well-being, 身体だけではなく、精神面、社会面も含めた健康（WHO, 1946））を最大化することを目的に、行動経済学の成果を利用して人々が適切な意思決定や行動変容をするように「促している」と見ることもできる。

行動経済学では、人間の意思決定や行動変容を支援する概念として、「ナッジ」と「ブースト」が提唱されている（Grüne-Yanoff & Hertwig, 2016; 2017）。ナッジとは、人々が選択し、意思決定する際の環境をデザインし、それによって行動もデザインするという方略であり、人に「そっと行動を促す」機能があるとされる。一方、ブーストは与えられた環境の中で人々の意思決定能力を育成することで行動を変える方略であり、「よく考えるように促す」機能があるとされる。

ナッジの適用事例

　具体的には、ナッジを適用した事例として有名なものに、臓器提供に関する意思決定が知られている（Johnson & Goldstein, 2003）。ヨーロッパの国々における臓器提供への同意率を見ると、フランス、ポルトガル、ポーランドなどでは 99% を超える一方、ドイツやイギリスでは 10% 台と大きな違いがある。このような大きな違いを生み出しているのは、文化差や国民性の違いではなく、臓器提供に同意するかどうかを申告するためのドナーカードにおける初期値（default）の違いであることが明らかとなってきた。つまり、同意率が 99% を超える国々では、初期値が「臓器提供に同意する」となっており、もし提供したくない場合は提供したくないという意思を示すために「同意しない」にチェックする必要がある（オプトアウト方式）。一方、同意率が 10% 台の国々は、初期値が「臓器提供に同意しない」となっており、もし提供する場合はその意思を示すために「同意する」にチェックする必要がある（オプトイン方式）。いずれのケースでも、人々は自由に意思決定をすることができるが、ドナーカードの初期値の違いだけで臓器提供の同意率に大きな違いが生まれている。これは、一般的に、人は初期値を変えたがらないという認知的なバイアスをもっており、それを利用してドナーカードを「デザイン」することにより、人々の行動を「そっと促し」、社会全体として人々のウェルビーイングを最大化する方向へと導いていると言うことができる。

　その他にも、ナッジを適用した事例としては、初期値の効果を用いて心理的な負担なしに貯蓄を増やせるプログラム（Thaler & Benartzi, 2004）や、対象の「取りやすさ」を利用してレストランなどで健康的な食品を多く摂取させる方法（Thaler & Sustein, 2008）、フレーミング効果を用いて肉の消費量を減らす方法（「この牛肉は 70% の赤身を含む」と書くよりも「この牛肉は 30% の脂肪分を含む」と表現する方が、健康志向の人々の肉の消費量を減らすことができる）（Levin & Gaeth, 1988）などがある。

ブーストの適用事例

　一方、ブーストは、ナッジとは対照的な方法でよりよい意思決定を引き出す方法として知られている。ここでは、正確な確率的判断を促進させる研究事例

として、ベイズ的確率判断における頻度提示の効果を見てみよう（Gigerenzer & Hoffrage, 1995）。ベイズ的確率判断の問題は、一般に人間の直感的な印象と乖離することが多く、正確に予測することが難しい。その理由の1つとして、ある問題を何％のように「確率」で表現すると人間の正答率はかなり低くなるが、何人中何人のような「頻度」で表現すると正答率が劇的に上昇するという問題の提示方法の違いの影響が知られている。つまり、同一の問題であっても、人間が回答しやすい形で問題を提示すれば、正しく回答できるのである。ブーストとは、このように、人間がもともともっている認知的技量を活用しやすくなるように介入する、あるいは新たな技量を獲得させることによって、意思決定の能力を育成する方略である。

　それでは具体的に、「確率」で表現された問題と、「頻度」で表現された問題を見てみよう（Gigerenzer & Hoffrage, 1995 を一部改変）。

「確率」で表現された問題
習慣的に検査を受けている女性が乳がんである確率は1％です。もし女性が乳がんであるならば、マンモグラフィーで陽性と診断される確率は80％です。もし女性が乳がんでない場合に、誤って陽性と診断される確率は9.6％です。ある女性がマンモグラフィー検査で陽性と診断されました。この女性が乳がんである確率は何％でしょう？

　ここでは詳細な計算は省略するが、正解は7.8％であり、思ったよりも低い印象を受けるのではないだろうか。この問題では80％と答える人が多く、正解はわれわれの直感的な印象とはかけ離れているように思われる。一方、「頻度」で表現された類似の問題は以下の通りである。

「頻度」で表現された問題
習慣的に検査を受けている女性の1000人中、10人が乳がんです。乳がんである女性の10人のうち8人がマンモグラフィーで陽性と診断されます。乳がんではない女性の990人中、95人も陽性と診断されます。ここで、習慣的に検査を受けている女性で、マンモグラフィー検査で陽性と診断された人

が 100 人いるとします。これらの 100 人中、何人が実際に乳がんでしょう？

　こちらの表現だとどうだろうか。問題より、1000 人のうち陽性と診断されるのは、実際に乳がんである 8 人と、誤って診断される 95 人である。このことから、陽性と診断されて実際に乳がんである割合は、(8 + 95) 分の 8 であり、およそ 8% 弱くらいであることが容易にわかるだろう。一般に、「頻度」による表現の方が「確率」による表現よりも、われわれにとっては理解しやすいのである。

　実際の実験結果からも、頻度を用いて表現すれば、確率判断の問題を正しく回答できるようになることが示されている（Gigerenzer & Hoffrage, 1995）。さらに、確率判断の問題を頻度的な表現方法で提示することにより、問題に正解できることを学習した被験者は、その認知的技量をその後も継続して使用していたという報告もある（Sedlmeier & Gigerenzer, 2001）。つまり、ここで重要なのは、私たちが確率の問題を頻度的に捉えるようになり、それによって判断がより正確になり、さらにこの自分たちの認知的技量を活用しやすくなる提示方法を自律的に獲得しているということである。

　この他にも、ブースト的な手法を用いることにより、多様な視点から問題を分析することが可能となり、いままで気づかなかった要因を見つけ出したり、理解が深まったりしたという研究事例が報告されている。たとえば、子どもが摂取する食事の質と肥満リスクをメタ分析した結果、いままで私たちが気づかなかった「食事の時間（家族で食事をする際に長い時間を費やす）」という要因が最も効果的であるという結果が報告されている（Dallacker & Hertwig, 2019）。この事例のように、ブースト的な手法（メタ分析という新たな技量の獲得）を用いることにより、科学的知見に基づいて、健康的な食習慣を身につけるための行動や環境に関する理解を深めることが可能になるのである。

ナッジとブーストの違いと統合の可能性

　本節で述べたように、ナッジとブーストは、私たちをよりよい判断や意思決定に導くための「介入」という意味では似ている。しかし、2 つの根底にある考え方はまったく異なる。ナッジは、よりよい判断や意思決定を実現するため

に、積極的な介入を行うとともに、その誘導を試みる。さらに、そのターゲットは「行動」である。一方、ブーストの介入は、判断や意思決定の認知的プロセスを改善する目的だけに行われ、最終的な判断や意思決定はあくまでも意思決定者の自律性に委ねている。さらに、そのターゲットは、認知バイアスを減らし、「認知的技量」を高めることである。

　このように、意思決定や行動変容を支援するために有用ではあるが、根本的に考え方が異なるナッジとブーストを、個人が文脈や環境に応じて、適応的に使い分けることはほぼ不可能である。しかし、現在のAI技術を用いて、個人の特性に応じたパーソナルAIエージェント（Personal AI Agent: PAIA）（IEEE, 2019）を構築すれば、両者を統合し、その個人を支援することは可能だと思われる。以下の節では、われわれが提案する「ナッジ＆ブーストエージェント」の概要を説明する。

3│ナッジ＆ブーストエージェントの構想と実装

　前節で述べた学術的・社会的背景に鑑み、われわれは行動経済学で提唱されているナッジとブーストを統合して、利用者にその場に適した行動変容を促すとともに、個人の意思決定力を育てるエージェントの設計と実装を目指している。本節では、われわれが提案する「ナッジ＆ブーストエージェント」の概要を述べたのち、個々の「ナッジエージェント」および「ブーストエージェント」の詳細について説明する。

提案するエージェントの概要

　われわれが提案するナッジ＆ブーストエージェントでは、AIを用いることにより、利用者にその場に適した「行動変容を促す」（主にナッジエージェントの機能）とともに、個人の「意思決定力を育てる」（主にブーストエージェントの機能）ことを目指している。このエージェントの実装の基盤となるのが、われわれがこれまで開発してきた環境知能システムである。ここでは環境知能システムの詳細は述べないが、要点だけを説明しておく。この環境知能システムでは、利用者の趣味や嗜好などを学習済みのエージェントが、環境にあるさま

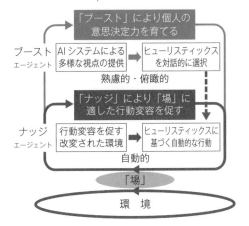

図6-1　ナッジ&ブーストエージェントの概念図

ざまなメディアや機器（家電、PC、IoT デバイス、ロボットなど）に乗り移る
（エージェントマイグレーション）ことにより、その場に適した利用者の支援を
可能とするものである（Ono & Imai, 2000; 小川・小野, 2006）。たとえば、エー
ジェントがエアコンに乗り移ることにより、利用者の好みの温度に室温を変え
ることができる。このエージェントが、利用者の趣味や嗜好だけではなく、意
思決定の傾向をあらかじめ学習しておくことにより、環境のデザインを改変す
ることで利用者の意思決定や行動変容を支援することが可能となる。

　図6-1に、この環境知能システムを基盤とした、ナッジ&ブーストエージェ
ントの概念図を示す（小野, 2022）。このエージェントは、ナッジエージェン
トのプロセスとブーストエージェントのプロセスが階層状に統合されている。
つまり、ナッジエージェントのプロセスでは、環境のデザインを改変すること
により、利用者に「自動的」に「そっと行動を促す」ことで行動変容を支援し
ようとしている。一方、利用者が意思決定のために熟慮が必要な場合には、ブ
ーストエージェントのプロセスにより、利用者に「熟慮的・俯瞰的」な視点を
とらせ、「よく考えるように促す」ことで意思決定を支援しようとしている。
言い換えると、通常はナッジエージェントのプロセスが動作し、ナッジの機能
により「そっと行動を促され」ながら、利用者は日常生活を送る。一方、これ
まであまり経験のない出来事に遭遇したり、自分の行動に違和感を感じたとき

には、ブーストの機能により「よく考えるように促され」、さまざまな視点からの意見を参考にしながら、自分でよく熟慮したのちに判断を下すことになる。これらの両エージェントのプロセスの詳細を、具体的な事例を用いながら見ていこう。

ナッジエージェントの適用事例とナッジの分類

　まずナッジエージェントが適用された事例を参照しながら、そのシステムの動作や利用者の行動の変化を見ていきたい。

　図6-2に、ナッジエージェントの適用事例を示す。いま、利用者が病気のため摂取カロリーの制限をしなければならない場合を考えてみよう（小野, 2020）。ナッジエージェントがいない場合、利用者は高カロリーの食事を好むため、トンカツなどを選択してしまうが、ナッジエージェントがいる場合、エージェントが環境内のデバイスやロボット、タブレットのメニューなどへ移動し、環境のデザインを改変することによりナッジを構築することで、利用者が低カロリーのサラダや健康的な食品を選ぶように促している。このとき、利用者は事前に、健康のために低カロリーの食事をとりたいという意思表示をエージェントに対して行っており、さらにナッジに促されても最終的には利用者が意思決定を行うため、リバタリアンパターナリズム（個人の行動や選択の自由を阻害せず、かつより良い結果に誘導するという考え方）（Thaler & Sunstein,

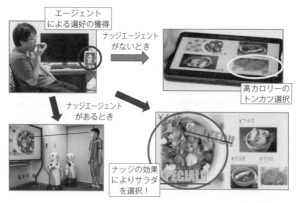

図6-2　ナッジエージェントの適用事例：カロリー摂取制限を支援

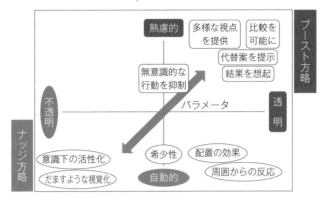

図6-3　ナッジとブーストの方略とその特徴の比較（参考：Caraban et. al., 2019）

2003）に基づくシステム設計となっている。

　この適用事例における、エージェントの技術的な側面を見てみよう（小野, 2020）。まずエージェントは利用者との対話データに基づき、AI を用いて利用者の選好を学習し、それに基づいて、利用者の意思決定の予測モデルを構築する。この予測モデルを用いて、利用者が高カロリーの食事を選ぶ可能性が高いことを予測する。エージェントはこの予測に基づき、ロボットによる視線誘導のメカニズムを用いて利用者の視線をサラダの掲示板に向けさせ、さらにレストランのタブレットを操作し、低カロリーメニューの配置やデザインを変更することにより、知覚的コントラストと選択肢の構造化を用いてナッジを構成し、利用者の意思決定に働きかけ、低カロリーメニューの選択を促す。図6-2における低カロリーの食事の選択は、このようなナッジの機能を用いて、利用者の意思決定を支援することで行われている。

　ここでナッジエージェントにおいて用いられる「ナッジの方略」を整理しておこう（図6-3）。ナッジの方略は、図6-3の左下に配置されており、それらは「自動的（Automatic）」と「不透明（Non-transparent）」という軸によって表現されている。つまり、これまで述べてきたように、ナッジは利用者に、「自動的」に、気づかれないように（「不透明」に）、「そっと行動を促す」ことで行動変容を支援しようとする。具体的な方略としては、「意識下の活性化（Subliminal priming）」（知覚できないレベルの刺激を提示する）、「だますような

視覚化（Deceptive visualization）」（ある情報をより目立つように提示する）、「希少性（Scarcity）」（ある物の入手可能性を低下させる）、「配置の効果（Positioning）」（選択肢の順序を変更する）、「周囲からの反応（Ambient feedback）」（適切なときにある行動に注意を向けさせる）などが該当する。つまり、ナッジエージェントで用いる方略は、（利用者があらかじめ方針を決定しているとはいえ）利用者がなるべく気づかないうちに、自動的に行動変容を促すものとなっている。

　先ほどの図6-1では、ナッジエージェントのプロセスでこの処理を行っており、通常、自動的にこのループによって利用者の行動変容が促される。たとえば、本節の適用事例によって説明すると、この機能を用いて、利用者は気づかないうちに低カロリーの食事を選ぶようになり、病気療養もうまくいくようになることが予想される。

ブーストエージェントの適用事例とブーストの分類

　次にブーストエージェントも同様に、それが適用された事例を参照しながら、そのシステムの動作や利用者の行動の変化を見てみたい。

　図6-4に、ブーストエージェントの適用事例を示す。すでに述べたようにブーストは「よく考えるように促す」という機能を有する。ここでは多様な視点から利用者に考え方を提示し、「熟慮的・俯瞰的」に考えさせるため、「天使

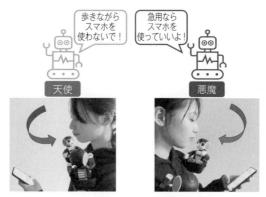

図6-4　ブーストエージェントの適用事例：多様な視点の提供

と悪魔」のメタファーを用いて、それを肩に乗る2体のロボットにより実装する（Goto et. al., 2022）（図6-4）。「天使と悪魔」のメタファーは中世以来、さまざまな演劇や戯曲、映画などで使用されてきた。利用者に熟慮的・俯瞰的な思考を促し、それを可視化するためには適切な手法であると考えられる。

　後藤ら（Goto et. al., 2022; 後藤ら, 2022）は、小型のウェアラブルロボット2体を用い、それを利用者の両肩に装着し、2体のロボットから対立する意見を提示することにより、利用者に熟慮的・俯瞰的な思考をするように促した。利用者に提示した具体的なジレンマ状況としては、①「急な用事の際に、歩きながらスマートフォンで通話してもよい（図6-4右）か？　もしくは、それは危険であるため、脇に立ち止まってから使用すべき（図6-4左）か？」、②エレベータホールにおいて「電力を節約し、健康のためにも、エレベータを使わずに階段を使うべきか？　もしくは、利便性・効率性を考え、このままエレベータを使用すべきか？」である。2体のウェアラブルロボットが多様な視点から意見を提示することで、利用者の思考にどのような変化が現れるかについては、現在、詳細な分析と検討を進めている。後藤ら（後藤ら, 2022）はそれと並行して、実験時の変数を統制できる実験室条件において、2体のロボットからの異なる意見によって、被験者の自制心がどのような影響を受けるかという意思決定に関する基礎的な実験も行っている。

　ブーストエージェントにおいて用いられる「ブーストの方略」も整理しておく（図6-3）。ブーストの方略は、図6-3の右上に配置されており、「熟慮的（Reflective）」と「透明（Transparent）」という軸によって表現されている。つまり、これまで述べてきたように、ブーストは多様な視点からのさまざまな情報を「透明」に利用者に提示し、利用者自身が「熟慮的」に「よく考えるように促す」ことで意思決定を支援しようとしている。具体的な方略としては、「多様な視点を提供する（Provide multiple viewpoints）」、「比較を可能にする（Enable comparisons）」、「代替案を提示する（Suggest alternatives）」、「結果を思い出させる（Remind the consequences）」、「無意識的な行動を抑制する（Throttling mindless activity）」などが該当する。つまり、ブーストエージェントで用いられる方略は、多様な視点から異なる意見を効果的に提示することにより、利用者自身に熟慮的・俯瞰的な視点からよく考えるように促すことで意

思決定力を養わせようとしている。

　図6-1では、ブーストエージェントのプロセスでこの処理を行っており、一般的にナッジエージェントで解決できない問題や違和感が生じた場合、ブーストの方略を用いて解決をはかり、それがルーティン化（習慣化）されるとナッジエージェントにヒューリスティックスとして組み込まれることになる。たとえば、上記の適用事例では、利用者がよく考えた上で、省エネルギーを推進する意思決定をしたり、歩きスマホは危険なので止めるという意思決定をした場合、一定期間その意思決定が継続されると、それらがナッジエージェントに組み込まれ、その利用者の行動として自動化されていく。

4│人工知能の時代における課題と展望

　本章では、人間の意思決定や行動変容を支援するAIとして、行動経済学で提唱されているナッジとブーストを統合した「ナッジ＆ブーストエージェント」を紹介してきた。このエージェントは、AIを一種の道具と見なして、人間がAIをどのように使いこなすのがよいのかについて議論する「たたき台」にもなるであろう。

　それでは、このナッジ＆ブーストエージェントを使用することによって起こりうる問題、あらかじめ想定すべき課題は何だろうか。本節ではまず、ナッジやブースト自体がもつ問題や課題について議論する。さらに、それらを取り込んだナッジ＆ブーストエージェントの問題と課題、およびそのエージェントと人間がインタラクションを行うことを通して、われわれの社会の未来像をどのように描くことができるかについて考えてみたい。

ナッジとブーストが潜在的にもつ問題点

　まず、ナッジを用いること自体の問題点について、本田の議論（本田, 2021）を参考に考えてみよう。ポイントは、①意思決定の自律性、②私的な場面における効果と副作用、③選好の同定、の3点であり、各項目について簡潔に説明する。①第2節のナッジの適用事例において述べたように、臓器提供の意思表示を示すカードの初期値を変更するだけで、臓器提供の同意率を増減さ

せることが可能であることが知られている。しかし、このナッジを用いて選択の変更をさせることは、意思決定の自律性を奪うことになるのではないだろうか。②公共的な問題（たとえば臓器提供）に関してナッジされた意思決定（向社会的な行動）が、別の機会に、個人的な行為に対しても一般化されるとよいと思われる。しかし、多くの場合、個人的な行為において「向社会的」な態度を形成させることまでは期待できない。③人はさまざまな好みや価値観をもち、幸福感の感じ方も人それぞれであろう。このような人々を、ある程度、社会的なコンセンサスが取れるような問題（たとえば臓器提供）とはいえ、政策決定者がある方向へナッジをしてよいのだろうか。

　これらのナッジの問題点は、それがもつ性質である「自動化」、「不透明性」、「個別事例への依存」、「強制力」などの言葉によって説明できる。たとえば、前述の①意思決定の自律性は、ナッジのもつ性質である「自動化」、「不透明性」で説明することができる。臓器提供に関して言えば、ナッジを用いることにより、意思表示カードの選択を「提供しない」から「提供する」に変更した人は、本当に自分の意思で自律的に判断を変えたのだろうか。単にナッジによって、自動的に、気づかないうちに（不透明性）、彼らの行動を変容させられただけなのではないだろうか。

　また、②私的な場面における効果と副作用は、主に「個別事例への依存」によって説明することができる。公共的な問題（たとえば臓器提供）に関してナッジされた意思決定（向社会的な行動）は、熟考の上で個人の思想や信条を変更したわけではなく、その場面で個人の行動を変えただけである。さらに、第2節で述べたように、ナッジを用いて健康的な食品（野菜など）を多く取らせることができたとしても、その副作用によって、夕食でカロリーの高い、健康によくない食品をさらに多く取らせるきっかけとなる可能性もある。

　さらに、③選好の同定は、「強制力」によって説明することができる。先述したように、ナッジは人々を良い行動へと導くことができるが、実際には人々はさまざまな考えをもち、幸福の感じ方や価値観、人生観も人それぞれである。これらの人々を、政策決定者が「強制力」をもって、1つの方向へ導くことが人々の幸福へつながるのだろうか。それがもたらす危険性を考慮しておくべきではないだろうか。

　以上の通り、ナッジがもつ潜在的な問題点について議論してきた。これらの問題点については当然、解決策を探る研究がなされている。ここでは、すべての問題点について解決策を示すことはしないが、たとえば、ローウェンスタイン（Loewenstein et. al., 2015）は、初期値の設定によるナッジの効果が失われることなく、それを利用者が理解した上で、透明性をもって実施することが可能であることを具体的な実験により示している。

　一方、ブーストがもつ問題点についても考えてみたい。ブーストは、私たちがもっている認知的技量を高める、あるいは新たな技量を獲得させることによって、人間が自律性を維持しつつ判断や意思決定をすることができる能力を養うための方略と見なすことができる。実際に、第2節のブーストの適用事例で述べたように、問題の表現方法を変えることにより（たとえば、確率の問題を頻度的な表現方法で提示する）、問題に正解できる被験者が増え、さらにその獲得した認知的技量を継続して被験者が使用していたことも確認されている。しかし、ブーストの方略は方法論として明確に確立されているわけではなく、それを使う人や場面によってさまざまな方法が使われている。また、ブーストは多様な視点からの情報提供や考え方を提示はするが、最終的にそれを理解し、活用するかどうかを決めるのは利用者に委ねられている。つまり、ブーストによって認知的技量を高めたり、新しい技量を獲得できるかどうかは、個人の能力や意思の強さに委ねられている。

ナッジ&ブーストエージェントの課題

　本章では、前節で述べたように、潜在的な問題点をもつナッジとブーストを統合した「ナッジ&ブーストエージェント」を紹介してきた。そして、このエージェントは、個別のナッジとブーストがもつ問題点を、両者を統合することにより解消しようと試みている。

　つまり、前節で述べた通り、ナッジには利用者の意思決定や行動変容を、利用者自身が気づかないうちに強力に推し進めるという特徴があった。しかし、その問題点としては、自動化、非透明性、個別事例への依存、強制力などがあり、人間の意思決定や行動変容の支援において悪影響が出るのではないかという懸念があった。一方、ブーストは、認知的技量を高める、あるいは新たな技

量を獲得させることにより、自律性を維持しつつ判断や意思決定をすることができる能力を養うという特徴があるが、その方法論は確立されておらず、利用者個人の能力や意思の強さに委ねられてしまうという懸念があった。

　ここで、ナッジとブーストの長所と短所を見較べてみてほしい。両者の長所と短所は相補的であり、AI 技術を用いることで、それらを相互に補い合って補完することが可能ではないだろうか。これが、ナッジ&ブーストエージェントで主張したかったことであり、その要点が図6-1と図6-3にまとめられている。つまり、図6-1では、ナッジとブーストのプロセスを階層的に設計することにより、両者の機能を統合しようとしている。具体的には、通常はナッジエージェントのプロセスが動作し、ナッジの機能により「そっと行動を促され」ながら、利用者は日常生活を送る。一方、これまであまり経験のない出来事に遭遇したり、自分の行動に違和感を感じたときは、第3節の最後で述べたように、ブーストの機能により「よく考えるように促され」、さまざまな視点からの意見を参考にしながら、自分でよく考えたのちに判断を下すようになる。

　さらに、図6-3では、ナッジとブーストの方略を分類・整理した。AI 技術を用いることにより、どのような場面でどの方略を用いるのかについてそれぞれの方略をパラメータ化することが可能である。ナッジエージェントのプロセスからブーストエージェントのプロセスへの切り替えのタイミング（図6-1）や、ブーストのプロセスにおいて獲得されたヒューリスティックスをナッジのプロセスへ取り込む方法（図6-1）についても、プロトタイプシステムを構築しながら検討を進めている。

　これらの機能について、本章でこれまで取り上げてきたように、利用者が病気のために摂取カロリーの制限をしなければならない場合を例に考えてみよう。利用者は、「配置の効果」（例：メニューの最初にサラダを配置）や「希少性」（例：残りわずかと表示）のナッジ方略（図6-3）により、最近は低カロリーのサラダをとることが多くなった。しかし、精密検査の結果、血糖値の数値が思わしくなく、さらなる対策を考える必要が出てきた。このとき利用者は、「代替案を提示」や「比較を可能に」のブースト方略（図6-3）の支援を受けながら、新たな食餌療法を検討し始めた。その結果、利用者は自分の病気に対しては糖質制限の方が向いているのではないかと考え、医師にも相談し、食事にお

いて米類を極力取らないことを決めた。この意思決定により、「だますような視覚化」(例：米類の食事のメニューを小さく表示)のナッジ方略を採用し、ナッジエージェントにヒューリスティックスとしてそれを組み込んだ。この更新されたナッジエージェントの支援を受け、利用者は新しい食餌療法へと導かれ、健康を取り戻すことを目指すことになる。

　これらのナッジ&ブーストエージェントの機能は、まだすべてが実現されたわけではなく、今後解決すべき課題も多い。しかしながら、これらの課題を解決するための方向性は示されており、実際にプロトタイプシステムは現在、稼働している。

人工知能の時代における意思決定支援の展望

　前節で述べた通り、われわれの提案するナッジ&ブーストエージェントはまだ完成されたシステムとはなっていない。しかし、その設計方針を確認しておくことは、今後のシステムの開発および将来的な人間とAIの関係を考える上で重要であろう。

　われわれが考えてきたナッジ&ブーストエージェントの設計方針は以下の通りである。

　　・意思決定や行動変容の支援を完全にこのエージェントに委ねるわけではない
　　・人間とエージェントの「協調的」な意思決定と行動変容の支援が不可欠である

　2つの設計方針は当然、強く関連するものとなっている。最初の項目は、われわれが行動経済学の提唱するナッジとブーストを採用するにあたり、彼らの主張の背景にあるリバタリアンパターナリズム(Thaler & Sunstein, 2003)も設計方針として維持するというものである。つまり、意思決定および行動変容の支援は行うが、最終的な意思決定は人間が行うという大前提である。最初の項目を実現するために、2つ目の項目が必要条件となる。つまり、AIの処理の「概要」およびAIの出力する解の「意味」を人間が理解し、それを取捨選

択する能力を人間が養う必要があり、本提案システムはその能力をもつ人間が
エージェントと「協調的」な意思決定を行い、人間が行動変容の支援を受ける
ということである。

　上記の設計方針に基づいてシステムを構築することにより、AI を使用する
際の倫理的な問題は起こらないのではないかと考える。しかし、やはり技術的
な問題は存在する。つまり、AI の処理（アルゴリズム）の「概要」をどのよう
に人間に理解可能なものとし、その透明性を担保するのかについては技術的な
多くの問題が存在する。また、それ以上に、AI が出力する解の「意味」を人
間がどのように理解することができるかについては、現在、積極的に研究が
進められている「説明可能な AI」（Explainable AI: XAI）（Adadi & Berrada,
2018）の動向もふまえ、さらなる技術革新が必要となるであろう。

　同時に、行動経済学の成果から、人間の認識や意思決定はつねにバイアスの
影響を受けていることを人間自身に十分に自覚させることも重要だろう。人間
の意思決定はこれまで思われてきたような合理的・論理的なものではなく、環
境や文脈に大きく依存し、さまざまなバイアスの影響を受けていることが近年
の行動経済学の研究により明らかとなってきた（Kahneman, 2011; Thaler &
Sunstein, 2018）。このことを自覚させることも、われわれの提案するブースト
エージェントの役割となるであろう。

5 ｜ おわりに

　人工知能（AI）研究の現状を鑑みるとき、われわれがいま最も取り組むべき
研究課題は、人間が AI とどのようにつきあったらよいのかについて考察を深
めることであろう。特に、AI を一種の道具と見なして、人間が AI をどのよ
うに使いこなすのがよいのかについて考えることが重要である。

　本章では、AI 技術を用いることにより、人間の意思決定や行動変容を支援
する「ナッジ＆ブーストエージェント」について説明してきた。このエージェ
ントでは、行動経済学で提唱されているナッジとブーストを統合して、利用者
にその場に適した行動変容を促すとともに、個人の意思決定力を育てることを
目指している。本章では、このエージェントの概要を述べたのち、ナッジエー

ジェントとブーストエージェントをその適用事例を用いて個別に説明した。さらに、ナッジとブーストを統合することの問題点について議論し、さらに人工知能の研究がさかんに行われているいま、人間の意思決定支援を AI を用いたシステムが行うことの問題点と将来展望について議論してきた。

　汎用人工知能や人工超知能の実現はまだまだ先のことであろう。本章で紹介したナッジ＆ブーストエージェントでは、現在の AI 技術を人間の意思決定や行動変容の支援に用いている。つまり、AI を「ツール」や組織上の「部下」のように見なして、人間がその能力を推定するとともに、そこからの出力結果を吟味し、自身の意思決定に役立てる方法を提案している。

　この研究の前提となるのが、人間が AI の能力を的確に推定できる能力をもつこと、AI が自身の出力結果を人間にわかりやすく提示する方法を改良すること、そして、人間の認識や思考がつねにバイアスの影響を受けていることを自分でモニター可能な、メタ認知能力を涵養していくことである。AI の研究の成果を人間社会で有効に活用するためには、AI の能力を推定できるように自身の感覚をつねに研ぎ澄ますこと、および、人間が自身のメカニズムを知ろうとするゆまざる努力を続けることが不可欠なのである。

参照文献

Adadi, A., & Berrada, M. (2018). Peeking inside the black-box: A survey on explainable artificial intelligence (XAI). *IEEE Access*, *6*, 52138-52160.

Caraban, A., Karapanos, E., Gonçalves, D., & Campos, P. (2019). 23 ways to nudge: A review of technology-mediated nudging in human-computer interaction. *CHI 2019*, Paper 503, 1-15.

Dallacker, M., Hertwig, R., Mata, J., (2019). Quality matters: A meta-analysis on components of healthy family meals. *Health Psychology*, *38* (12), 1137-1149.

Gigerenzer, G., & Hoffrage, U. (1995). How to improve bayesian reasoning without instruction: Frequency formats. *Psychological Review*, *102* (4), 684-704.

Goto, K., Mizumaru, K., Sakamoto, D., & Ono, T. ADioS: Angel and devil on the shoulder for encouraging human decision making. *ACM/IEEE International Conference on Human-Robot Interaction* (*HRI 2022*), Video session.

Grüne-Yanoff, T., & Hertwig, R. (2016). Nudge versus boost: How coherent are policy and theory? *Minds & Machine*s, *26*, 149-183.

Hertwig, R., & Grüne-Yanoff, T. (2017). Nudging and boosting: Steering or empowering good decisions. *Perspectives on Psychological Science*, *12* (6), 1-14.

IEEE (2019). The IEEE Global Initiative on Ethics of Autonomous and Intelligent Systems. Ethically Aligned Design (First Edition): A vision for prioritizing human well-being with autonomous and intelligent systems, 110-123.

Johnson, E. J. & Goldstein, D. G. (2003). Do defaults save lives? *Science, 302*, 1338-1339.

Kahneman, D. (2011). *Thinking, Fast and Slow*. New York: Farrar, Straus and Giroux. (ダニエル・カーネマン『ファスト＆スロー——あなたの意思はどのように決まるか？』上・下，村井章子訳，早川書房，2012 年.)

Levin, I. P., & Gaeth, G. J. (1988). How consumers are affected by the framing of attribute information before and after consuming the product. *Journal of Consumer Research, 15*, 374-378.

Loewenstein, G., Bryce, C., Hagmann, D., Rajpal, S. (2015). Warning: You are about to be nudged. *Behavioral Science and Policy, 1*, 35-42.

Ono, T., & Imai, M. (2000). Reading a robot's mind: A model of utterance understanding based on the theory of mind mechanism. *Proceedings of the Seventeenth National Conference on Artificial Intelligence (AAAI 2000)*, 142-148.

Sedlmeier, P., & Gigerenzer, G. (2001). Teaching Bayesian reasoning in less than two hours. *Journal of Experimental Psychology: General, 130*(3), 380-400.

Thaler, R. & Benartzi, S. (2004). Save more tomorrow: Using behavioral economics to increase employee saving. *Journal of Political Economy, 112*(S1), S164-S187.

Thaler, R. H. & Sunstein, C. R. (2018). *Nudge: Improving Decisions About Health, Wealth, and Happiness*. New Haven: Yale University Press. (リチャード・セイラー，キャス・サンスティーン『実践 行動経済学』遠藤真美訳，日経 BP，2009 年.)

Thaler, R. H., & Sunstein, C. R. (2003). Libertarian paternalism. *American Economic Review, 93*(2), 175-179.

WHO (1946). *Constitution of the World Health Organization.*

小川浩平・小野哲雄 (2006).「ITACO：メディア間を移動可能なエージェントによる遍在知の実現」,『ヒューマンインタフェース学会論文誌』8 巻 3 号，373-380.

小野哲雄 (2019).「"ナッジ"エージェント：人をウェルビーイングへと導くエージェントの提案」,『人工知能学会全国大会（第 33 回）論文集』.

小野哲雄 (2020).「"ナッジ"エージェント：人をウェルビーイングへと導く環境知能システム」,『人工知能学会全国大会（第 34 回）論文集』.

小野哲雄 (2022).「人間 - AI 協調意思決定を促すエージェントデザイン：PAIA ＝ Nudge ＋ Boost」,『人工知能学会全国大会（第 36 回）論文集』.

後藤健斗・水丸和樹・坂本大介・小野哲雄 (2022).「Angel and Devil Robots：二項対立したロボットとのインタラクションによる自制心への影響の調査」情報処理学会，第 195 回ヒューマンコンピュータインタラクション研究会，2022-HCI-200 (28), 1-8.

内閣府（2018）.「経済財政運営と改革の基本方針 2018」https://www5.cao.go.jp/
　　keizai-shimon/kaigi/cabinet/2018/decision0615.html

内閣府（2019）.「経済財政運営と改革の基本方針 2019」https://www5.cao.go.jp/
　　keizai-shimon/kaigi/cabinet/2019/decision0621.html

本田秀仁（2021）.『よい判断・意思決定とは何か——合理性の本質を探る』共立出版.

第7章 創造性という知的徳を人工知能から学ぶ

植原　亮

1 はじめに

AI が見せる創造的な働き

人工知能（以下、「AI」）の発展は著しく、特に深層学習を主として用いた AI には、知的な面での創造性を発揮しているように見える例も出てきている。2017 年に世界王者イ・セドルに勝利して世界に衝撃を与えたアルファ碁は、その際立った例であろう（Silver et al., 2018）。対局時に人間がそれまで打ったことのない手を打ったことから、アルファ碁には恐るべき創造性を見てとりたくなる。テレンス・セイノフスキーに言わせると「アルファ碁の手のいくつかは革命的なものだった。アルファ碁の第 2 局 37 手目は、素晴らしく独創的な手であり、これに驚いたイ・セドルは次の手を打つまでに 10 分ほどかかっている。［中略］アルファ碁は、私や他の多くの人が想像できる範囲をはるかに超えていた」（Sejnowski, 2018, pp. 17-18, 邦訳 20 頁）という具合である。

碁のようなテーブルゲームに限らず、天文学や薬学などの科学的探究でも、新たな知見をもたらしてくれるという意味で、AI が創造的な働きをしているように見える例は多い。具体的には、大型望遠鏡から得られたビッグデータに基づいて AI が遠方の銀河やクェーサーを発見するとか（Young, 2021）、新薬の候補となる化合物とその対象となる蛋白質との膨大な組み合わせの中から有望なペアを特定する（Gawehn et al., 2016; see also Mishra & Awasthi, 2021）といった例を挙げることができる。

知的徳の 1 つとしての知的創造性

　一方、現代の哲学では、知的創造性が知的徳の 1 つとして位置づけられて、検討が加えられている。古代以来、哲学では長きにわたって創造性の本性についての考察が重ねられてきたが[1]、近年では、徳認識論の研究が大きく進んだことを背景に、開かれた心や知的な謙虚さなどと並んで、称賛に値し、それゆえその涵養を目指すべき知的な卓越性——つまり知的徳（intellectual virtue）——として、知的創造性が論じられているのである[2]。

　このように、知的創造性が哲学の関心事であるならば、知的創造性について哲学的に考察する上で、AI は少なくとも無視することのできない存在だろう。先に挙げたアルファ碁をはじめ、知的な領域で従来にない新たな可能性を切り開いているケースが見受けられるからである。

　それでは、知的徳としての創造性について人間は AI から何を学べるだろうか——本章ではこの問いを検討したい。人間ならざる AI は、創造性に限らず、およそ知的徳なるものはもちえないとの考え方もできるかもしれないが[3]、だからといって人間なら誰でも容易に知的創造性を含む知的徳が獲得できるわけでもない。そこで本章では、知的創造性の涵養に関して、AI から何らかの示唆を引き出すことを目指したいと思う。

　以下ではまず、第 2 節で知的創造性の特徴づけや分類についての哲学における議論を簡単に押さえる。続く第 3 節では、それを援用しながら、AI に見られる知的創造性の特徴をアルファ碁を中心的事例として明らかにする。その上で第 4 節では、人間が知的創造性について AI から何を学べるかを検討し、最後に、今後の課題や残された論点を示すことで本章を締めくくりたい。

---

1)　歴史的概観として Paul & Kaufman (2014); Glăveanu & Kaufman (2019); Glăveanu (2021) などが部分的に参考になる。プラトンの『イオン』以来、哲学では長らく詩的創造性を中心とする芸術的創造性が主たる考察の対象であったが、20 世紀後半の AI ないし認知科学の発展とともに知的創造性も取り上げられるようになってきた。

2)　徳認識論の文脈における知的徳としての知的創造性については、Baehr (2018); Kieran (2019) などを参照。

3)　これに対し、たとえば大塚 (2020, Chapter 4) のように、機械学習を用いた AI に信頼性主義の観点から知的徳を認める議論も可能である。信頼性主義については注 9 をも参照。また、拡張された認知の観点を認識論に適用した立場 (e.g. Battaly, 2018; Carter, 2019) をとれば、人間と AI の一体的なシステムが知的徳の帰属の単位となりうるが、この論点は本章では棚上げにする。

2 創造性をめぐる哲学

ボーデンの創造性研究

　創造性をめぐる現代の哲学において、最も大きな影響力を誇っているのが、AI および認知科学の哲学を研究するマーガレット・ボーデンの議論である[4]。それは必ずしも創造性を知的徳として論じるものではないが、徳認識論の文脈で創造性が扱われる際にも議論の出発点として頻繁に言及されるし（e.g. Audi, 2018; Hawley, 2018; Kieran, 2014a; 2014b; 2019）、また、AI を用いた科学研究における創造的発見の可能性といったトピックで参照されることもある[5]。本節では、長年にわたるボーデンの創造性研究（Boden, 1990/2004; 1995/2006; 2014; 2016; 2018）の中でも特によく参照される規定や分類を、本章の目標に資する限りで、若干の補足を加えながら手短に確認しておきたい。なお、ボーデンの議論は、知的創造性と芸術的創造性を峻別しない包括的なものとして提出されているが、ここではそのうちの知的創造性を念頭に置き、本章では「創造性」の語でもっぱら知的創造性を表すことにしよう。

　ボーデンによると、創造性とは、新しく価値ある驚くべきアイデアや人工物を生み出す能力のことである。ここでいう「アイデア」には概念や科学的な原理などが含まれ、「人工物」の例としては蒸気エンジンや掃除機などが挙げられる。

　そうした新しいアイデアや人工物は、それを生み出した当人にとって新しい場合と人類史上初めてという意味で新しい場合とがありうるが（それぞれ「心理的創造性」と「歴史的創造性」として区別され、後者はつねに前者に含まれる）、新しさが創造性の条件であることは問題なく受け入れてよいだろう。

4）　ボーデンに先行してダニエル・デネットやダグラス・ホフスタッターも認知科学の哲学の文脈で創造性について論じているが（Dennett, 1975; Hofstadter, 1982a; 1982b）、彼らの議論は萌芽的で簡潔にすぎ、ボーデンのようには現代の議論への影響は大きくない。
5）　科学研究における AI による創造的活動の有効性に関しては、呉羽・久木田（2020）が丹念な整理と検討を行った上で一定の留保を付している。この論考は、創造性に必要な行為者性や自律性にまつわる議論（本節の末尾や注9を参照）や、類推が科学的発見に果たす役割（本章第4節で手短に触れる）などを扱っている点でも貴重である。

　また、創造性には、ただ単に新しいだけではなく、何らかの価値あるものを生み出すことが要請される、という点も納得しやすい。何が価値あるものなのかは文脈によって変化するにしても、従来は存在しなかったのは確かではあるけれども無価値なもの――ランダムにキーボードを打ち続けて現れた文字列など――については、創造性の発揮を認めがたいからである[6]。

　創造性の産物がしばしば驚くべきものであることについては、豊富な具体例が挙げられる。最も驚くべき例の1つとして、アインシュタインの相対性理論が、同時性についてそれまで不可能と思われていた見方を可能にした点で、非常に瞠目すべきものであったことに疑いはない。

創造性の3形態

　驚きは程度を許す概念だが、ボーデンが提案する創造性の3形態に照らすとその内実が捉えやすくなる。すなわち、①結合的（combinational）、②探索的（exploratory）、③変形的（transformational）、という創造の過程に注目した分類である[7]。これは厳密な区別というよりは、互いに重なりつつも、おおまかな目安としては役立つ分類であると理解すべきものだ。順に説明していこう。

　まず、①結合的創造性とは、なじみのあるアイデアや人工物をなじみのない仕方で組み合わせることで、新しく価値あるものを生み出すことを言う。科学における例として、ボーデンは原子を太陽系に、あるいは心臓をポンプになぞらえる科学の類推（アナロジー）などを挙げているが（Boden, 1990/2004, p. 3; 2016, p. 68）、マシュー・キーランが挙げるダイソンの掃除機の例もわかりやすい。工業的なサイクロン分離機のメカニズムを掃除機に転用するという発想は、既存の人工物同士の新しい組み合わせという意味で結合的なのである（Kieran, 2019, p. 170）。いずれの例でも、見知った産物のそれまでになかった結合――これが驚きを与える――によって創造が行われている。

---

6)　これは要するに、カントが『判断力批判』第46節で述べている、新しくはあっても「まったく無意味な、取るに足りない独創」（カント, 1964, p. 257）、いわゆる「オリジナル・ナンセンス」を排除するための要請である。

7)　ただし、以下での創造性の3形態の区別ならびに変形的創造性が最も深い驚きをもたらすというボーデンの主張に対しては、デイヴィッド・ノヴィッツによる批判がある（Novitz, 1999）。また、創造の過程に注目した整理としては、Paul & Stokes（2018）をも参照。

　次に、②探索的創造性とは、既存の概念空間の内部でまだ見出されていない新しいアイデアを発見することである。概念空間とは、科学における特定の理論や、チェスのようなゲームの定石といった、構造化された思考スタイルのことを指し、その内部で新しく価値あるアイデアを求めて探索が行われる（探索がなじみのものの結合によるときが①と②が重なる場合である）。概念空間そのものは既知であるにもかかわらず、その中で新たな産物が見出されるため、驚きが生じやすい。エイミー・カインドは、メンデレーエフの周期表という既知の概念空間におけるガリウムやゲルマニウムの発見、あるいはテクネチウムの合成を、驚きを与えた探索的創造性の例として挙げている（Kind, 2022, p. 28）。

　最後に、③変形的創造性は、②の探索的創造性と連続的なものであるが、それをさらに推し進めて、概念空間そのものに根本的な変容を加えることをも含んでいる。既存の思考スタイルに課せられていた諸制約を、脱落させたり、否定したり、置き換えたりすることで、それまでは不可能に見えていたことが可能になり、そのため最も深い驚きがもたらされる。すでに挙げた相対性理論の例に加えて、ケクレによるベンゼン環の構造の発見もしばしば取り上げられる（e.g. Boden, 1990/2004; Kronfeldner, 2009）。従来の概念空間では炭水化物は鎖状構造のみ可能とされていたが、ケクレはその制約を取り払って、環状構造も考えられるように概念空間を変形したのである。以上で述べた創造性の3形態に即して、ボーデンの言う驚きについては一定の理解が得られるだろう。

創造性に不可欠な条件

　ところが、創造性に関するボーデンの規定のうち、新しさと価値に対しては異論がほぼ提起されないのに対し、驚きについては不可欠の条件ではないとの指摘もしばしばなされる（e.g. Gaut, 2010; cf. Kind, 2022, pp. 29-30）。明らかに創造性が発揮されているケースでも、明確な目標を掲げた長期的なプロジェクトに基づいているがゆえに、創造の産物がごく当然の結果として受け止められることがある、というのがその主な理由である。本章でもこの指摘は妥当であるとして、驚きは確かに創造性にときに見られる顕著な特徴ではあるが、たとえそれを伴わなくても、新しく価値あるアイデアや人工物を生み出す能力として創造性を特徴づけておけば、理論的な検討を行うには十分であるとしよう[8]。

　なお、創造性を知的徳として捉えようとする場合、ここにさらに行為者性（agency）――総じて真理への到達に動機づけられて創造性を発揮する主体であること――という条件が求められることが少なくない[9]。本章の目標に照らせば、AIがこの条件をも満たす仕方で創造的でありうるかも検討したいところではあるが、人工物であるAIの行為者性や自律性――さらに志向性ないしは心――は、それ自体が大きな哲学的問題でもあるから（cf. Boden, 2014）、これについては最終節で少し触れるだけにとどめたい。それよりも、ここまでの概観をもとに、AIから創造性を学ぶ上で何が重要と思われるかの特定を優先しよう。それが次節の課題である。

3 │ AIの創造性

3形態の分類から考えるAIの創造性

　第1節の冒頭で例に挙げたAIは、科学的探究やテーブルゲームにおいて、新しく価値ある（ときに驚くべき）発見やアイデアをもたらしていることから、前節で特徴づけた創造性が認められる。また、ボーデンの3分類における①結合的創造性と②探索的創造性に限っては、人間よりもはるかに優れた創造性を

---

8)　本章では十分に検討できないが、心理学でもボーデンの規定のうちの2条件に当たる独創性と新規性が創造性の標準的定義とされる。概観としてRucco & Jaeger（2012）を参照。また、本人の意図や計画の及ばない霊感（inspiration）や洞察（insight）、予期せぬ仕方で生じるという意味での自発性・突発性（spontaneity）なども創造性の特徴とされるが、いずれも驚きと同様に、創造性にしばしば伴う顕著な特徴ではあるが不可欠の条件ではないものと考えておきたい。こうした特徴に自然主義的な説明を与える試みとしては、Kronfendner（2009; 2018）を参照。またそれにまつわる心理学上の知見については阿部（2019）が日本語で読めるモノグラフである。

9)　創造性の場合、想像力の発揮（Stokes, 2014; Kind, 2022）、適切な判断力や技能・気質（Kieran, 2014a; 2014b; 2019）、創造に必要な知識の行使やそれに先行する意図（Gaut, 2018）などが、行為者性の要素の例として挙げられる。なお、真理や知識への動機づけは、創造性に限らず知的徳一般に求められる特徴として、リンダ・ザグゼブスキらのいわゆる「責任主義」に分類される徳認識論で要請される側面である（e.g. Zagzebski, 1996, pp. 166-76）。他方、徳認識論の中でも、信念形成プロセスが真なる信念を生み出す度合を重視する「信頼性主義」では、責任主義ほど行為者性は重視されないが、創造性は「発見の境界線で働くため、正しいよりも間違うことの方がはるかに多いだろう」（Kieran, 2019, p. 169）という理由から、創造性を扱うには信頼性の概念を拡張するなどして対応する必要が出てくる（Kieran, 2019, pp. 169-70）。責任主義と信頼性主義の区別についての論点を含む徳認識論の概観としてBaehr（2004）; Turi, et al.（2017）; Battaly（2019）; 上枝（2020, Chapter 8）などを参照。

AI は発揮しうると考えてよい。膨大な数の組み合わせの候補や概念空間内で
まだ探索されていない広大な領域を効率よく自動的に調べて、そこから有用な
アイデアや人工物を見つけ出すことは、AI の得意とする課題だからである。
その意味では、AI から人間がこの二種類の創造性について学ぶ余地はあまり
なく、もはやそうしたタイプの課題は AI に積極的に任せるべき状況にある、
とも言えるかもしれない。

　では、残りの③変形的創造性についてはどうか。マータ・ハリナ（Halina,
2020）は、アルファ碁を中心的事例として、AI がまさに変形的創造性を発揮
していると論じている。ただし、そのあり方については、問題解決に関する心
理学の知見を参照しつつ、人間とは異なっているとも主張している——したが
って、AI の変形的創造性と言っても、以下でも述べるように、いわば「狭い」
範囲に限られることになる。ハリナの議論は本章の目標に大きく寄与すると思
われるため、本節では、補足を加えながらその内容を再構成しよう。

ハリナによる AI の変形的創造性をめぐる評価

　アルファ碁がどう働くかについて、ここでその技術的詳細に立ち入るのは控
えるが、ハリナが注目するのは、心的シナリオ構築（mental scenario building）
と領域特異的学習（domain-specific learning）として捉えられる 2 つの特徴で
ある。心的シナリオ構築とは、世界についての仮説を効率的に生成し、それを
（現実の世界においてではなく）頭の中でテストするという、人間などの動物も
行うシミュレーション能力のことだ。アルファ碁の場合、世界についての仮説
と言っても碁に関する仮説に限られるが、手の候補の範囲を現実の対局の状況
に応じて柔軟に調整しながら——つまり「しらみつぶし」的ではないやり方で
——探索を行い（この探索には手の評価という仮説のテストに当たるプロセスも
含まれている）、そこから打つべき手を発見することができるという点で、心
的シナリオ構築に準じる能力を備えていると言える[10]。もう 1 つの領域特異的

10）　アルファ碁のこの能力に想像力や判断力を伴う行為者性の発揮を見てとる議論の方向も可能で
　　あるが、第 2 節の末尾でも述べたように本章ではこの論点には深入りしない。ちなみにハリナはこ
　　の能力をデネットの言うポパー型生物の特徴と見ているが（Halina, 2020, p. 5）、それではグレゴリ
　　ー型生物ならではの創造性の特徴は存在するのかといった問いの検討は今後の課題になりうる。

学習とは、世界のある領域のみに特化した学習を行うことを意味している。ア
ルファ碁はまさに、碁に関して領域特異的学習を行った AI にほかならない。

　こうした特徴によりアルファ碁は、それまでの人間の棋士の手筋から大きく
離れた、非常に効果的な手を打つことができた。ハリナも引用するイ・セドル
の言葉では「私を最も驚かせたのは、人間なら創造的と考えたであろう手が、
実際には型にはまったもの（conventional）であることを示したことだ」（Kohs,
2017; Halina, 2020, p. 4）という具合だ。従来の人間の打ち方の範囲が、構造化
された思考スタイルというボーデンの意味での概念空間であるとすれば、アル
ファ碁はそうした既存の概念空間の外に出て、定石からはありえないと思われ
る手を繰り出した。これまで課されてきた制約からの脱却という点においてア
ルファ碁は変形的創造性を発揮した、とハリナは評価するのである。

　しかし、アルファ碁が示した創造性は、あくまでも碁というルールの決まっ
たゲーム内での手の探索に基づくものであるから、変形的創造性というよりも
むしろ探索的創造性なのではないか、との疑問がここで生じるかもしれない。
実際、先の解説でも示唆されているように、アルファ碁の強さの一端は、膨大
な数の可能な手の中から候補を効率的に絞り込んで行う「探索」の力に存する。
だが、そうした探索にとどまらず、ルールそのものに変更を加える過程まで含
まなければ、真の変形的創造性には届いていないのではないか、というのがこ
こでの疑問である。

　これはもっともな疑問なので、少し補足をしておこう。アルファ碁に対する
ハリナの評価は、あくまでもボーデンのもともとの変形的創造性の説明に立脚
しており、それは探索的創造性と連続的に捉えられている。ボーデンの説明に
よると、変形的創造性は概念空間が変わることを伴うが、概念空間とはルール
のような固定された制約のもとでの可能性の全体を指すものではなく、あくま
でも構造化された思考スタイルのことである。それゆえ、碁において人間がこ
れまで確立してきた定石の範囲から大きく外れた手を探索できるようになるこ
ともまた、既存の思考スタイルに変化をもたらす――それまで服していた制約
が取り払われる――という意味で、変形的創造性の一環になりうる。

　もちろん、こうしたケースについては、従来の制約の外に出てはいてもなお
も探索ではあるのだから、その側面を重視して、探索的創造性の極端なあり方

として捉えることも十分に可能ではある。だが、ともあれハリナはボーデンに忠実に、アルファ碁に見られるタイプの創造性を変形的創造性であると見なすのである。実際のところ、アルファ碁の創造性を探索的と変形的のどちらで呼ぶべきなのかは、ほぼ用語法の問題だと思われるので、アルファ碁に真の変形的創造性を認めないとする立場を選択することもできるものの（その場合ボーデンの分類の仕方を手直しすることになる）、さしあたりここではボーデンおよびハリナの見方と用語法を尊重しておきたい。

ラディカルな変形的創造性に見る人間と AI の違い

では、こうした用語法をめぐる異論が生じないような変形的創造性、つまり、まさにルール自体を変えてしまうような、概念空間の根本的な変容を含む創造性についてはどうだろうか。そうしたラディカルな創造性は、アルファ碁には見出されない。それはひとえに、アルファ碁の学習が領域特異的になされたものだという理由による。ハリナによれば、領域一般的な（domain-general）性質についての知識を活用するということが、アルファ碁をはじめとする現在の AI にはできないけれども人間には可能なタイプの変形的創造性を支えているのである。

創造的な問題解決に関する心理学実験でよく使われる古典的な「ろうそく問題」に即して説明しよう（Duncker, 1945）。被験者は、一本のろうそくとマッチ、そして画鋲が入った紙の箱を渡され、火を灯したろうそくを垂直な壁に取りつけるにはどうしたらよいかを問われる。なかなか思いつきにくいが、画鋲の箱を壁に画鋲で貼りつけて、それを台にしてろうそくを立てて火を灯す、というのが正解だ。ここでは、紙の箱を単なる容器としてではなく、ある程度の硬さを備えているがゆえに、ろうそくを立てる台としても利用可能である、ということに気がつけるかどうかがポイントとなる。そして、ここでの箱の硬さは、通常の物体であれば有しているという意味で、世界における特定の領域に限定されない——つまり領域一般的な——性質であり、それについての知識を用いることで、ろうそく問題が創造的に解決されうるのである。

領域一般的な性質のうち、特に物理的な性質の典型例として、硬さのほかに、重さや展性、あるいは流体性を物体がもつことや、他の物体との衝突・置換・

結合が可能であることなどが挙げられる。こうした性質についての知識は異なる領域間で成立しうるものであるから、既存の概念空間におおよそ矛盾なく追加することが可能であり、そうして概念空間を変容させることで、ときに変形的創造性の発揮を通じた柔軟な問題解決が導かれることになる。ハリナは扱っていないが、ケクレによるベンゼンの構造の発見もまた、この世界には直線的な鎖状構造だけではなく環状構造もありうる、という領域一般的な幾何学的性質についての知識が変形的創造性をもたらした例として位置づけられるだろう。

だが言うまでもなく、このタイプの変形的創造性が容易であるわけではない（だからこそ驚きや称賛をもって受け止められる）。ハリナも指摘するように、その発揮を阻む要因の 1 つが、機能的固着（functional fixedness）と呼ばれる認知バイアスである。これは、ある物体を特定の機能（たとえば画鋲を入れる容器）のみを担うものとして捉え、他の使い方（ろうそくを立てる台）を想像するのが困難になってしまう傾向のことを言う。われわれが日常生活を送る上で、身の周りの道具について用途をそのつど考えなくても迷わず自動的に使いこなせるのはこの機能的固着のおかげだが、それが領域一般的な性質についての知識を活用した変形的創造性の発揮を阻む要因ともなっているのだ。

ましてアルファ碁ともなると、もとより領域特異的学習しかしておらず、領域一般的な性質の知識を有していないので、それを活用した変形的創造性など望むべくもない。それどころか、その学習の徹底した領域特異性のせいで、たとえば、同じ碁であっても、現代の標準的な碁とはルールが少し違う朝鮮碁となると、アルファ碁はまともに打つことすらできなくなるほどだ。ハリナはこの点を、アルファ碁に限らず、それなりに能力や知識の転移（transfer）ができる人間と AI との大きな違いであると述べている。ただし、正確さを期して補足すると、AI に転移学習を行わせることはすでに可能になっているものの（Niu, et al., 2020）、いまのところその適用範囲は画像処理や音声認識などの特定領域内での類似のタスクに限定されており、人間に見られるような領域をまたいで通用する能力や知識の転移には至ってはいない、ということになる。

以上を AI 一般の創造性についての話としてまとめておこう。ボーデンによる分類のうち、結合的創造性や探索的創造性については、すでに AI は人間を凌駕する性能を誇るようになっている。残る変形的創造性のうちでも、領域特

異的学習に基づくいわば「狭い変形的創造性」は、アルファ碁に見るように人間をはるかに上回っているが、領域一般的な性質についての知識を用いるもの——便宜上「広い変形的創造性」と呼ぶ——にはいまのところ到達しておらず、ここに現状の AI の創造性の限界がある[11]。

4 ｜ AI による知的徳の涵養に向けて

創造性について AI から何が学べるか

　ここまでの議論をふまえて、人間は創造性——そして知的徳——についてAI から何が学べるか、また AI を人間の創造性を涵養するために使えるか、という問いの検討に移ろう。ただし、学ぶ余地の少ないと思われる結合的・探索的な創造性は考慮から外し、考察の焦点を変形的創造性に定めることにする（前節で触れたように、アルファ碁に見られるような狭い変形的創造性は探索的創造性の極端なタイプと見なすこともできるので、そうした見方に立てば、以下での検討は人間の探索的創造性の向上にも関わってくる）。

　狭い変形的創造性については、アルファ碁の例で見たように、AI が非常に秀でているだけに、そこからは人間が大いに学ぶことができると期待できる。ハリナによれば、前節で触れた機能的固着はこのタイプの創造性の阻害要因にもなる。機能的固着のせいで、何かを学ぶ過程で人間はすぐに固定された思考スタイルに陥ってしまうため、その外に出て柔軟に思考することは難しい。これは、人間という生物に課せられた認知的制約を考慮すれば、避けがたい傾向だ。あるタイプの物体に関して、その典型的な性質ないし機能に焦点を当てて学習し、もっぱらそれを記憶から呼び出して推論に用いるという戦略が、時間や情報処理能力が厳しく限定された条件下では適応的に働くと考えられるからである。これに対し AI は、人間には扱えない大規模な情報でも超高速で扱えるため、そのおかげで、人間のように思考スタイルの固定という戦略によるこ

---

11)　本文中の説明でも示唆されるように「狭い／広い」の区別は連続的でありうる。なお、本章の目標には直接かかわらない論点だが、ボーデンが主張するように（Boden, 2014）、概念空間に課されている既知の制約の組み合わせを遺伝的アルゴリズムで探索することにより、ルールそのものを変えるような変形的創造性も一部は AI で実現可能かもしれない。

となく——言いかえれば機能的固着に陥らずに——特定領域における課題に対して無数のアプローチを試みることができる。ハリナが示唆するように、AIはそうした固定的な思考スタイルという意味での概念空間を超えた思考やアイデアが（領域特異的ではあるにせよ）いかにして可能なのかを教えてくれるだろう（Halina, 2020, p. 13）。

　その一方で、広い変形的創造性は、アルファ碁をはじめ現状では AI によってはまだ実現されてはいないが、人間も決して得意ではない。そこで、以下のような方針が考えられる。領域一般的な性質に関する知識を AI に実装し[12]、それを積極的に使って問題解決に取り組むような設定にすることで、広い変形的創造性を人工的に実現ないしシミュレートする。そうして AI により実現される広い変形的創造性をつぶさに観察し、その実態の解明を進めていけば、人間にも発揮の仕方を学ぶ余地が生まれ、涵養のための手立ても明らかになるだろう。それはたとえば、類推的な発想を通じた変形的創造性に基づく問題解決能力の向上を促進してくれるかもしれない。類推が異なる領域間で共通する性質や構造を見てとることを要請するのであれば（ケクレの事例はそのことを示唆しているように見える）、そこでは領域一般的な性質に関する知識が行使されていると想定されることから、ここで考えている AI は、類推による創造性を人間が効果的に身につける上でのモデルとしても働いてくれるだろう[13]。

AI を用いて人間の創造性を高める

　さらに、AI から創造性を学ぶだけでなく、人間の創造性を直接的に高める道具として AI を使う方向も考えられる。1 つは、機能的固着をはじめとする人間が陥りがちな思考スタイルの固定化をパーソナライズされた仕方で AI に明らかにしてもらうという用途である。個人の問題解決の過程をつぶさに観察

---

[12]　ハリナも触れているように（Halina, 2020, p. 13）、そうした知識としての直観物理学などを AI に組み込んで人間の認知を模倣しようという提案もある（e.g. Lake, et al., 2017）。

[13]　類推は広い変形的創造性をときに可能にはするものの、必ずしも領域一般的な性質に関する知識を使うものではない（少なくとも使わないケースもある）との想定も可能であろう。その場合、広い変形的創造性にも多様な形態があると考えられる（編者の鈴木からの示唆による）。一方、第 2 節でも見たように、ボーデンの当初の分類では、類推は異なる領域に属するアイデアを組み合わせるという意味で、結合的創造性に関わるとされていた。いずれにせよ、類推と創造性というトピックをめぐっては——ボーデンの分類の再検討を含めて——今後いっそう精細な議論が必要となる。

し、大量のデータを収集して、問題へのアプローチに見られる各人の特徴を検出・分類する——これはまさに AI が得意とする課題だ。そこに創造性の発揮を阻むような傾向が潜んでいることが判明した場合、それを AI に指摘させることで、思考スタイルの固定化が回避しやすくなる。もう1つは、広い変形的創造性の発揮の促進を目的に、領域一般的な性質についての知識を用いるように AI がサジェストしてくれるという方向である。人間が難しい問題に取り組んでいるとき、領域特異的な解決を許さない、抜本的なアイデアを必要とする場面にしばしば突き当たる。そこで AI が当該の問題に含まれる条件や対象のもつ領域一般的な性質を検出して人間に提示すれば、それについての知識を活用した創造的な問題解決の可能性が開かれうる。AI を教育ツールとして用いるという発想はすでに検討が進んでいるが（e.g. Zeide, 2021）、以上のように、思考の柔軟性の促進を通じて人間の創造性を向上させる道具としても、AI の使用を考えることができるのである。

　とはいえ、懸念すべき点もいくつかある。最も重大と思われるのは、広狭を問わず、AI が発揮する変形的創造性が人間の理解の及ばない範囲にある、という可能性だ。深層学習を用いた AI については、その膨大な情報処置の過程を人間がすみずみまで把握することはできない、というブラックボックス的な側面が知られている（Castelvecchi, 2016）。そうした計算論的な不透明さを削減するための取り組みとして、説明可能な AI（explainable AI: XAI）の研究が進められているが（cf. Samek, et al., Eds., 2019）、深層学習を用いた AI の性能と説明可能性とはトレードオフの関係にあるため（DARPA, 2016）、AI の変形的創造性が人間に理解できるような仕方で完全に説明できるようになるとは限らない。この問題に関わる技術的な予測は難しいが、それでもある程度の解明がなされた部分に関しては、人間にも涵養することのできる範囲の変形的創造性について有益な示唆を与えてくれるだろう[14]。

---

14)　他には、広い変形的創造性にまつわる懸念として領域一般的な性質についての知識をどうすれば実装できるのかという問題が挙げられる。これは汎用 AI の実現可能性にも関わる問いであり、生得説と経験主義のどちらに近いアプローチで AI に学習をさせるのか（Buckner, 2019）、そうした知識の獲得には身体性も必要なのか（鈴木, 2021）、といった哲学的な問いとも密接に結びついている。なお、AI に領域一般的な知識を獲得させると、せっかく領域特異的学習で身につけた強力な狭い変形的創造性が低下する（要するにアルファ碁が弱くなる）可能性も考えられるが、この点

AIを他の知的徳の涵養に役立てる可能性

　最後に、議論を知的徳一般と関連づけながら、今後の課題や残された論点を手短に示すことにしたい。論点の1つは、知的な勇敢さや先入観のなさ、開かれた心といった、創造性以外の知的徳の涵養の可能性である。既存の概念空間を勇敢にも超え出て、新しいアイデアを先入観なく探り、開かれた心で受け入れるという具合に、いま挙げた知的徳は明らかに創造性とつながっており、しかもある程度まで互いに結びついていると考えるのが自然である。上で述べた方向で今後AIが創造性について深い理解をもたらすようになれば、それに基づいて効果的に創造性の向上が図れるような学習課題が設定できるようになると見込まれる。だとすれば、そうした課題に取り組むことで（個人ごとに最適な課題をAIが設定してくれるようになるかもしれない）、われわれは創造性とともに、それと結びついたさまざまな知的徳も涵養できるようになるだろう。こうした方向が創造性に限らず一般化できるなら、AIから学ぶことで向上が図りやすくなる知的徳の特定と、そこで特定された知的徳と他の知的徳との相互の結びつきの解明が課題となる。

　だが、知的徳の涵養に関しては、行為者性の側面をどう扱うかも大きな論点として残る。本章ではミニマムな規定に基づく創造性の概念に依拠して議論を進めてきたが、それだけに、真理到達への動機づけのような知的徳の要素をいかに育むか、といった問いは直接的には検討できていない。たとえば湯川秀樹は執念深さの重要性に触れているが（湯川, 2021, pp. 62-67）、それ自体が知的徳の1つである好奇心を培うことも創造性の涵養にとっては重要であろう。いずれにせよ、創造性を含む知的徳の行為者性ないし動機づけ的な側面をターゲットにした涵養の手立ての検討が今後の課題の1つとなるが、そうした側面は倫理的徳の獲得をめぐる徳倫理学の議論で重視されてきたものだ。したがって、行為者性の育成を含む十全な知的徳のAIによる涵養を目標に掲げるならば、徳認識論のみならず徳倫理学の蓄積をも積極的に活用し、最終的には知的徳と倫理的徳の統合的涵養を目指した包括的なアプローチを構想するのが有望な研究プログラムとなるだろう。

　は指摘するだけに留めて検討は別の機会に譲りたい。

参照文献

Audi, R. (2018). Creativity, imagination and intellectual virtue. In B. Gaut, & M. Kieran (Eds.), (pp. 25-41).

Baehr, J. (2004). Virtue epistemology. In J. Fieser, & B. Dowden (Eds.), *The Internet Encyclopedia of Philosophy*. https://iep.utm.edu/virtue-epistemology/

Baehr, J. (2018). Intellectual creativity. In B. Gaut, & M. Kieran (Eds.), (pp. 42-59).

Battaly, H. (2018). Extending epistemic virtue: extended cognition meets virtue-responsibilism. In A. Carter, et al. (Eds.), *Extending Epistemology* (pp. 195-220). Oxford: Oxford University Press.

Battaly, H. (2019). Introduction. In H. Battaly (Ed.), (pp. 1-11).

Battaly, H. (Ed.). (2019). *Routledge Handbook of Virtue Epistemology*. New York: Routledge.

Boden, M. A. (1990/2004). *The Creative Mind: Myths and Mechanisms* (Second Edition). New York: Routledge. (本文中での参照頁は第2版のものである)

Boden, M. A. (1995/2006). Could a robot be creative: And would we know? In K. M. Ford, et al. (Eds.). *Thinking about Android Epistemology*. Cambridge, Massachusetts: MIT Press.

Boden, M. A. (2014). Creativity and artificial intelligence: A contradiction in terms? In E. S. Paul, & S. B. Kaufman (Eds.), (pp. 224-244).

Boden, M. A. (2016). *AI: Its Nature and Future*. Oxford: Oxford University Press.

Boden, M. A. (2018). Creativity and biology. In B. Gaut, & M. Kieran (Eds.), (pp. 173-192).

Buckner, C. (2019). Deep learning: a philosophical introduction. *Philosophy Compass, 14*, e12625.

Carter, A. (2019). Virtue epistemology and extended cognition. In H. Battaly (Ed.), (pp. 420-432).

Castelvecchi, D. (2016). The black box of AI. *Nature, 538*, 20-23.

DARPA (2016). Explainable artificial intelligence (XAI). *DARPA-BAA, 16-53*.

Dennett, D. C. (1975). Why the law of the effect will not go away. *Journal of the Theory of Social Behavior, 5*, 169-187.

Duncker, K. (1945). On problem-solving (Lees, L. S., trans.). *Psychological Monographs, 58*(5), i-113.

Gawehn, E., Hiss, J. A., & Schneider, G. (2015). Deep learning in drug discovery. *Molecular Informatics, 35*, 3-14.

Gaut, B. (2018). The value of creativity. In B. Gaut, & M. Kieran (Eds.), (pp. 124-139).

Gaut, B., & Kieran, M. (Eds.). (2018). *Creativity and Philosophy*. New York: Routledge.

Glăveanu, V. P., & Kaufman, J. C. (2019). Creativity: a historical introduction. In J. C.

Kaufman, & R. J. Sternberg (Eds.), *The Cambridge Handbook of Creativity* (Second Edition) (pp. 9-26). New York: Cambridge University Press.

Glăveanu, V. (2021). *Creativity: A Very Short Introduction*. Oxford University Press.

Halina, M. (2020). Insightful artificial intelligence. *Mind and Language*, 2021, 1-15.

Hawley, K. (2018). Creativity and knowledge. In B. Gaut, & M. Kieran (Eds.), (pp. 60-73).

Hofstadter, D. R. (1982a). Can creativity be mechanized? *Scientific American, 247*, September, 18-34.（「創造のひらめきは機械化できるか？」, ホフスタッター『メタマジック・ゲーム』所収）

Hofstadter, D. R. (1982b). Variations on a theme as the essence of imagination. *Scientific American, 247*, October, 20-29. Rep. in Hofstadter (1996).（「創造と想像の本質は主題の変奏にあり」, ホフスタッター『メタマジック・ゲーム』所収）

Hofstadter, D. R. (1996). Metamagical Themas: Questiong for the Essence of Mind and Pattern. New York: Basic Books.（ダグラス・R・ホフスタッター『メタマジック・ゲーム――科学と芸術のジグソーパズル』竹内郁雄他訳, 白揚社, 1990年（新装版 2005 年））

Kieran, M. (2014a). Creativity as a virtue of character. In E. S. Paul, & S. B. Kaufman (Eds.), (pp. 125-144).

Kieran, M. (2014b). Creativity, virtue and the challenges from natural talent, ill-being and immorality. *Royal Institute of Philosophy Supplement, 75*, 203-230.

Kieran, M. (2019). Creativity as an epistemic virtue. In H. Battaly (Ed.), (pp. 167-177).

Kind, A. (2022). *Imagination and Creative Thinking*. New York: Cambridge University Press.

Kohs, G. (2017). *AlphaGo*. Reel as Dirt.（動画）https://www.alphagomovie.com/

Kronfeldner, M. E. (2009). Creativity naturalized. *The Philosophical Quarterly, 59* (237), 577-592.

Kronfeldner, M. E. (2018). Explaining creativity. In B. Gaut, & M. Kieran (Eds.), (pp. 213-229).

Lake, B. M., Ullman, T. J., Tenenbaum, J. B., & Gershman, S. J. (2017). Building machines that learn and think like people. *Behavioral and Brain Science, 40*, 1-72.

Mishra, D. K., & Awasthi, H. (2021). Artificial intelligence: A new era in drug discovery. *Asian Journal of Pharmaceutical Research and Development. 9*(5), 87-92.

Niu, S., Liu, Y., Wang, J., & Song, H. (2020). A decade survey of transfer learning (2010-2020). *IEEE Transactions on Artificial Intelligence, 1*(2), 151-166.

Novitz, D. (1999). Creativity and constraint. *Australasian Journal of Philosophy, 77* (1), 67-82.

Paul, E. S., & Kaufman, S. B. (2014). Introducing *The Philosophy of Creativity*. In E.

S. Paul, & S. B. Kaufman (Eds.), (pp. 3-14).

Paul, E. S., & Kaufman, S. B. (Eds.). (2014). *The Philosophy of Creativity: New Essays*. New York: Oxford University Press.

Paul, E. S., & Stokes, D. (2018). Attributing creativity. In B. Gaut, & M. Kieran (Eds.), (pp. 193-209).

Samek, W., Montavon, G., Vedaldi, A., Hansen, L. K., & Mueller, K. (Eds.). (2019). *Explainable AI: Interpreting, Explaining and Visualizing Deep Learning*. New York: Springer.

Sejnowski, T. J. (2018). *The Deep Learning Revolution*. Cambridge, Massachusetts: MIT Press. (テレンス・J・セイノフスキー『ディープラーニング革命』銅谷賢治監訳, ニュートンプレス, 2019 年.)

Silver. D., Hubert, T., Schrittwieser, J., Antonoglou I., Lai, M., Guez, A., Lanctot, M., et al. (2018). A general reinforcement learning algorithm that masters chess, shogi, and Go through self-play. *Science, 362*(6419), 1140-1144.

Stokes, D. (2014). The role of imagination in creativity. In E. S. Paul, & S. B. Kaufman (Eds.), (pp. 157-184).

Turri, J., Alfano, M., & Greco, J. (2017). Virtue epistemology. In E. Zalta (Ed.). *Stanford Encyclopedia of Philosophy*. https://plato.stanford.edu/entries/epistemology-virtue/

Young, M., (2021) Astronomers use AI to investigate quasars and galaxies galore. *Sky and Telescope*, April 14, 2021. https://skyandtelescope.org/astronomy-news/astronomers-use-ai-to-investigate-quasars-and-galaxies-galore/

Zagzebski, L. T. (1996). *Virtues of the Mind: An Inquiry into the Nature of Virtue and the Ethical Foundations of Knowledge*. New York: Cambridge University Press.

Zeide, E. (2021). Robot teaching, pedagogy, and policy. In M. D. Dubber, et al. (Eds.). *The Oxford Handbook of Ethics of AI* (pp. 789-803). New York: Oxford University Press.

阿部慶賀 (2019). 『創造性はどこからくるか――潜在処理, 外的資源, 身体性から考える』共立出版.

上枝美典 (2020). 『現代認識論入門――ゲティア問題から徳認識論まで』勁草書房.

大塚淳 (2020). 『統計学を哲学する』名古屋大学出版会.

カント (1964). 『判断力批判 (上)』篠田英雄訳, 岩波書店.

呉羽真・久木田水生 (2020). 「AI と科学研究」, 稲葉振一郎他編『人工知能と人間・社会』勁草書房, 所収.

鈴木貴之 (2021). 「深層学習の哲学的意義」『科学哲学』第 53 巻 2 号, 151-167.

湯川秀樹 (2021). 『科学者の創造性――雑誌『自然』より』中央公論新社.

＊本章は JST/RISTEX の研究開発プログラム「人と情報テクノロジーの共生のため

の人工知能の哲学 2.0 の構築」および科研費 21K18351 の研究成果の一部である。

第8章 人工知能と人間らしさ

立花幸司

　人工知能が社会のさまざまなところで実装されるようになると、人間が人間
として素晴らしくあるために必要となる「徳」は何か変化を被るのであろうか。
本章では、人工知能が「人間らしさ」に与える影響を考えながら、これからの
社会でよりよく生きていくために必要な（そして必要でなくなるかもしれない）
「徳」について考察する。

1 問題の所在——人工知能と人間らしさ

社会を支える人工知能

　人工知能は社会のさまざまな場面で実装されている。たとえば、多くの製造
業では、工場のラインで生産される大量の自社製品の不良品を検出する際に人
工知能を活用している。画像認識技術に特化した人工知能を搭載した機械を用
いることで、外観検査によって不良品を見つけ出すことができるのである。ま
た、どのクレジットカード会社でも、顧客のカードが不正使用されていないか
を判定する際に人工知能を用いている。人工知能は、顧客の使用状況をモニタ
リングし、その使用パターンを把握することで、不正使用された可能性の高い
ケースを検出することができるからである。

　しかし、人工知能が直接私たちの目に触れることのないそうした専門的な用
途で使われていたり、プログラムの中でひっそりと使われていたりする場合、
その人工知能のあり方が問題視されることはほとんどない。実際、大量生産さ
れる製品の検品に人工知能を使うことを疑問視する人もいないし、クレジット

カードの不正使用は人力で調べるべきだと非難する人もいない。それどころか、そうした場面で人工知能が使われていることに気づいている人すらほとんどいないというのが実際のところだろう。つまり、人工知能が目に留まらない形で社会に実装されているとき、一般の人々の関心を惹くことはほとんどないのである。

　では、人工知能の存在を気にし、そのあり方に関心をもつようになるのはどのような場面だろうか。それは、人工知能の社会実装によって社会が素晴らしくなるような場合であろうか。たしかに、洗練された技術とアイデアを詰め込んだ製品の登場により、これまでできないと思われていたことができるようになり、それによって私たちの社会生活がより快適で充実したものになると思えるとき、私たちはそれを支える人工知能というものに関心をもつ。このときの関心のもち方は多様で、「どういう仕組みだろう」という科学的好奇心の場合もあれば、「これからこの分野で一儲けできないだろうか」という商業的関心の場合もある。しかし、多くの一般市民は、「人工知能というのはすごいなあ」という程度で、それ以上の関心を向けないのではないだろうか。それは、20世紀の哲学者マルティン・ハイデガーが『存在と時間』の中で分析してみせたように、道具が「用具的存在」として生活の中に埋め込まれ埋没している状態である（ハイデッガー, 1994（上）, pp. 174ff.）。スマートフォンや電子レンジを使っているほとんどの人は、そうした機器を「便利だなあ」と思っていても、それが何か目的をもった道具として生活の中でスムーズに機能している限り、それ以上は関心を向けなくなるのである。

脅威としての人工知能

　むしろ、その存在をより意識するようになるのは、用具として継ぎ目なく滑らかに生活に織り込むことができなくなったとき、ある種の棘のように違和感を感じさせるようになったときである。つまり、人工知能の社会実装が私たちにとって問題だと思わされるときである。たとえば、街中に設置された無数の防犯カメラや定点カメラに高度な顔認識機能をもった人工知能が搭載されるかもしれないとなると、屋外にいる間はまったくプライバシーがなくなってしまうのではないだろうかと不安になる。情報科学の進展で人工知能はもっといろ

いろなことを高い精度でできるようになるだろうという予測を聞くと、これまで人間が行ってきた多くの仕事が人工知能に奪われ生活ができなくなるのではないかという意見が出る。人工知能による自動運転車や手術方法が確立され社会に広まると言われると、交通事故や医療事故が起きたときにきちんと責任が追求できなくなるのではないだろうかと気掛かりになる。人工知能を搭載した無人戦闘機の開発が進んでいるというニュースを見ると、国家はこれまでよりも安易に戦争に手を出すようになるのではないだろうかと訝しむ。このように、私たちの生活を脅かしたり社会を望まない方向に変化させたりするのではないかという危機感を感じさせるとき、私たちは人工知能のあり方に他人事でない関心を向ける。それはまさしく、人工知能の社会実装によって、私たちの人生が脅かされるかもしれないからである。

　プラトンの『パイドロス』には、「文字の発明」がもたらす功罪を議論する箇所がある。そこでは、人間の知恵が増進するという利益があるのか、あるいは文字に依存することで人間の記憶力が低下するという害悪があるのか、ということが問題となっている。たしかに、どのような技術にも良い面と悪い面がある。技術哲学の分野では、プラトンのこの議論は新たな技術の登場は人間の機能の拡張と衰退をもたらすという考え方の起源として位置づけられている（柴田, 2022, pp. 20ff.）。

　新たな技術に対する期待と不安は人類の歴史の中でつねに見られるとしても、期待であれ不安であれ、その見通しは現状の人工知能の到達点やその発展の速度についての現実的な予測に基づいて慎重に見積もる必要があるだろう。しかし、そうした現実的な見方とは別に、それ自体として考えていく価値のある問題がある。それは、将来的な事柄として、限定的な意味では人間のような（あるいは人間を超えた）知能を有した、しかし人間ではない人工物が存在するようになるとき、人間の社会の中でそうした人工物が果たすべき役割は何なのか、踰えるべきでない矩は何なのかという規範的な問いである。将来、現在の私たちが予想しなかった速度や方向性で科学技術が進歩した結果、そうした人工知能が登場するかもしれないのだから、この問いに取り組むことは、その来たるべき時代のために心の準備をしておくことにつながるかもしれない。しかし、この問いに取り組むことにはそれ以上の意義がある。なぜなら、将来の実現可

能性を脇に置いておくとしても、そうした高度な人工知能を備えた人工物のあり方を1つの鏡とすることで、人間らしさとは何かを考えることができるからである。

人工知能と倫理、2つの関わり方

人工知能と人間の関わり方としては、人工知能と倫理の問題がある。人工知能と倫理の関係としてはじめに思いつくのが道徳的な人工知能の問題である。古典的には、SF作家のアイザック・アシモフが『われはロボット』の中で挙げた、ロボットが従うべき以下の3つの原則が思い出される（アシモフ, 1983, p.5）。

1. （無危害原則）ロボットは人間に危害を加えてはならない。また、その危険を看過することによって、人間に危害を及ぼしてはならない。
2. （服従原則）ロボットは人間にあたえられた命令に服従しなければならない。ただし、あたえられた命令が、第一条に反する場合は、この限りでない。
3. （自己防衛原則）ロボットは、前掲第一条および第二条に反するおそれのないかぎり、自己をまもらなければならない。

これら3原則は、ロボットの作動が道徳的なものになるための条件である。この3原則を転用したり発展させたりすることで、工業機械や情報機器、そして人工知能を搭載したデバイスが道徳的に作動するための条件を考えていくことができる。たとえば、人工知能を搭載した自動運転車は、乗客を害するような運転をしてはならない、といった道徳規則が考えられる。しかし、この規則だけで自動運転車が道徳的になるわけではない。なぜなら、車道に飛び出してきた歩行者を避けようとすると電柱に衝突して乗客が死傷する恐れがある場合、歩行者の命と乗客の命のどちらを優先するのかという道徳的な難問が生じるからである。第一原則はどちらにも適用されるので、この原則から答えを導くことはできないのである（ウォラック＆アレン, 2019）。それゆえ、ロボット3原則を手掛かりに、人工知能が搭載された人工物の作動が道徳的なものになるた

めの規則群を、それぞれの業種で導き出す必要がある。

しかし、人工知能と倫理の関係は、道徳的な人工知能の問題だけではない。人工知能の登場により、これまで人間だからこそできると思われていたさまざまな活動が人工知能にとって代わられるようになる。それにより、人間だからこそという独自性が揺らぎ始める。そんな人工知能が当たり前になった社会で、人間のすばらしさ、人間らしさとは何なのか。人工知能を鏡にして、人間らしさという問題が映し出されるのである。

2 「人間らしさ」としての徳

人間の独自性や人間としてのすばらしさ、あるいは人間らしさと言われるものは、伝統的には「徳」という概念で捉えることができる。本節では、徳とは何かについて概観を得ることとする。

プラトンとアリストテレス

「徳」とは、人間の人間としての卓越性を意味する言葉である。この概念の歴史は古く、古代ギリシアで用いられていた「arete（アレテー）」にまで遡ることができ、ラテン語の「virtus」を経て、英語の「virtue」やドイツ語の「die Tugend」など、近代欧米諸語にその現代的な形を見ることができる。他方で、「徳」という概念は東洋にも見ることができ、仏教の漢訳や儒教の用語として用いられてきた。しかしここでは、主に西洋諸語で捉えられてきた事柄としての「徳」に注目しながら、この概念について概観する。

徳という概念の歴史はホメロスにまで遡ることができるが、最初期の整理はプラトンの手による。プラトンは、初期対話篇の中でさまざまな徳について探究しているが、主著である中期の作品『国家』の中で、人間が備えるべき徳を知恵、勇気、節制、正義、の4つにまとめている（プラトン, 1979）。古代においてはプラトン学派だけでなく、アリストテレス学派やストア派などもおり、それぞれがそれぞれの徳の理論を構築していたが、プラトンが掲げたこの4つの徳はのちにキリスト教の中で枢要徳（cardinal virtues）として位置づけられ、キリスト教化された西洋世界における徳理解の根幹を形成することとなる。

　プラトンの弟子にして最大の論敵でもあるアリストテレスは、さまざまな面でプラトンを批判しつつ（それゆえその後のキリスト教社会とも微妙な距離感をとりつつ）、徳について独自の理論を構築した。

　アリストテレスが初めに行ったことは、人柄に関する徳と知性に関する徳の区別である（アリストテレス, 2015/2016）。プラトンは「知恵」として言及する徳について、ソフィアーやフロネーシスなど複数の言葉を充てている。アリストテレスは、まずこれらを区別することから始めた。人間の理性の卓越性を「知的な徳」と呼び、この徳には5種類あるとした。科学に代表される普遍的な知識に関わる「知性」「学問的知識」「知恵」と、普遍的ではなく実践的な知識に関わる「思慮深さ」と「技術」である。知性は学問の前提となる命題に関わり、学問的知識はその命題群から推論される結論に関わる。そして知性と学問的知識の両方を兼ね備えた状態が知恵という卓越性である。他方で、思慮深さは行為に関わる卓越性であり、技術は製造に関わる卓越性である。

　以上の5つの思考の徳を整理した上で、それと対をなすものとしてアリストテレスが名づけたのが「人柄の徳」である。アリストテレスにとって、人間の人間らしさ、人間が人間たる所以は理性にある。それゆえ、知的な理性の発揮こそが人間らしさ、すなわち人間の徳である。しかしながら、私たちの欲求や感情、そしてそれによって生じる行為も、理性に聞き従うことがあるという点で理性的な側面をもつ。そこで、知的なものと並んで人柄についても「人間らしさ」つまり徳が語りうるという立論をした。そして、人柄の徳は人の欲求・感情・行為に関わる卓越性であるため、その種類は多岐にわたる。勇気や節制といったプラトンも挙げていた伝統的な徳目を性格の徳の代表格としながらも、アリストテレスは機知や気前よさなど12の徳目を、人間の優れた性格のあり方として挙げている。ここまで述べたアリストテレスの分類をまとめれば以下のようになる。

- 知的な徳
  - 普遍的な知識に関わる徳
    - 知性：推論の前提となる知識
    - 学問的知識：推論の結論となる知識

　　　・知恵：推論の前提と結論を含む全体的な知識
　　・実践的な知識に関わる徳
　　　・思慮深さ：行為に関わる知識
　　　・技術：制作に関わる知識
　・人柄の徳
　　・欲求・感情・行為に関わる徳
　　　・勇気、節制、機知、気前よさ……等

　人柄の徳は数が多く、さらにそれぞれの徳に対しては超過と不足の2種類の悪徳も論じられているため、ここでは一部の徳の名前を挙げるにとどめている。また、このまとめが示すように、行為、つまり私たちが現在「倫理学」という名のもとに呼んでいる人間の倫理道徳に関係する徳は、知的な徳と人柄の徳の双方にまたがっている。

現代の分類

　1950 年代になると、古代の徳の思想を現代に復権した現代徳倫理学が登場する。また、1980 年代には、現代徳倫理学の認識論への応用として徳認識論が登場する。この段になると、徳についてやや異なる分類方法が登場する（上枝, 2020）。論者によって整理の仕方はそれぞれ異なるが、現状を全体として見れば、現代徳認識論では、「知的徳／認識的徳（intellectual/cognitive virtues）」と「道徳的徳（moral virtues）」という分け方がなされる。知的徳とは、私たちが知識を獲得したり形成したりする際に必要となる卓越性であり、知的好奇心や他人の意見に耳を貸す謙虚さなどが挙げられる。他方で、道徳的徳とは私たちが道徳的に生きるために必要となる卓越性であり、アリストテレスが性格の徳として挙げていた節制などを指す。

　ただ、ややこしいことに、アリストテレスが知的な徳の1つとして挙げた思慮深さは、現代徳認識論では、そして一部の現代徳倫理学でも、道徳的徳に分類されている。アリストテレスの言葉で言えば、フロネーシスは人のあり方（倫理）に関わる徳なので、これを道徳的徳と呼ぶことは間違いではない。しかし、この分類では、思慮深さは人間の知的な能力であるとしたことのポイン

トを見失いやすくなってしまう。言い換えれば、勇気や節制などの徳と、思慮深さという徳の間にある質的な違いが消えてしまうということである。このことから、最近では、思慮深さを「メタ的な徳（meta-virtue）」と呼んで区別する動きもあるが、どのような理由で思慮深さがメタ的なのかは不明瞭なままという問題も残る。

　このように、徳の分類については古代と現代で重要な点において異なるので、（どちらでもよいと言えばよいのだが）以下では、そのあたりを必要に応じて適宜指摘しながら、主に現代の枠組みで進めていくこととする。

　いずれにせよ、徳に関する以上の整理をふまえた上で、人工知能社会における人間らしさとして、2つの可能性を考えていくことができるだろう。まず、人工知能自体を道徳的にするというのとは異なり、人工知能を用いて人間を素晴らしいものとするという可能性である。つまり、人工知能を用いた徳の育成である。もう1つは、人工知能が広まった社会で素晴らしく生きていく上で必要になる新たな徳の可能性である。つまり、人工知能社会における人間の徳である。以降では、それぞれを順に検討していく。

3 ｜ 人工知能を用いた徳の育成

　人工知能を用いた徳の育成としてどのような可能性があるのだろうか。また、どのような徳が育成可能なのだろうか。知的な徳と道徳的な徳のそれぞれについて簡単に検討していくこととしよう。

知的な徳の育成

　私たちが知的な徳と呼ぶ知的能力に関わる人工知能については、すでにさまざまな仕方で社会実装されている。

　1つには、学習アプリを挙げることができる。学習者の苦手なところを分析しながら学習者ごとに問題をカスタマイズすることで、知的好奇心を刺激し、粘り強く思考することを促すようデザインされた問題を出すアプリは少なくない。国語や算数といったいわゆる学校の教科ごとにそうしたアプリは存在し、それらの学習を通じて学力を高めるのみならず知的な徳を身につけることがで

きる。さらには、純粋に論理的推論や知的パズルといった、もっと一般的に知的能力を育むアプリを通じてそうした徳を身につけることもできる。年代についても、幼児を対象とした知育アプリから、成人を対象としたものまで幅広くある。そのように考えると、知的な徳を育むための人工知能はすでに社会の中に広まっていると考えることができる。

　他方で、学習アプリとは異なり、特定の成果を出すために使うことのできる人工知能も世の中には多い。たとえば、自然科学の研究分野では、これまでの論文を大量に読み込ませることで、新たなタンパク質の設計の可能性を指摘したり、新たな創薬の可能性を指摘したりするために人工知能が活用されている。また人文科学や芸術の分野でも、イメージを言葉で伝えることでそれらしい絵を描かせたり、気になるトピックについて質問することで関連する内容を要約した文章を生成させるといった形で、人工知能が活用されている。そうした人工知能の活用が、これまで人間の知的な活動の成果として生み出されてきたものと同等かそれ以上の成果をもたらすとしても、そうした人工知能を用いる人の知的な徳を高めていることになるのかどうかは定かではない。実際には、それを使う人次第というところではあるだろうし、そうしたことは、経験的に調査することである程度把握することができるだろう。

　本章にとってより興味深いのは、そうしたものを使う側にそれなりの徳が求められていくようになるかもしれないという可能性である。これについては次節で検討することにして、次に人工知能の活用による道徳的な徳の育成の可能性についてもう少し考えてみよう。

道徳的な徳の育成

　では、道徳的な徳の育成についてはどうだろうか。いくつか提唱されているのは、人工知能を使って人間の道徳的判断をサポートするというものである。

　スペインのフランシスコ・ララとイギリスのヤン・デッカーズは、ソクラテス的人工知能というものの可能性を提唱している（Lara & Deckers, 2019）。これは、医療倫理の分野などで、医療従事者が意思決定を下さなくてはならない場合、患者の情報や医療方針を伝えると考慮すべき事項をアドヴァイスしてくれたり、見落としがちなポイントを指摘してくれたりするというものである。

そうしたソクラテス的な人工知能との対話を通じて、道徳的により適切な判断を医療従事者は下すことができるようになる。このアイデアが興味深いのは、単に結論を伝えるだけではなく、使用者である医療従事者の道徳観を育てることで、医療従事者の主体性を保とうという役割も備えていることである。医療従事者は、ソクラテス的人工知能と対話をしながら判断を形成することで、何をどのように考慮すればよいのかという眼を養っていくことができる。このアイデアが具体的にどのような道徳的徳を育むのかは使用者ごとに異なるだろうが、医療倫理の観点から医療従事者に求められる道徳的な徳を育むことができる仕組みとなっている。

　人工知能を用いた同様の仕組みとしては、京都大学の研究者らが開発した「ブッダボット」というものがある。これは、最古の仏教経典である『スッタニパータ』を解釈し、それを Q & A のリストにしたものを人工知能に学習させることで、人間の質問に仏教的な観点から答える人工知能である。ブッダボットを用いることで「『幸せになるための教え』という仏教本来の役割を取り戻す」ことが期待されているという（京都大学, 2021）。その後、民間企業がブッタボットを搭載したスマートフォン用拡張現実アプリを開発し、「仏教哲学コンサルティングサービス」として商業化を行っている（PRTIMES, 2022）。開発した企業の説明によれば、これは、「仏教に関する知見がなくても仏教の教えを知ることができ、それによって社員の悩みを解決へと導」くもので、たとえば「キャリアについて悩んでいる」と質問すると、「"貪"（執着）、"慢"（自己過大評価）、"嫉"（嫉妬）の感情を制御しながら、目標達成に向けた道筋と方法を明確化すること」を提案してくれる。これにより、「働く人にとって役立つ実践的な教えを説いてくれ」るとのことである。ブッダボットの特徴は、仏教的な倫理観や概念的な枠組みからアドヴァイスを行う点である。第2節で触れたように、徳は洋の東西のそれぞれで見られる考え方であることから、日本という歴史的文化的背景をふまえた徳の育成を検討する場合、こうした仏教的な人工知能が果たすべき役割は少なくない。

　ソクラテス的人工知能やブッダボットといった人工知能の特徴は、私たちが直面する場面に関して、実践的な判断をサポートしてくれることである。こうしたサポートは目の前の問題を解決すると同時に、今後類似した場面に直面し

た際に、どのような価値観や感情で向き合った方がいいのか（あるいは向き合わない方がいいのか）について使用者に教訓を与えてくれるだろう。

悪徳の育成

　もちろん、人工知能を用いた徳の育成が可能であるなら、同様に悪徳の育成に用いることも可能であろう。これは、意図的に悪徳を育もうとして人工知能を用いるというよりも、結果的に悪徳を醸成してしまうような人工知能の使用法として考えられる。たとえば、大学の授業で、英文読解が求められているとしよう。そのとき、自分でウンウンと考えて訳さずとも、DeepL などの人工知能搭載型翻訳サイトにテキストをコピペするだけでなかなか熟れた日本語訳を得ることができる。調べ物をしてレポートを書く場合でも同様である。図書館にこもって資料の山に目を通すこともなければネットで資料を検索して取り寄せて読むこともなく、ChatGPT などの対話型の人工知能を使ってレポートを書かせたりすることができる。そうした人工知能が作成する日本語訳やレポートが、初学者が自力で行ったものと比べて出来がよいということも少なくない。そのために、学生たちが自分の頭を悩ませ苦しい思いをしながら課題に取り組むよりも、ついそうした人工知能を頼ってしまうことは心情的に理解できる。

　しかし、そうした人工知能の活用はさまざまな問題を引き起こすだろう。提出された課題が本人が作成したものではないという点で、成績評価上の問題を含んでいるのみならず、読解力や文章作成能力などの知的な能力を鍛えることを阻害するという点で問題である。さらに、そうした訓練を通じて得られるはずの知的な粘り強さといった知的な徳の発達を阻害するし、正直さという道徳的な徳の発達も阻害するだろう。その結果として、知的な脆弱さという知的な悪徳や、不正直という道徳的な悪徳を促進することになるだろう。

　また、人工知能の軍事利用も悪徳を促進する可能性がある。米国国防総省の国防高等研究計画局（DARPA）は、人工知能の操縦による戦闘機同士で、合計で 17 時間超の飛行と、可視領域内での空中戦（ドッグファイト）をさせることに成功している（DARPA, 2023）。これは、F-16 戦闘機を改造した VISTA X-62 という人工知能搭載型戦闘機で、空中戦の最中に搭乗員が重要な軍事タ

スクに集中している間でも戦闘を続けるという役割を果たす。開発元のロッキード・マーティン社によれば、戦術目的の実際の航空機で人工知能が用いられたのは今回が初めてである。そして、同社のこうした技術開発により「より安全に、より効果的な仕方で、人々はハイレベルなタスクにもっと集中できるよう」になるという（Lockheed Martin, 2023）。

　しかし、戦闘機の無人化には、少なくとも2つの点で悪徳を促すリスクがある。第一に、より優秀な戦闘機パイロットの育成を行うことにつながる点である。VISTA X-62 はこれまでフライトシミュレーターの中で研究がなされ、今回初めて実機に搭載された。フライトシミュレーターや実機は、人間の戦闘機パイロットの訓練にも使われるものである。プロの棋士が人工知能と対戦して劇的に腕を上げているように、これからの戦闘機パイロットも人工知能搭載型戦闘機との訓練を通じて技術を向上させていくことはほぼ確実であろう。兵士としては有徳ということになるのかもしれないが、しかし、煎じ詰めれば「人を殺す」能力を高めているわけなので、やはり悪徳を育んでいるとも言えるだろう。第二に、戦闘機が無人化されることで、自国の兵士たちを失わなくて済むようになる。それ自体は良いことであるが、自軍の人的損害が少なくて済むなら、それだけ戦争を回避する理由が減ることになる。歴史を振り返れば、自国の兵士の死や戦争参加による精神的不調、退役軍人たちの社会復帰の問題など、戦争を開始したり継続したりする上で人的要因の諸問題は大きな懸念材料であった。しかし、そもそも戦場に赴くのが無人戦闘機となれば、政治家や司令官など意思決定に携わる者たちがより安易に戦争を開始することになるかもしれない。そして、戦争を始めたり継続したりすることが悪徳であるとすれば、その点で人工知能を搭載した戦闘機は人々の悪徳を助長することになる。

　冒頭で述べたように、人々が人工知能にとりわけ関心をもつようになるのはそれがある種の脅威として感じられるときである。人工知能の活用が私たちの倫理的な成長を促すだけでなく、それを阻害し、人々を知的にも道徳的にもダメにするかもしれないならば、人工知能の活用については慎重な対応が求められていると言える。

4 ｜ 人工知能社会と人間の徳

　人類は自らの進歩の歴史の中で、人間として優れているとはどういうことなのかということについても考え方を変えてきた。それであれば、人工知能の発明という進歩を受け入れたことで、私たちの「卓越性」という考え方も変わるかもしれない。本節では、前節とは反対の観点に立ち、人工知能の登場により徳の考え方自体が変わるということについて考えてみよう。

技術の進展で変わる「卓越性」

　文明や科学技術の発展は「何ができることが人間として素晴らしいことなのか」ということについての私たちの考え方を変えてきた。たとえば、狩猟採集の時代にあっては、俊足や目の良さ、あるいは強肩といった身体の卓越性、つまり身体的な徳は重要だったであろう。そうした徳があることで、遠くにいる獲物を見つけることができるし、逃げる獲物を追いかけることもでき、そして槍を投げてその獲物を捕らえることができるからである。獲物を捕まえられることは、当時の社会を生き抜く上で決定的に重要なことなので、そうしたことを見事にできる能力があることはその社会に生きる人間として素晴らしいこと、つまり徳のあることだったのである。

　しかし、現代社会において、足が速いこと、視力が優れていること、投擲能力に優れていることは、そこまで重要なことではない。1つには、現代社会は狩猟採集社会ではなくなったので、多くの人は自分で獲物を捕まえて食料とする必要がなくなったからであろう。しかし、もっと重要なことは、現代で狩猟を行う場合でもそうした身体的な特徴はあまり徳とはされなくなっていることである。光学と研磨技術の発達の産物であるメガネ、悪路でも高速で移動できる四駆自動車、遠くの獲物を仕留めるのに使える光学照準器つき猟銃など、文明が発達したことで、獲物を獲るために必要とされていた身体的な徳の地位は相対的に低くなっているからである。

　かつて卓越性として称賛されていた能力の地位が相対的に低下するという現象は、身体的な能力だけでなく知的な能力についても生じる。7世紀から8世

紀の日本で、稗田阿礼は暗記能力が抜群に優れていたことで『古事記』作成に
重要な役割を果たした。『古事記』の「序」では、彼の知的な卓越性について
次のように述べられている（三浦, 2002, p. 399）。

　　ちょうどその時、天皇の側に仕える一人の舎人がいた。氏は稗田、名は阿礼、
　　年は二十八歳であった。その人となりは聡明で、目に見たものは即座に言葉
　　に置き換えることができ、耳に触れた言葉は心の中にしっかりと覚え込んで
　　忘れることがなかった。すぐさま天皇は阿礼に命じて、自ら撰び定めた歴代
　　天皇の日継ぎの伝えと、過ぎし代の出来事を伝える旧辞とを誦み習わせたの
　　である。（時有舎人。姓稗田、名阿禮、年是廿八。爲人聰明、度目誦口、拂耳勒
　　心。即、勅語阿禮、令誦習帝皇日繼及先代舊辭。）

ここで、稗田阿礼の聡明さ（知的卓越性）として言語化能力と暗記能力の 2 つ
が挙げられている。音声でも動画でも記録を残すことのできない時代にあって、
歴史を物語る上でこれら 2 つの能力は重要な能力であっただろう。だからこそ、
目で見たものを見事に言語化しそれらを膨大に記憶することのできた稗田阿礼
は、『古事記』編纂に際して重要な役割を果たすことができたのである。聡明
であったと評価されたのもうなずける。
　しかし、同様の能力は現代でも同じくらい素晴らしいものなのだろうか。も
ちろん、見たものを言語化できたり記憶できたりすることは悪いことではない
だろう。しかし、さまざまな資料を容易に入手できるようになった現代におい
て、通史を丸暗記できるほどの記憶力は、歴史書を編纂する上で必須の能力で
はない。むしろ、1 人の人間の記憶力に頼るというのでは、歴史編纂としては
信頼性に欠けるとされるであろう。また、歴史的な出来事を言語化する能力に
ついても、やはり 1 人の人間に頼るのは望ましくないであろう。さらに、録音
や録画の技術が進んだ時代にあっては、歴史を記録し表現する手段は言語だけ
ではない。たとえば、NHK 制作のドキュメンタリー番組『映像の世紀』シリ
ーズは、当時の映像だけで歴史を紡ぐという手法により、歴史を語る上で録
音・映像のもつ力強さを示している。アウシュヴィッツに堆く積まれたユダヤ
人の死体、ベトナム戦争直前の南ベトナムで圧政への抗議として蓮華坐の姿勢

のまま焼身自殺する仏教徒（ティック・クアン・ドック）などを通して、映像を見る者に、言葉だけでは伝わらない凄みを伝えている。

　相対的な価値が低下するのは言語化能力や暗記能力だけではない。膨大な数を正確に計算できるという能力も、計算機の登場や表計算ソフトの登場により、それ以前と比べれば、称賛を得られるような卓越性ではなくなったし、多くの難しい漢字が書けたり字を綺麗に書けたりするという能力も、ワープロソフトの登場でかつて得ていた評価を失いつつある。こうした変化は、（行政書士などを除けば）代書屋が現代日本でその価値を失っていったのと同じ道を辿っている。こうした、ずば抜けた記憶力や計算力、あるいは字の綺麗さなどは、もちろんいまでも好意的に評価されはするが、科学技術の発達により、現在ではかつての輝きを失い、むしろ趣味的であったり物珍しい能力、あるいは芸術的な特殊能力としての扱いを受けるようになってきたのではないだろうか。こうして、科学技術の発展は、何ができることが人間として素晴らしいことなのかということの中身を変えていくのである。

人工知能社会における人間の知的な徳

　そうであるとすれば、人工知能が浸透した社会においても、称賛される卓越性の中身が変わる可能性はある。たとえば、先ほども紹介した、新たなタンパク質の設計方法を見つける人工知能や関連分野の情報をまとめて要約を作る人工知能の登場により、問題を整理し論点を明らかにするといった知的な創造性と関係する能力については、人間の卓越性としての地位が相対的に低くなる可能性がある。また、芸術的な創造性についても同様である。レポートのみならず、文芸作品についても ChatGPT などの人工知能を用いて執筆された作品がアマゾンなどで販売されており、一部のものは一定の販売部数となっている。また、絵画の分野でも AI が作成した作品が大会で優勝などしはじめたことで、「『創造性こそが人間に唯一の特徴』だと思い込んでいた私たちに疑問を突きつけ」る時代が到来しつつある（笹原, 2023, 序章末尾）。

　もちろん、ことはそう単純には進まないであろう。私たちの社会は「人間」について一定の価値観を積み重ねてきており、それに基づいて法や社会制度が形成されている。それゆえに、そうした現行のシステムと大きく衝突する技術

が登場した際には、伝統的価値観と新たな技術との間で擦り合わせがつねに生
じるのである。人工授精や臓器移植、脳死など、そうした擦り合わせが行われ
てきた例は少なくない。

　人工知能を用いた知的な成果物の作成の場合でも同様の問題が生じるだろう。
たとえば、『クラークスワールド・マガジン (Clarkesworld Magazine)』は、ヒ
ューゴ賞受賞作品などを掲載してきた米国の著名な SF 雑誌だが、最近になっ
て、人工知能によって作成された SF 作品が大量に投稿されるようになり、投
稿の受付を停止するに至ったという (Forbes JAPAN 編集部, 2023)。その理由
は、「スパム作品」の投稿があまりに多くなり、投稿された作品が人の手によ
るものなのか人工知能の産物なのかを編集者が判別できなくなったためである。

　また、米国著作権局は 2023 年 2 月 21 日付けの文書で、画像生成型人工知能
を使って生成したイラストを使用して作られた漫画『Zarya of The Dawn（夜
明けのザーリャ）』について、文章とイラストの配置については著作権保護の
対象となるものの、イラストそのものについては著作権保護の対象とは認めら
れないとの結論を下した (Brittain, 2023)。その理由は、それらのイラストは
「人間によって生み出されたものではない (are not the product of human au-
thorship)」からということである。記事によれば、これは人工知能によって生
成された「作品」が著作権保護対象になるかどうかを米国の公式機関が判断し
た最初のケースの 1 つである。

　こうしたさまざまな現実の問題を引き起こしながら、人工知能技術の知的な
場面での使用は社会に埋め込まれていく。では、そうした人工知能社会で求め
られる徳とはどういったものであろうか。

　1 つは人工知能に飲み込まれて「使われ」てしまうのではなく、それぞれの
人工知能の利点と限界を把握しながらうまく「使う」側であり続けるための知
的な徳であろう。ペンシルベニア大学ウォートン校のイーサン・モリック准教
授は、担当するすべての授業で ChatGPT を利用することを認めている (Mol-
lick, 2023)。彼によれば、ChatGPT の吐き出した結果をただ「コピペ」するだ
けの学生は質の高い文章を生成できていないという。人工知能に優れた文章を
吐かせるのは簡単なことではなく、問題となっているトピックに関する専門的
な知識とスキルの両方が、使用者側には求められる。そうした使用者側の卓越

性を土台にして、人工知能に出す指示の仕方を工夫することにより、より質の高い結果を吐き出させることができるのである。ここでは、人工知能とそれを使う側の間に協働関係が成り立っている。

　モリックが実践しているのは、人工知能に関する基礎知識や現状についてのリテラシーを身につけることで、間違った認識や無知に基づいた根拠のない信頼や不安を取り除き、主体的に人工知能を使うことである。人工知能のこうした使用により有意義な知的成果を挙げられるのであれば、そうした使用を可能とする態度は、知的徳と言えるだろう。この知的徳に名前をつけるとすれば、「人工知能リテラシー」が最も適切だろう。人工知能リテラシーという知的徳は、複数の徳からなる徳のセットの名前である。ここには、たとえば新しい人工知能に対峙した際に発揮される「知的に開かれた心」や、一見したところ有意味で有意義な結果を吐き出しても安易にそれに飛びつかずに、人工知能が生成した文章をあらためて吟味する「知的な慎重さ」など、徳認識論で議論されてきた知的な徳のうちのいくつかが含まれることになる。また、作成された人工知能の当初の使い方ではないが、有意義な使い方を見つけ出し独自に活用する「創造性」あるいは「発想力」なども含めることができるだろう。この一連の徳からなる人工知能リテラシーがあることで、新たな人工知能が登場しても、それに対して適切な態度で向き合い有効に活用することができるのである。

人工知能社会における人間の道徳的な徳

　道徳的な徳についてもさまざまな擦り合わせが生じることになるだろう。そうした激動の変化の中で、人工知能社会ならではの徳が登場すると考えられる。それを「死の自覚」と呼ぶことにしよう。この徳の意義を考えるために、人工知能がもつさまざまな特徴のうち、次の3つに注目するのがよい。まず、⑴さまざまなアプリなどを通じて多くの娯楽や暇潰しを提供してくれる。また、⑵ほかの機械と同様に、人工知能も作業の繰り返しに倦むことがない。そして、⑶それが搭載されたデバイスにその本質があるわけではなく、データやアルゴリズムにその本質があるため、別のデバイスにコピーすることにより半永久的に存在し続けること、それゆえ改善し続けることができる。こうした3つの特性を活かして、人工知能を搭載したロボットを傍らに置いておくことで、「愛」

のある関係が作れるかもしれないと考えられている（高橋, 2022）。このロボットは、自分の傍らにいて自分をいつも見守ってくれるし、話しかければいつでも自分の話を聞いて相槌をうってくれる。機械の調子が悪くなれば新品のものにデータを移せばよいので、自分が生きている限り使い続けられる。こうした人工知能ロボットは、終わることのない「愛」を自分に傾けてくれる人工物である。

　こうした「愛」のある人工知能ロボットは、複雑な人間関係に疲れ果ててしまった人たちを癒す存在として意義をもつかもしれない。実際、私たち人間というものは、⑴基本的に忙しいし、いつも相手を楽しませられるわけではなく、⑵同じことの繰り返しをさせられると飽きてくるし、イライラもしてくるし、⑶限られた期間しか生きることのできない生物だからである。私たちは、いまのところ、自分の存在を別の存在にコピーすることはできないし、この身体を半永久的に使うこともできない。つまり、私たちにも成長はあるが老化もあり、そして何よりも死という終わりがある。そんな限られた存在の私たち人間が、他人に不寛容になったり我欲を追求したりしてしまうのは、そしてその結果として他人とうまくいかなくなってしまうのは、仕方のないことだと言える。

　半永久的に生きていく（ように見える）人工知能との関わりの中で、私たちは自分たちが生物として有限であることを自覚するようになる。「死の自覚」というこの自覚は、2つの点で私たちの生き方を支える1つの徳となる。

　第一に、自分が死ぬ存在であると自覚しながら生きることである。この自覚は、人工知能社会において人間という存在の倫理的なあり方を考える上で決定的に重要である。アンディ・クラークは、人間は「生まれながらのサイボーグ」であると述べ、科学技術の発達によって人間の身体的な能力や認知的な能力のあり方は変化し、さらにさまざまな人工物との接合によって自己概念さえも変容する存在であるとした（クラーク, 2015）。たしかに人間をそうしたサイボーグとして捉えることは可能であろう。しかし、私たちの心がどれほど拡張されようとも、人工物とのサイバネティックな融合を果たして半永久的に存在するのでもない限り、やはりその心の主である人間は死から逃れられない。限られた時間しか存在することができないという「死の自覚」は、「この生」をどのように生きるのかという「生の自覚」と表裏一体の関係にある。生と死を

自覚して自分の人生を大事に過ごしていく「死の自覚」は、人工知能が広がり人間の人間らしさがあやふやになっていく社会でこそ際立つ、人間としての倫理的な「生」のあり方だと言える。

　第二に、他人もまた死ぬ存在であるという自覚である。映画『ブレードランナー』では人間とアンドロイドの見分けがつかないという世界が描かれているが、そうした状況が到来するまでは、私たちは自分が関係を築く相手が人間なのか人工知能搭載ロボットなのかを知ることができるだろう。このとき、自分の傍で寄り添ってくれて、自分の愚痴を飽きずに聞いてくれるなら、それが人間であれロボットであれ「愛」を感じるのかもしれない。しかし、両者の愛には決定的な違いがある。それは、ロボットとは異なり、寄り添ってくれる人は有限の存在だということである。飽きもすればイライラもするし、自分がしたいこともあり、そしていずれ死んでしまう一度きりの人生を生きている。そうした人間が、人生の一定の時間を割いて、自分の傍に寄り添ってくれている。ここに、人工知能とともに生きることとは本質的に異なる、人間と「生きる」ということがある。そして、私たちの「生」は、そうした「愛」で囲まれている。親子の育児、親友の友情、恋人の恋、夫婦やパートナーの愛、介護のケアなど、いろいろとしなくてはいけないことがあるのに、そしてその人の人生は限られているのに、自分を気遣い文句も言わず隣で時を過ごしてくれているとき、その人はかけがえのない人生を自分に割いてくれているのである。

　人工知能社会が到来し人工知能とさまざまに関わっていくことで、私たちは自分たちが有限の人間であるという「死の自覚」を育む必要がある。死の自覚という徳を備えることにより、私たちは自分の生き方をより豊かにすることができるが、この徳もまた複数の徳からなる徳のセットであると考えることができる。たとえば、自分の人生をもっと真面目に考えるという「誠実さ」、限りある時間を大事にする「節制」、愛を注いでくれる他人に対する「感謝」、他人の生への「慈愛」など、徳倫理学が重視してきた道徳的な徳のいくつかが含まれることになるだろう。

5 ｜ おわりに

　人工知能が社会のさまざまなところで実装された社会で、人間が人間として素晴らしくあるためには何が必要なのか。本章ではそれを「徳」として捉えた上で、知的な徳としては「人工知能リテラシー」を、道徳的な徳としては「死の自覚」を提案した。それぞれは複数の徳からなる徳のセットの名称であるが、知的な徳と道徳的な徳に共通する徳もあるだろう。たとえば、人工知能に依存せずに自らを高める「向上心」や、人間という類に対する「連帯感」などである。すべてはなるようになるとも言えるが、しかし物事は易きに流れるとも言う。人工知能という今後長いつきあいになりそうな存在者との向き合い方を通じて、なるようにしかならないと思いながらも、ただ易きに流れるのではない、私たちのよりよいあり方を絶えず考えていくこと、それもまた（あるいはそれだけが）私たちに残された徳なのかもしれない。

参照文献

Brittain, B. (2023). AI-created images lose U.S. copyrights in test for new technology. *REUTERS*. Feb. 23, 2023. https://www.reuters.com/legal/ai-created-images-lose-us-copyrights-test-new-technology-2023-02-22/

DARPA. (2023). ACE program's AI agents transition from simulation to live flight: DARPA completes first flight tests of air combat algorithms on specialized F-16 fighter jet. Feb. 13, 2023. https://www.darpa.mil/news-events/2023-02-13

Lara, F., & Deckers, J. (2019). Artificial intelligence as a Socratic assistant for moral enhancement. *Neuroethics, 13*, 275-287.

Lockheed Martin. (2023). VISTA X-62 advancing autonomy and changing the face of air power. *Lockheed Martin News*. Feb. 13, 2023. https://news.lockheedmartin.com/2023-02-13-VISTA-X-62-Advancing-Autonomy-and-Changing-the-Face-of-Air-Power#assets_all

Mollick, E. (2023). How to… use ChatGPT to boost your writing: The key to using generative AI successfully is prompt-crafting. *One Useful Thing*. Jan. 10, 2023. https://oneusefulthing.substack.com/p/how-to-use-chatgpt-to-boost-your

アシモフ，アイザック（1983）.『われはロボット』小尾芙佐訳，早川書房.

アリストテレス（2015/2016）.『ニコマコス倫理学（上・下）』渡辺邦夫・立花幸司訳，光文社古典新訳文庫.

上枝美典（2020）．『現代認識論入門——ゲティア問題から徳認識論まで』勁草書房

ウォラック，W. & アレン，C.（2019）．『ロボットに倫理を教える——モラル・マシーン』岡本慎平・久木田水生訳，名古屋大学出版会．

京都大学（2021）．「ブッダで悩みを解決，仏教対話 AI「ブッダボット」の開発—伝統知と人工知能の融合—」2021 年 3 月 26 日．https://www.kyoto-u.ac.jp/ja/research-news/2021-03-26-3

クラーク，アンディ（2015）．『生まれながらのサイボーグ——心・テクノロジー・知能の未来』呉羽真・久木田水生・西尾香苗訳，春秋社．

笹原和俊（2023）．『ディープフェイクの衝撃——AI 技術がもたらす破壊と創造』PHP 新書．

柴田崇（2022）．『サイボーグ——人工物を理解するための鍵』東京大学出版会．

高橋英之（2022）．『人に優しいロボットのデザイン——「なんもしない」の心の科学』福村出版．

ハイデッガー，マルティン（1994）．『存在と時間（上・下）』細谷貞雄訳，ちくま学芸文庫，1994 年．

PRTIMES（2022）．「ブッダボット AI を活用した仏教コンサルサービス開始！　社員の悩みを仏教的知見で解決〜仏教哲学や会社の上司・役員の知見を AI が学習〜」2022 年 12 月 6 日．https://prtimes.jp/main/html/rd/p/000000001.000112833.html

Forbes JAPAN 編集部．（2023）．「米国有名 SF 雑誌，AI による小説投稿激増で『選考お手上げ』」Forbes JAPAN. Feb. 28, 2023. https://forbesjapan.com/articles/detail/61251

プラトン（1979）．『国家（上・下）』藤沢令夫訳，岩波文庫．

三浦佑之（訳・注釈）（2002）．『口語訳 古事記 完全版』文藝春秋．

＊本章は JST/RISTEX の研究開発プログラム「人と情報テクノロジーの共生のための人工知能の哲学 2.0 の構築」および科研費 20H01178 の研究成果の一部である。

Ⅲ　設計思想──よりよい道具を設計するために

第9章 設計の観点から見た人工知能

上杉　繁

　道具については一般に、設計に関するさまざまな思想や理論が存在する。本章では、人工知能を一種の知的道具と見たときに、さまざまな設計思想からどのような示唆が得られるかを検討する。

1 | 技術の予期しない使用

　技術の使用によって、人類は原始より生きる可能性を拡げてきた。たとえば火を利用することで、気温が低い場所でも体を温めることができ、猛獣から身を守ることができ、生肉を調理することで安全にエネルギーを摂取することができるようになった（ランガム, 2010）。火のまわりに人が集まり、声を出すことから会話に発展し、集団生活、家屋製作などへと展開するきっかけとなった。人類の社会活動の契機としての火の機能については、古代ローマの世界最古の建築書において言及されている（ウィトルーウィウス, 1979, pp. 34-38）。一方で、火の不始末によって家を失うこと、手に負えない山火事で街を捨てざるをえないことなどの負の影響も大きい。人類に火を与えたことで山頂に磔にされ、鷲に腹をついばまれる刑をうけたプロメテウスの神話においては、火のありがたさと負のイメージが強調されている。

　原始的な道具や技術のみならず、昨今の道具の使用によって、人間にできることが増える一方で、できなくなる、あるいはしなくなるような、設計者が当初は考えていなかったような問題が生じることもある。こうした道具使用に関する正負の効果については、電卓の使用によって計算しなくなることで暗算力

が低下したり、新幹線の利用によって遠方への日帰り出張が可能になり労働が増えるなどの例が、過去に指摘されてきた（土屋, 2001, p. 12）。

　人間社会に大きな影響を与えてきた自動車は、より速く、より多くの人・モノの移動を可能にする一方で、自動車事故や排気ガスなどの問題も生じさせた。自動ブレーキによる安全向上や、有害物質を減らすエンジン開発など、安全や健康に関わる問題については、次の段階の技術開発への契機となり、さらなる技術の発展につながることも多い。問題の発生によって技術が新たな方向へ展開することもある。たとえばオランダでは、1970 年代に自動車事故による子どもの死者数が増加し、さらに中東の石油危機によって米国・欧州への石油輸出が止まったことをきっかけとして、自転車道の開発が進んだ（BBC News Magazine, 2013）。

　こうした技術の展開に関し、ドン・アイディは「技術は非中立的で、本質的にしかし構造的に多義的である……文化解釈学の込み入った段階で、技術は変化して組み込まれうる。「同じ」技術が、他の文化的文脈ではまったく「異なる」技術になる」（Ihde, 1990, p. 144）と述べている。そして、文化における技術の多義的な構造について、複数安定性（multistability）と名づけ、さまざまな状態で安定する現象を、立方体を線のみで描画したネッカーキューブと呼称される多義図形を取り上げて説明している（Ihde, 1990, pp. 144-146）。一般的には、立方体の上面が手前に見えたり、下面が手前に見えたりするが、それとは異なる見えとして、六本脚の虫に見えたり、宝石に見えたりと多様な見えも生じうる。そして、安定した状態として、多様な見えのいずれかが生じることになる。

　歴史を振り返ると、それぞれの文化において同じ技術が異なる位置づけで展開される事例は枚挙に暇がない。たとえば、三大発明の1つである火薬は中国で考案され、ロケット技術とともに祝祭のために使用されたが、ヨーロッパにおいては、それらは戦争のために使用されることになる（Ihde, 1990, p. 128）。近代の技術でも、電話やタイプライターは、設計時においては視聴覚不自由者のための技術であったが、実際には通信や筆記で使用することになり（Verbeek, 2011, 邦訳 19 頁）、軍事的技術であった GPS は、現在では日常生活におけるインフラとして普及するなど、技術が当初の目的とは異なる利用で広まるこ

とはよくあると言える。

　日常的に利用される技術においては、利便性がきわめて高く、危険性をあまり考える必要がない場合には、負の影響が問題とされつつも、新たな開発にまで踏み込むことは少ない。スマートフォンの利用により、漢字や電話番号を覚えないようになり忘れやすくなることが指摘されることはあるものの、積極的な解決のデザインがスマートフォンに実装されることは見られない。あるいは、自動車の振動が少なくなり静かになると速度が超過しやすくなることは指摘されるが、それを直接解決するように設計した例は見られず、警告装置や自動ブレーキなど、他の安全装置による支援は加わるものの、根本的な問題が解決されることなく同じ状況が繰り返されることになる。省エネ洗濯機の購入により、洗濯回数が増えることで電気使用量が思うように減少しないなど、家電や自動車などに省エネルギー技術を導入した結果、使用場面がむしろ増えることにより、エネルギー消費が効果的に減少せず、さらには増加してしまうような現象は、リバウンド効果と呼称されている（Binswanger, 2001; Slob & Verbeek, 2006）。

　道具や技術の使用において予想しなかった使い方や予期しない問題は古くから存在しており、正負の効果を生み出すジレンマについては、2000 年以上前から言及されている。第 2 章でも論じられたように、プラトンは、文字の利用によって記憶力が高まる効果と、覚えなくなることで記憶力が減退する影響について言及している（プラトン, 1967, pp. 163-164）。

　以上、技術の利用において、設計時に予期していなかった問題が生じることや複数安定性が見られることについて紹介したが、こうしたことは、ある特定の技術においてのみ生じるような現象とは言えないだろう。人工知能を使う場合においても、人工知能が人間の代わりに計算や分析をしてくれることで、人間がその能力を使わなくなり能力が減退してしまうというような問題は容易に想定しうる。そうしたジレンマの問題をどのように分析し、設計において考慮できるのだろうか。こうした問題を含め、よりよく人工知能を使うことへの手がかりとして、人間と技術との関係がどのような観点から設計されてきたのかを、次節で取り上げる。

2 ｜ 設計と使用の隔たり

設計方針の2つのアプローチ

　技術の使用において、設計者が予期していない使用が生じる原因と、それをふまえた従来の設計方針について考えてみよう。はじめに、本章における設計の意味を明らかにしておく。設計という言葉は、事前の計画という意味で広く使用され、生活設計、人生設計なども含まれるが、本章では以下のような工学設計という意味で使用する。「設計するということは、部分的に矛盾する制約の下で与えられた対象を最適化することである。要件は、時間とともに変化するので、ある設計解は、ある状況に対して最適化できるだけである」(Pahl et al., 2015, p. 2)。

　設計者が予期していない使用や問題が生じる原因の1つに、設計者と使用者(ユーザ)、設計状況と使用状況の隔たりによって、設計と使用の制約条件が一致しないということがあると考えられる。設計は、使用者が購入して実際に使用する前に実施する行為であり(使用後に指摘された問題を改善するために実施する行為も含まれるが)、使用している場面からは時間的に隔たっている。さらに、設計している場所は会社や事務所など、実際に使用している現場ではなく、空間的にも隔たっている。そのため、設計者と使用者の間で、課題、目的、年代、事前知識、能力、好み、場所などの想定が異なることが生じうる。ある製品を設計し、製作し、入手した後に使用することになるため、時系列の観点からして製品の設計と使用を同時に実施することはできない。

　こうした設計と使用の隔たりを考慮した、2通りのアプローチについて取り上げよう。1つは、設計時に考慮すべき項目と使用時に考慮すべき項目を、明確に区別するアプローチである。設計の対象範囲を明確にし、その枠組みの中で設計する基本的なアプローチと言える。制約条件の設定、設計解の導出・実装を設計チーム内で実行することになる。もう1つは、1つ目のアプローチに加えて、設計と使用の隔たりから生じる問題を減らすために、問題設定、解決方針、使用方法、さらには評価に至る設計の過程の中に、使用者や使用状況を包含していくアプローチである。これは、設計の枠組みを広げていこうとする

アプローチと言える。制約条件の抽出・設定、設計解の導出、解の評価に、設計チームのみならず、使用者も関与することになる。

設計と使用を分ける方針

　まずは設計と使用の区分を明確にしているアプローチについて説明する。それぞれの領域を明示的に示している ISO や JIS の規格として、黒須正明は、Systems and software Quality Requirements and Evaluation（ISO/IEC 25010: 2011）、システム及びソフトウェア製品の品質要求及び評価（SQuaRE）（JIS X25010: 2013）を挙げている。さらに黒須は、設計時の品質、使用時の品質（原文では「利用時」）に対して、客観的品質、主観的品質を組み合わせ、4つの領域として整理した（黒須, 2020, pp. 217-227）。設計時の品質は、操作しやすさ、覚えやすさ、エラー防止などの、いわゆる使いやすさと称されるユーザビリティ（usability）領域を含み、使用時の品質として、設計において考慮した製品やサービスがどのような使用結果となるかを、有効さや効率などの客観的項目、楽しさ、喜ばしさなどの満足感という主観的項目によって評価する。その結果が不十分な場合には設計に戻り、設計において想定した性能（設計時の品質）が、使用時に達成できるよう改善することで、使用時の評価（使用時の品質）を高める。

　このようなアプローチにおいて、第1節で言及した予期しない使用や問題に対しては、解決のために設定できる制約条件で設計解を導出し、実装して、その通り利用されるかを評価することになる。想定した使い方が実施できるように設計し、予期せぬ使用を積極的に防止する工夫を組み入れることになるのである。特に安全については注意が必要であり、エラーを防止するためのバリアや（Hollnagel, 2004）、誤った操作ができないようなフールプルーフ、機械が故障した場合には安全な状態となるようなフェイルセーフと呼ばれる方針がある。

　このアプローチには、さらに、設計時に想定した使用となるように使用者を促す、行動変容のアプローチも含まれるだろう（Tromp et al., 2011）。図9-1に示すように、横軸の左側は潜在的（hidden）、右側は顕在的（apparent）な表現であり、縦軸の下側は弱い（weak）、上側は強い（strong）表現である。顕在的かつ強い表現は、強制的（coercive）な仕組みであり、たとえば、車の速

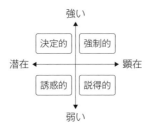

図9-1　強さと顕著さの次元に基づき使用者の行動に影響を与える4タイプの方法
(Tromp et al., 2011, Figure10 をもとに作成)

度を落とさせるためのスピードバンプと呼称される路面の隆起帯が挙げられる。顕在的かつ弱い表現は、説得的な（persuasive）仕組みであり、健康的な食事を促すためのキャンペーン活動が挙げられる。潜在的かつ強い表現は、決定的（decisive）な仕組みであり、エレベーターやエスカレーターのない建物において確実に身体活動が必要になることが挙げられる。最後に潜在的かつ弱い表現は、誘惑的（seductive）な仕組みであり、電子レンジで個別に温めて食事をとることが可能になると、家族が集まって夕食をとる機会に影響が生じることが挙げられる。

　こうしたアプローチは、設計と使用の隔たりがなくなるように制約条件、設計解を限定していく方向性と言えるだろう。たとえば工場での機械操作などに関して、十分に蓄積した知見に基づき、安全に利用するための仕組みを設計する場合には、想定した使用になるよう、上述の設計をさらに充実する必要があろう。

　一方で、いままでにない家電やサービスを設計する場合、制約条件を見出すためには、使用者の身体・認知などの特性や、使用における物理的・社会的状況など（黒須, 2020, pp. 68-126）、想定する使用者の経験に影響する要因を考慮する必要がある。そして解決方法を発見するため、使用者や使用状況を積極的に含むアプローチを次節では紹介する。

設計に使用者を含む方針
　設計において使用者や使用状況を考慮するには、使用者となりうる人々の生活・価値・要求を理解する必要があることから、以下に示すような取り組みが

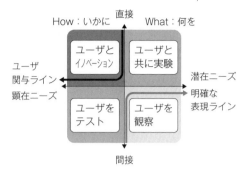

図9‑2　ユーザー・ドリブン・イノベーションのプロセスマッピング
(説明の用語を著者において整理しなおした図。中島, 2019, 図8；
Wise & Hoegenhaven, 2008, Figure1.7)

行われている (Lindsay, 2003)。これまでによく用いられているアプローチと
して、特定の消費者層の統計データをふまえた、人と技術との一般的な関わり
方や、設計者自身あるいは設計者近傍を想定した使用者像を対象とする方法が
ある (representations)。続く段階として、短いインタビューやアンケートな
ど、設計者側の意図のもとに使用者と限定した接触を行う場合がある (limited
contact)。そして、自宅や職場などのそれぞれの文脈における個別の使用者を
対象として、実際の生活現場に設計者が入り込んで観察したり、使用者自身に
記録してもらうなどが行われている (real-life context)。さらに、使用者を情
報源とする代わりに、研究者や設計者の仲間となり、ともに設計する方法へと
展開している (co-creation)。これによって、使用者が参加して自身の生活を分
析することで、内部の視点から理解することが可能になる。

　こうした設計過程に使用者 (ユーザ) を含めた方法を整理した枠組みを図
9‑2に示し、それぞれの方法について説明しよう (中島, 2019, pp. 237-239;
Wise & Hoegenhaven, 2008, pp. 22-26)。

　右側の領域は、何を作り出すか考える領域 (What) であり、左側の領域は、
いかに作り出すかに取り組む領域 (How) である。そして上下の領域は使用者
の設計チームへの関与度を示す。右下は、使用者は設計チームに間接的に関わ
る領域であり、民族学的調査方法などにより (IDEO. org, 2011, pp. 52, 64)、使
用者の観察が行われる。使用者の発言をそのまま受け取ることはできない。右

上は、使用者が設計チームに直接関わる領域である。使用者と直接話をするインタビュー（Boeije et al., 2020, p. 91）や、実生活の現場を舞台に使用者の行動調査を行うリビングラボなど、使用者とともに行う実験が位置づけられ、使用者の発言はそのまま受け取られる。左下は、使用者は設計チームに間接的に関わり、ある製品やサービスの対象とした人からなるグループへのインタビュー方法（focus groups）（Boeije et al., 2020, p. 95）など、使用者によるテストが行われる。使用者の発言はそのまま利用される。最後に左上は、使用者が設計チームのメンバーとなって直接設計に参加する領域であり、使用者が明示したニーズはそのまま受け取られる。

　以上に紹介したように、使用者が設計過程に入り込むことによるよい効果が期待できる一方で、使用者が経験していないことや認知していないことがありうるほか、使用者が製品の技術・特性の本質に気がついていない場合には、必ずしも設計に貢献できないことが指摘されている（中島, 2019, p. 240）。使用者数が少ないために問題が発見できなかったり、技術の性質に疎いことの影響があるならば、多様な人間が参加することで、そうした問題に対処できる可能性がある。その方向性として、設計の一連の過程において、設計者、使用者だけでなく、企業や関連団体など、多様な関係者であるステークホルダーによる評価を設計のプロセスに反映する方法（constructive technology assessment）（Rip et al., 1995）や、ステークホルダーの価値に関して、概念的・経験的・技術的調査を統合して反復的に検討する設計（value sensitive design）（Friedman & Hendry, 2019）が挙げられる。より多くのステークホルダーが参加し、技術使用に関する課題や状況などを取り上げ議論することで、さまざまな観点から可能性を検討し、社会にとって意義のある技術の実現につながるだろう。

　一方、多様なステークホルダーが増えることによって、ステークホルダー間で価値が相反することで最適な設計解が求まらないことや、同じ課題でも地域によって異なる対応が必要となり、設計としての定式化が困難となることも考えられる。

設計の枠組みを拡張する必要性
　以上に、予期しない使用が生じる原因の 1 つとして設計と使用の隔たりに着

目し、それを考慮したアプローチとして、設計と使用を区分けし、予期しない使用を避けたり、想定した使用となるように促すアプローチと、それに加えて、設計の過程に積極的に使用者を含め、使用者にとって必要な要件を見出したり、一緒に課題の解決案を考案したり、それらを評価するアプローチを説明した。両アプローチを組み合わせることで、予期しない使用やジレンマの問題解決に貢献することが期待できよう。そして、個人や社会への影響が懸念される人工知能と人間とのよい関係を設計するには、さらに設計自体の枠組みを拡張する必要があるだろう。

　たとえば、使用者が成長しながら長期に渡って技術と関わる場合、影響を受ける状態を考慮する方法の検討が必要である。また、ステークホルダーを含む設計においては、ステークホルダーの多様性を考慮することになり、使用者だけではない他者との関わり方を検討する必要がある。しかし、ここで問題が生じる。使いやすさを意味するユーザビリティの規格では、「ユーザビリティとは、特定のユーザが特定の利用状況において、システム、製品又はサービスを利用する際に、効果、効率及び満足を伴って特定の目標を達成する度合いである」（JIS Z8521:2020）と記述しているように、特定のユーザ・利用状況・目標と対象を限定していたが、ここでは特定という限定を外した際の設計方法について考えることになる。このとき、工学設計において前提となる制約条件がそもそも定まらないため、設計不能という状況が生じうる。

　本章では、特定の制約条件における最適化行為という「設計」の枠組みを広げた意味として、伝統的な工学設計との差異を明確にするため、デザインという言葉を使うことにする。より広い対象を含みながらも必要な要件をまとめた枠組みとして、ヴィクター・パパネックによる、「デザインとは、意味ある秩序状態をつくり出すために意識的に努力すること」（パパネック, 1974, p.17）というアイデアに基づいて考えることにしたい。特定の人・状況・目標における、「特定」を制約条件として解を導出する枠組みを拡げ、人間と技術の関係において、よく秩序化した状態を考えるアプローチについて、続いて検討しよう。

3 │ 人間 - 技術関係の「型」

デザインのための「型」

　新たな技術に対して、使い方、経験の仕方、社会の変わり方を事前に想定して設計し、その通りに使用者に実行してもらうことは、現実的には難しい。とはいえ、技術を設計する側において、あるいは使う側において、その技術を使うことである機能を実行するのみならず、それを 1 日でどれくらい使うことになりそうか、どこにおいて使うことになりそうか、使い続けることで生活習慣が変わることがありそうか、使うことで人との関わり方が変わりそうかなど、技術との関係に対して注意を向け、影響の受け方の可能性を考えることで、予期せぬ問題に対する心構えを促すことはできよう。

　設計者においては、ある技術を具現化する過程に時間をかけて取り組むと、その技術への思いが強く、当初に想定した目的や機能以外の可能性に気がつきにくくなる。プラトンも、技術を生み出した人はその技術への愛情にほだされて、判断に影響を受ける点について記述している（プラトン, 1967, pp. 163-164）。そうした状況に陥った設計者にとっては、自身が設計している技術の位置づけが明らかになったり、他の技術の位置づけと比較しやすくなったりすれば、その技術の当初想定した機能や人間との関係だけに捕らわれることから解放され、設計している技術と人間との関係の見通しがよくなり、他の関係も想定できるようになるだろう。そうした役割を期待して、以下では人間 - 技術関係の「型」について考えてみることにする（Wesugi, 2022）。

　ここでの型とは、溶けた材料を流し込んで部品を製造するときに使うような、同じ形を作るための型ではなく、武芸における型のように、動きや表現の基本的な枠組みとしつつ、熟達に伴ってその枠組みを参照しながら新たな形を生み出すための型という意味である。前者は同質性を維持するための型であり、後者は差異を生み出すための型と言える。まずは下記のような型を想定する。

　　・人間 - 技術関係の型は、人間と技術のある関係を生む概念的な技術である
　　・さまざまな領域においてすでに存在する人間と技術の関係を分析し、抽出

する
・ある型は他の領域の型と類似する場合がある
・技術は複数の型から構成されうる

　現在使用されている技術と人間との関係を整理すると、それ以上は分類することができない関係が存在し、それが具体的で多様な技術へと展開される。こうした元になる技術の型を、これから具現化しようとする技術へ仮にあてはめてみることで、同じ型から分岐する複数の選択肢が想定できるようになる。こうした選択肢と現時点で考えている技術との関係を比較することで、生じうる問題などを類推することが可能になる。また、さまざまな領域から分析することで、類似する技術に対する扱いが異なることがわかり、観点の違いに気づくきっかけになりうる。
　なお、ここで論じているのは、デザインの手がかりとして人間‐技術の関係を分析し理解するための型であり、この型にあてはめることで、最終的な機能や形態を導き出すような働きまでは期待していない。

人間‐技術関係の類型
　著者がこれまでに調査・検討してきた複数の学術的領域における人間‐技術関係の類型について、表9‐1に紹介する。現時点での調査であるため、今後さらに増えることが予想される。
　道具の身体化という関係は、機能的・哲学的・歴史学的な複数の領域で見られる。そして生態学的な領域では、身体と物・環境との関係における、精度を高めた枠組みが見えてくる。さらに、直接的な身体との関係だけではなく、その技術の社会的な受容性に関わる物語的観点や、技術の個別性を超えたシステム論のような幅を広げた観点もある。人間‐技術関係において、今回検討した領域において候補になりうる型はほかにも存在するであろうし、今回扱っていない他の領域にも発見できうるだろう。そうした候補を引き続き調べつつ、体系化により、デザインのための型として整えることができよう。

表9-1　人間‐技術関係の類型

領域	人間と技術の関係の仕方	型の候補
身体的機能	人間工学、認知工学、ヒューマンインタフェース等において、道具を使用する前提として必要な人間の知覚機能・運動機能	知覚処理モデル：例）視覚・聴覚の処理時間、記憶に関するモデル（Card et al, 1986）行為のモデル：例）スキル、ルール、知識の3段階からなる行動モデル（Rasmussen, 1983）
生態学	行為において、環境における変化しない性質（不変項）の組み合わせとして特定され、行為の可能性として作用するアフォーダンス（ギブソン, 2011；佐々木他, 2001）	物の特性・形状・表面に対応した、ヒトの環境の基本アフォーダンス（リード, 2000, p. 249）、道具と身体との距離関係に着目した類型（榮久庵, 2000）
哲学	ポスト現象学において、人間にとってどのように技術が存在するのか、人間がどのように技術によって形作られるのかの関係（Ihde, 1990; Verbeek, 2011）	人間‐技術の4関係：身体化関係（道具が透明化する。眼鏡）、解釈学的関係（世界を表象として解釈する。温度計）、他者関係（他者として相互作用する。自動販売機）、背景関係（背景として作用する。冷蔵庫）（Ihde, 1990, pp. 72-112）
歴史学	文字の発明による記憶能力の拡張（プラトン）をはじめとした、技術による人間の機能の拡張、それによって生じる問題	人間を拡張する技術の3系譜：拡張（機能の拡張・縮小、人間の代行）、延長（道具の身体化、身体の境界変更）、外化（産出した構造との比較）（柴田, 2013）
物語	さまざまな文化において生物や人間を人工的に作り出そうとする物語が存在し（クーケルバーグ, 2020）、技術を受け入れる社会の文化的背景として作用	技術使用による正負の効果：正の例としてヤマタノオロチの征伐（治水工事）、負の例として火を盗んだプロメテウスの懲罰、「人工的な創造物が人間と競い合うという競争の物語」（クーケルバーグ, 2020, p. 19）
システム論	設計者・使用者・技術を同レベルの構成要素として位置づけ、それらの相互作用によるシステムとして生成	技術の自己組織性：技術は新たな技術を生み出す構成要素となる（アーサー, 2011, p. 258）、自己触媒反応（カウフマン, 2008, p. 528）、生産と消費における「相補と代用が織りなすパターン」（カウフマン, 2008, p. 529）

人間‐技術関係の原型——棒型と器型

　人間‐技術関係の型を整理するための手がかりとして、ここでは道具の原型に着目する。現在使用されている技術と人間との関係の起源を遡っていくと、それ以上は遡ることができない原初的な道具との関係が存在するであろう。その関係は、もともとは動物においても存在している関係であり、人間において

独自に展開することになる。そして、上述の人間 - 技術関係の型と直接的にせよ、間接的にせよ関連する。こうした道具の原型を取り上げ、人間と技術の関係をあらためて分析してみよう（Wesugi, 2020 の内容に基づいて再検討する）。

　道具の原型に関して、坂本賢三は「近代以後のヨーロッパ的見方によれば、機械の原型は利器（刃物）であり、直接に自然に働きかける用具」（坂本, 1975, p. 90）であると述べつつ、土器に代表される「うつわ」が重視されていない点について指摘している。そして、中国や日本では単に保管するだけの機能ではなく、加熱による化学反応を生じさせる土器が発達していたことについて取り上げ、農産物を産み出す土地もうつわと見なし、「生産のための物的手段として「うつわ」が非常に重要な大きな役割を果した」（坂本, 1975, p. 93）ことについて触れている。マルクスの語法を利用して、利器を「筋骨系統」、うつわを「脈管系統」の労働手段に分けている。

　さらに、榮久庵憲司は、理論ではなく着想という断りを入れた上で、先験的な分類として、道具を棒型と器型に分けている。棒型の道具の原機能を「道具を手にして、手の作用力を拡大する。有効化する」（榮久庵, 2000, p. 83）とし、骨片や剝片石器が原道具ではないかと推察している。また、器型の原道具として、アフリカ大陸原産の植物である瓢箪あるいは頭蓋骨を挙げ、「ストックを叶える。持続的なエネルギーをキープする。一時的なエネルギーの爆発を強化する」機能について説明している（榮久庵, 2000, p. 84）。

　こうした着眼点から、道具の原型として棒型と器型が候補に挙がる。この分類についてさらに検討してみよう。岩城正夫は技術の発展に関して、道具を使用しない行為から、道具使用、機械使用、そして自動機械使用への展開において、「身体の器用さや熟練を頼りとするやり方」と「自然の法則の利用が決定的に重要な意味を持つやり方」の 2 通りの系列と、その組み合わせから考察をしている（岩城, 1985, pp. 55-58）。木の実を石で割る際には、石を操作する技能と重力を組み合わせており、工作機械においては、人間が巧みに機械を操作しつつ、人間以外の動力を利用し、自動機械においては、判断は人間が行い、それ以外は機械が実施する。人間によらない機能を発展させつつ、両者を組み合わせた技術が展開されている。身体機能に基づく系列は身体が直接作用する棒型の道具に対応し、自然法則に基づく系列は人間以外の作用を活用する器型

の道具に対応すると考えられるだろう。

　また、道具の分類について、ルートヴィヒ・ノワレはラツァール・ガイガーの考えとして、道具・器具・武器の区別を紹介し、道具による創造、器具による生命の保持、武器による破壊の機能を示している（ノワレ, 1954, pp. 60-61）。ノワレはこの3つの働きを、ヒンズー教において三位一体をなす、創造者としてのブラフマー、保持者としてのビシュヌ、破壊者としてのシヴァと対照し、生命現象の条件として考えている。棒型は道具、器型は器具、武器は絞られた目的の棒型として位置づけられると考えられる。

　さらに、動物も対象にすると、自然環境におけるサルやチンパンジーが石を使用して木の実や果実を割って食べるほか、木の先端を削って小さなサルであるショウガラゴを狩るチンパンジーについても報告がある（ローチ, 2008）。また、卵を孵化させるために、小枝や葉を集めて作る巣も道具とするのであれば、鳥も道具を作成し、利用できる。棒型としての道具においては、枝・小枝などを蟻塚に刺したり、探ったりするように使い、あるいは石や棒を木の実を割るために叩いて使う例が挙げられる。また、器型としての道具においては、小枝や葉を集めて巣としたり、石や倒木を木の実を置く土台として、叩くのを支える使い方がある。

　以上をふまえ、まずは人間固有ではなく動物が使用する道具も含む、道具の一般的な定義を示し、それを基に棒型と器型の道具の特徴を整理する。道具とは、次のように定義される。「他の物体、他の生物、あるいは使い手自身の形状・位置・状態を意図的に変えるために、付着していない、あるいは操作可能な付着している周囲の物体（道具）を外部で使用することである。その使用は、使い手が道具を使用中あるいは使用前に道具を保持したり、直接道具を操作したりすることにより、あるいは使い手が適切に効果的に道具の向きを合わせることによって実行される」（Beck et al., 2012, p. 3330）。

　この道具の定義に着目すると、棒型に関しては「他の物体、他の生物、あるいは使い手自身の形状・位置・状態を意図的に変えるために」という箇所が関係し、物理的対象物に直接作用する特徴があると言えよう。器型に関しては、「他の物体、他の生物、あるいは使い手自身の形状・位置・状態を外部環境によって変化させないために」のように文言を少し変更するとより適切な定義と

なり、外部環境の影響を減らして対象物を含む道具内部の状態に作用するという特徴があると言えよう。

棒型と器型はそれぞれ進化してきた。棒型に関しては、強く・速く・正確に・長時間・効率的等の性能の向上が見られた。石から鉄を利用した刃物へ、近代では工作機械やパワーショベルなどの建設機械へというのがその流れに位置づけられよう。さらには物理的実体を伴わないデータや概念の加工も対象になり、人間の運動機能のみならず認知機能も拡張の対象となる領域に位置づけられる。

器型には、外乱に対する内容保護のための貯蔵、内部での醸造・煮沸・沈殿・濾過・撹拌など内容変化のための反応の場、位置変化のための運搬機能という3つの役割がある（坂本, 1975, pp. 95-96）。器型の道具は、土器、茶碗から衣服、家屋などへと内容物を大きくし、発酵させて味噌を作る壺から化学プラントのような大規模製造工場までをも生み出し、30万トンもの石油を運ぶタンカーや、考えを保管する文字や書籍などへと展開した。さらに、炊飯においては、釜内部の温度状態を把握して火加減を調整するなど、継続的に手をかける必要があったが、炊飯器を利用する際には、使用者は調整過程を考えずに、単にボタンを押すだけで完結できるようになっている。つまり、内部状態の観測や継続的な操作を人が行う必要がなくなり、少ないパラメータで直接対象を操作しているような、ブラックボックス化による棒型化が進んでいると言えよう。

また、木の実を割るときの棒型の石と器型の土台、棒型の包丁と器型のまな板、棒型のすりこぎと器型のすり鉢など、棒型と器型が対になるときには、より大きな効果が生じる（榮久庵, 2000, p. 84）。すりこぎとすり鉢を組み合わせた製粉機などを考えてみると、棒型と器型が統合した形態は新たな相乗効果を生み出す機械につながる。さらに、反応を生じさせる器型の機能としての内燃機関やバッテリーなど、動力発生機構を内蔵して棒型の機構を動作させるような仕組みも発展している。器型の原動機と棒型の作業機の統合は現代的な機械を構成している（坂本, 1975, p. 254）。

このような棒型と器型は人間 - 技術関係の原型と考えられ、表9-1に示した類型を整理する手がかりとして活用できるだろう。

4 | 人間 - AI 関係への型の適用

ジレンマを考える

最後の節となる第4節では、人間と人工知能の関係のデザインを考える上で、前節で検討した型のアイデアをどのように活用できるのか検討してみよう。

音声や画像を識別したり、言語を解析したり、数値を予測するなどの機能を目的に、人工知能を道具として使用する場合があるだろう。人工知能を道具として使うことにより人間の機能が拡張される一方で、その機能を使わなくなることで人間の能力が減退してしまう懸念、あるいは、人工知能が代わりに作業することで人間の仕事がなくなってしまう懸念はこれまでに指摘されている。以下では、道具としての人工知能と人間との関係という観点においても生じるだろう、こうしたジレンマを考慮したデザインのアプローチについて検討する（Wesugi, 2019 の内容に基づきつつ再検討する）。

まずは、第3節の表9‐1の歴史学の領域で紹介した人間の機能拡張の系譜を手がかりに、ジレンマの問題を分析する。本章で何度も紹介した、文字を利用することによる記憶力増強と減退の問題を取り上げよう。発明神テウトの「この文字というものを学べば、エジプト人たちの知恵はたかまり、もの覚えはよくなるでしょう」（プラトン, 1967, p. 163）という発言に対して、エジプト王タモスは「文字の生みの親として、愛情にほだされ、文字が実際にもっている効能と正反対のことを言われた。なぜなら、人々がこの文字というものを学ぶと、記憶力の訓練がなおざりにされるため、その人たちの魂の中には、忘れっぽい性質が植え付けられることだろうから……」（ibid., pp. 163-164）と答えている。能力の拡張と減退に対する立場の違いに関して柴田崇は、発明神テウトは文字を使い続けることで記憶力拡張の効果を主張しているのに対し、エジプト王タモスは文字を使わない、あるいは使えない状況における問題を指摘していると分析している（柴田, 2015; 本書第2章も参照）。つまり、技術使用が持続した状態における機能拡張の効果と、技術が作用していない、あるいはしなくなった状態における機能低下の影響という、技術使用の持続性が2人の立場の違いである。この持続性がジレンマへ対応する手がかりとなる。

さらに、『パイドロス』ではもう１つの問題についても言及されている。タモスは「［文字の使用者は］……ほんとうは何も知らないでいながら、見かけだけはひじょうな博識家であると思われるようになるだろうし、また知者となる代りに知者であるといううぬぼれだけが発達するため、つき合いにくい人間となるだろう」（プラトン, 1967, p. 164）という、使用者の性質の変化の問題についても触れている。

　前者の「記憶力衰退」型は、技術を使用できなくなったときに、能力低下が顕在化する問題と言える。これは、技術が使用者の能力を代行し続けることで、本人がもともとの能力を使わず、発揮できなくなってしまうことによる。

　後者の「つき合いにくい人」型は、技術を使いすぎることで、人間の性質が変化する問題である。これは、技術が使用者の身体と一体化することで、技術による影響に注意が向きにくくなり、本人の性質そのものが変化してしまうことによる。

「記憶力衰退」型の問題

　続いて、それぞれの問題に対するアプローチを検討してみる。「記憶力衰退」型の問題に対しては、表９‒２に示すように技術の使用度合、生身の人間自身の能力に対する見方に応じた３つの方向性が考えられる。

　デザインアプローチＡは、技術を絶えず使用できるようにし、使用できない状態が生じないようにすることで、人間自身の能力低下による問題を生じさせない、顕在化させない方向性である。人間の能力低下が生じても、技術を使用し続ければよく、人間の能力低下は問題としない立場である。ただし、技術が利用できる状態を重視することで、技術が使えなくなることへの憂いは解決されるわけではない。人間自身の能力には注意を向けていないため、技術を使

表９‒２　「記憶力衰退」型の問題に対する３つのアプローチ

	技術の使用度合	人間自身の能力に対する見方
アプローチＡ	技術は絶えず使用	人間自身の能力低下は問題としない
アプローチＢ	技術は適切に使用	人間自身の能力の状態に注意を向ける
アプローチＣ	技術の使用を制限	人間自身の能力低下を生じさせない

い続けること自体がデザインの対象となる。

　デザインアプローチＢは、人間自身の能力の状態に注意を向け、深刻な能力低下の問題が生じないように配慮して、技術を適切に利用する方向性である。人間自身における実現したい能力の段階に応じて、技術を使い分ける立場である。技術を使い続けたり、やめたりする使用の度合いがデザインの対象となるのではなく、人間自身の能力への影響度合いを考慮した技術がデザインの対象となる。

　デザインアプローチＣは、技術の利用を制限することによって、人間自身の能力が低下しないようにする方向性である。極端に言うならば、人間の能力を低下させることになるため、技術を使用しないという立場になる。技術使用により人間の能力が低下してしまうという見方を前提としているため、人間の能力ではなく技術使用の抑制がデザインの対象となる。

　アリストテレスにおける人柄の徳（アレテー）の考えには中間的な性向があり、超過でも不足でもない中間が卓越した状態と位置づけられる。すぐれた技術者も中間に着目して仕事をしているとも記述されている（アリストテレス, 2015, pp. 128-136）。こうした中間性に着目すると、技術の使用度合の観点では、デザインアプローチＡは技術使用の超過、Ｃは技術使用の禁止、Ｂは使用超過と不使用の間の中間程度の使用となる。人間自身の能力に対する見方からは、Ａは能力低下は問題としないとする無視、Ｃは能力低下を問題とする過度な対応、Ｂはその中間で能力状態に注意を向けるという考え方として位置づけられる。アプローチＢは、技術使用においても、人間の能力に対しても中間の領域に位置づけられよう。

　デザインアプローチＡのアイデアを図9-3に示す。技術を絶えず使用し、人間の能力低下は問題としないことから、技術の継続性を対象にデザインを検討することになる。図中では下側は技術が機能しない状況で、上側は機能する状況である。上に向かって技術の機能維持のレベルが高まる。こうした技術の継続性を前提とするデザインは、伝統的な機械技術の設計におけるアプローチである。たとえば、電気・水・ガスなどのインフラと呼ばれるシステムでは、いつでも使い続けることを前提に、故障が生じても機能がそのまま維持できるように系を多重にする冗長性をもたせるほか、障害が発生しないように事前に

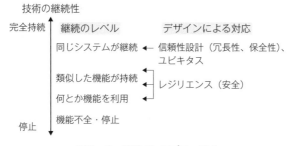

図9‑3　デザインアプローチ A

処置をしたり、故障が生じた場合にただちに回復するような保全を行うことで、継続的に使用できるように構築されている。昨今では、困難に直面する状況にもすぐに適応し、より正しく機能する方向へ向かうというレジリエンスが注目されている（Hollnagel, 2014）。また、たとえば携帯電話においては、いつでもどこでも使い続けることができるよう、バッテリーやネットワークが改善され続けているように、継続性を高めるための技術開発が行われている。このように、レベルによる差はあるものの、技術を継続的に使用できるようにすることで使用者の機能を維持する方向性である。

　デザインアプローチ B のアイデアを図9‑4に示す。人間の能力の状態に注意を向けることから、技術の使用度合ではなく、人間の能力の段階に着目した技術をデザインすることになる。図中では下側から上側に向かって人間の能力の段階が高まる。使用者のできる範囲を拡張するような技術は、たとえば、ス

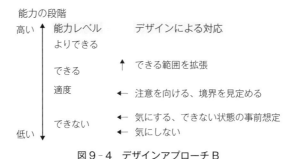

図9‑4　デザインアプローチ B

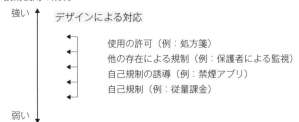

図9‐5　デザインアプローチC

ポーツのトレーニング領域における使用が該当する。動作を限定したり、補助
力を付与することなどは、競技においてはその技術を使わないものの、練習中
に利用することで競技時へ向けてパフォーマンス向上を支援する。そして、で
きる範囲を適度に保つ技術は、能力低下が生じないか、注意を向けながら使用
する技術になる。たとえば、重量物を運搬する作業において、荷物のみならず
自身の重量分も装置によって補助するのではなく、高負荷の分だけ補助し事故
や怪我を防ぐような装置が挙げられる（葉多埜ら, 2018）。できないレベルを実
現する技術は、能力を意図的に低下させるための用途と言うよりも、能力低下
時に何が生じるのかを事前に想定してもらうような技術である。たとえば、高
齢者の知覚や運動の擬似体験、病気になった際の患者の生活体験の技術などが
位置づけられる（上杉ら, 2011）。このように、技術を使いすぎるわけでも、禁
止するわけでもなく、人間の能力の段階を考慮して技術の使用をデザインする
方向性である。

　デザインアプローチCのアイデアを図9‐5に示す。人間の能力低下を生じ
させないために技術使用を制限するということから、技術使用の規制に着目し
たデザインを検討することになる。技術を使いすぎないように段階的に規制す
る方向性である。図中では下側から上側に向かって規制の仕方が強くなる。弱
い方においては、完全に自身で規制することになるが、たとえば使用状態を数
値や金額で示すことで規制を判断しやすくさせる。もう一段階強くなるとナッ
ジと呼ばれるような規制を誘導するアプローチ、そして、他者に依頼して規制
を調整してもらう方法、より厳しい方では専門家による許可などの方法が位置

づけられる。

「つき合いにくい人」型の問題

　次に、「つき合いにくい人」型の問題に対しても、「記憶力衰退」型の問題への対応と同様のアプローチが考えられる。人間の性質変化へ深刻な影響が生じないように、人間の性質がどのように変化するかに着目し、技術との適切な関係を調整する方向性として、デザインアプローチ B' が挙げられる。また、技術を使いすぎないように、技術そのものの使用の機会を規制する、同様のデザインアプローチ C が挙げられる。

　デザインアプローチ B' のアイデアを図 9-6 に示す。こちらは技術使用の規制ではなく、人間の性質変化の状態に対応する方向性である。人間の性質変化において、図中の下側はネガティブで、上側に向かってポジティブな状態を示す。下側のよくない状況においては、デザインアプローチ C の技術使用の規制が導入されるほか、特定の技術への依存症などにおいては治療が必要になるだろう。その状況になる前に、技術への依存によってどのような影響が生じるのかをシナリオに基づいて体験するといったデザインが考えられよう。そして、適度な状態では、その状態を維持するほか、性質変化に注意が向くように自身の状態を数値化したり可視化したりすることで、注意が向きやすくなるようなデザインが考えられる。よい状態においては、その技術を使うことによってよりよい状態へ向かうように、well-being やポジティブ性を高めるような仕組みを含む方向が考えられよう。

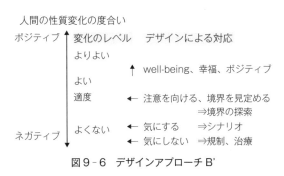

図 9-6　デザインアプローチ B'

以上、ジレンマの問題の解決へ向けて、人間‐技術関係における、人間の機能拡張技術の型の枠組みを適用し、デザインのアプローチを考えてみた。

第 1 節と第 2 節で扱ったように、技術使用のジレンマや予期せぬ問題に対する定式化された解決方法はこれまでに明らかになってはおらず、人工知能との関係においても類似の問題は生じうるだろう。それに対して、多様なステークホルダーとともにデザインを考える際に、問題を分析したり、方向性を検討したりする上で、これらのアプローチが手がかりになることを期待する。

棒型と器型からの考察

最後に、人工知能を道具として使用するときの人間との関係を、第 3 節で紹介した棒型と器型の観点から考えてみよう。

一般的な見方としては、人工知能は使用者の機能を拡張することから、棒型の技術に位置づけることができるだろう。一方で、はじめにデータを蓄積する段階は「貯蔵」、続いてデータを処理する段階は複雑な手続きによる「反応」、最後に結果を実行する段階はメディアを介して表現され、広く解釈するならば結果を「運搬」するため、器型の技術と位置づけることができよう。そして、これらの働きに関しては、一般的な器型技術と同じように、ライブラリやツールキットなどによりさまざまな手続きをブラックボックス化して、機能だけを利用しやすく棒型化する方向にあると考えられる。さらに、ブラックボックス内の機構がわからないため、処理を明示化する要請に応えていくことになる。ここにおいては、たとえば食品製造において、産地から工場、販売店までの経路を明らかにするトレーサビリティが要請されたように、手続きを明示化することになる。Explainable AI などの考えがこれに対応しよう。また、棒型技術と器型技術の統合についても同様に、人工知能が自動車やロボットに組み込まれるような展開があろう。これらはすでに広く検討されている内容であるが、人間と人工知能の関係の可能性を考える上で、わかりやすく生じやすい棒型・器型の発展のみならず、気がつきにくく見落としやすいが価値のある展開を検討してみたい。

1つは、器型の性質を重視してみることである。ブラックボックス化してただちに機能を利用しやすくする棒型化への方向は一般的な技術でも行われやす

いため、器型ならではの、内部の状態の調整や数多いパラメータへの対応に注意を向けてみる。その場合、操作する条件やパラメータの多さゆえに、すべての条件に対応できない事態が生じうる。これに対して、あえて「委ねる」ことがあろう。使い手には制御できない、外部環境の作用による偶然性を受け入れる態度である。これにより、新たな発見や創出などが期待できる。たとえば、お酒造りでは水や湿度・温度などを管理する必要があるが、その原料も含めてすべての過程を完全に制御しきれないことがある。その中で、思いがけずによい味になることがあるように、偶然性を価値とする方向性である。昨今注目されている人工知能を使った絵画や音楽制作などは、制御してできる正しさではなく、偶然できるよさに価値を見出すという点で、こうした流れに対応しよう。また、器型の技術には、上述のお酒造りなど、化学反応を利用しており、処理時間が長くかかるような作用も含まれる。これに対して生成の過程を楽しんで「待つ」こともある。何かができあがる過程を待つ経験は、注文工芸品においては、ただちにできずに時間がかかってようやくできあがることが価値をもたらし、工場見学においては、どのようにできるかに関心をもち、理解することにつながる。人工知能で繰り返し計算をする手続きには時間がかかるが、それによって結果が生み出される過程をある種の成長として見守るような関わり方もあろう。

　2つめは、棒型技術と器型技術の相互作用であり、包丁とまな板、すりこぎとすり鉢のように相補的に組み合わせた利用である。食材を掌の上に置き、包丁で切ることも機能としては可能であるが、安全に、正確に、早く切るためにはまな板の上で作業するのがよい。包丁は、まな板の端ではなく真ん中でまな板が受けやすいように使用し、まな板は、揺れたりすることなく、包丁で切りやすいように食材を支えるときに最もよく機能する。この関係は一見すると、包丁が能動、主であり、まな板は受動、従であるかのように捉えやすいが、単純に一方向に作用する関係ではない。包丁が一方的に作用するのをまな板が受け止めるのではなく、包丁もまな板も互いの性質がよく生じるような関係で相互作用することで対象物をよりよく切る動作が実現可能となる。つまり、棒型・器型技術において、器型が最も機能するように棒型を使用し、棒型が最も機能するように器型が作用する状態が続く、相補的かつ循環的な関係において、

それらの道具が対象物によく作用すると言える。

　以上のような棒型・器型技術の性質をふまえて人工知能を使用する例として、自動車の安全運転技術について考えてみよう。棒型の技術として運転手の移動機能の拡張が挙げられるが、暗がりでも検出可能なセンサーや自動ブレーキを組み合わせることによる、歩行者や自転車の飛び出しに対する事故防止技術はすでに開発が進んでいる。さらに、人工知能が歩行者の行動を予測し、飛び出しそうな場合には事前に運転手に注意したり、早めに自動ブレーキが作動したりすることなどによって、より安全な運転の支援が可能になるだろう[1]。

　一方で、技術による人間の機能代行により、運転能力の低下も懸念されるだろう。その問題に対しては、本節のデザインアプローチＢで紹介したように、人間の能力に応じた技術のデザインを検討することになる。絶えず警告が提示されたり自動ブレーキが作動したりするのではなく、運転手の状態を計測・モデル化し、運転手自身が実施すると人工知能が予測した場合には支援せず、注意が向いていない状況だが運転手の行動でもまだ間に合う場合には弱い注意喚起をし、危険な場合には早めに介入するなど、運転手の状態を考慮し、能力減退ではなく能力向上のための支援を行うことが考えられる。

　また、器型の技術としては、棒型の自動車が作用する土台としての道路環境における案内や交通整理による運転支援が挙げられる。人工知能による道路上のカメラ映像を利用した交通量の分析、渋滞予測、さらには信号制御などは、すでに開発が進んでいる。そして、自動車のみならず、歩行者や自転車などを検出し、その行動を予測し、それらを各自動車に情報共有することによって、運転手からは直接見えない地点から飛び出してくる人や車両を避けるための注意喚起を行ったり、他の自動車に早めのブレーキをかけたりするなど、より安全に運転するための環境側からの支援も可能になるであろう。

　さらに棒型と器型技術の相互作用という観点からは、多数の自動車と道路環境間での人工知能を介したコミュニケーション技術が挙げられるだろう。各自動車は、センサーや通信機能により他の自動車や道路環境をより正確に認識できるようになり、それらに作用できるように拡張する（棒型）。また、道路環

1)　器型技術の特徴に、「内容保護のための貯蔵」、「位置変化のための運搬機能」がある。車内の運転手自身を事故から守り、運搬するという点では器型の機能も含む。

境の側は、各自動車が安全に移動できるように見張りつつ、さらに渋滞を抑えるように信号や案内を制御するなど、自動車の流れという「反応」を調整する（器型）。棒型の自動車と器型の道路環境が積極的にコミュニケーションし合いながら通行することで、各自動車の早く安全な移動が可能になるだろう。

5 │ おわりに

　最後に以上をまとめよう。本章では、人工知能を道具として使用するときに、人間−道具・技術関係をどのように考慮した設計方針がありうるのかを検討した。特に、技術使用において生じる予期しない影響の要因の1つが設計と使用の隔たりにあるとの観点から、現在広く利用されており、これからもさらなる展開が期待されている2通りのアプローチを紹介した。設計と使用を分け、設計したように使用されることを前提とするアプローチと、それに加えて、設計の中に使用される多様な状況を包含していくアプローチである。前者は伝統的な工学設計に基づいており、後者は使用者に加えて多種多様なステークホルダーも設計に関与する、昨今力が入れられている方向性である。

　個人だけでなく社会への影響も大きいことが想像される人工知能の使用においては、設計者のみならず使用者においても、技術との関わり方において現時点での自身の思考の枠組みを広げ、想定しうる関係の見通しをよくすることが望ましいと考えられる。そこで本章では、人間と技術の関係の型という概念的な技術を検討した。直接の知見として設計体系には組み込まれていない領域も含め、身体的機能、生態学、哲学、歴史学、物語、システム論に関する領域における、人間−技術関係の型の候補について紹介し、それらの原型として棒型と器型について検討した。最後に、それら型の使い方として、技術利用のジレンマへの対応や、人工知能との関係の検討を試みた。

　人間−技術関係の型のアイデアは、人間に影響を与える他の先端的な技術との関係や、十分に検討されていない既存技術においても適用可能であると考える。各領域における展開には広い可能性があるため、設計との関係からさらに検討していきたい。

参照文献

Arthur, W. B. (2009). *The Nature of Technology: What It Is and How It Evolves.* New York: Free Press. (W・ブライアン・アーサー『テクノロジーとイノベーション——進化／生成の理論』有賀裕二監修，日暮雅通訳，みすず書房，2011年)

BBC News Magazine (2013). Why is cycling so popular in the Netherlands? https://www.bbc.com/news/magazine-23587916

Beck, B. B., Walkup, K. & Shumaker, R. (2012). Tool use and problem solving in animals. In Seel, N. M. (Eds.). *Encyclopedia of the Sciences of Learning* (pp. 3330–3333). Boston: Springer.

Binswanger, M. (2001). Technological progress and sustainable development: what about the rebound effect? *Ecological Economics, 36,* 119–132.

Boeijen, A. G. C. van., Daalhuizen, J. & Zijlstra, J. (Eds.) (2020). *Delft Design Guide: Perspectives - Models - Approaches - Methods* (Revised Edition). Amsterdam: BIS Publishers.

Card, S. K., Moran, T. P. & Newell, A. (1986). *The Psychology of Human-Computer Interaction.* Boca Raton: CRC press.

Coeckelbergh, M. (2020). *AI Ethics.* Cambridge, MA: MIT Press. (マーク・クーケルバーグ『AIの倫理学』直江清隆訳者代表，丸善出版，2020年)

Friedman, B. & Hendry, D. G. (2019). *Value Sensitive Design: Shaping Technology with Moral Imagination.* Cambridge, MA: MIT Press.

Gibson, J. J. (1966). *The Senses Considered as Perceptual Systems.* Boston: Houghton Mifflin. (ジェームズ・J. ギブソン『生態学的知覚システム——感性をとらえなおす』佐々木正人・古山宣洋・三嶋博之監訳，東京大学出版会，2011年)

Hollnagel, E. (2004). *Barriers and Accident Prevention.* London: Routledge.

IDEO. org. (2015). The field guide to human-centered design. https://www.designkit.org/

Ihde, D. (1990). *Technology and the Lifeworld: From Garden to Earth.* Broomington: Indiana University Press.

JIS Z8521 (2020).

Kauffman, S. (1995). *At Home in the Universe: The Search for Laws of Self-Organization and Complexity.* New York: Oxford University Press. (スチュアート・カウフマン『自己組織化と進化の論理——宇宙を貫く複雑系の法則』米沢富美子監訳，筑摩書房，2008年)

Lindsay, C., (2003). Involving people as co-creators. In Marzano, S., & Aarts, E. (Eds.). *The New Everyday: Views on Ambient Intelligence* (pp. 38–41). Rotterdam: 010 Publishers.

Noire, L. (1880). *Das Werkzeug und seine Bedeutung für die Entwickelungsgeschichte der Menschheit.* Mainz: J. Diemer. (ノワレ『道具と人類の発展 上』三

枝博音訳，岩波文庫，1954 年）

Pahl, G., Beitz, W., Feldhusen, J. & Grote, K. H., (Ed. Wallace, K. & Blessing, L.) (2006). *Engineering Design: A Systematic Approach* (Third Edition). London: Springer. (『エンジニアリングデザイン——工学設計の体系的アプローチ 第3 版』金田徹訳代表，森北出版，2015 年)

Papanek, V. (1971). *Design for the Real World: Human Ecology and Social Change.* New York: Pantheon Books (ヴィクター・パパネック『生きのびるためのデザイン』阿部公正訳，晶文社，1974 年)

Rasmussen, J. (1983). Skills, rules, and knowledge; signals, signs, and symbols, and other distinctions in human performance models. *IEEE Transactions on Systems, Man, and Cybernetics,* SMC-*13* (3), 257-266.

Reed, E. S. (1996) *Encountering the World: Toward an Ecological Psychology.* Oxford: Oxford University Press. (エドワード・S. リード『アフォーダンスの心理学——生態心理学への道』細田直哉訳，佐々木直人監修，新曜社，2000 年)

Rip, A., Misa, T. J. & Schot, J. (1995). *Managing Technology in Society: The Approach of Constructive Technology Assessment.* London: Pinter Publishers.

Slob, A. & Verbeek, P. P. (2006). Technology and user behavior: An introduction. In Verbeek, P. P. & Slob, A. (Eds.). *User Behavior and Technology Development: Shaping Sustainable Relations Between Consumers and Technologies* (pp. 3-12). Dordrecht: Springer.

Tromp, N., Hekkert, P., & Verbeek, P. P. (2011). Design for socially responsible behavior: a classification of influence based on intended user experience. *Design Issues, 27*(3), 3-19.

Verbeek, P. P. (2011). *Moralizing Technology: Understanding and Designing the Morality of Things.* Chicago: The University of Chicago Press. (ピーター = ポール・フェルベーク『技術の道徳化——事物の道徳性を理解し設計する』鈴木俊洋訳，法政大学出版局，2015 年)

Wesugi, S. (2019). Analysing and solving the reduced-ability and excessive-use dilemmas in technology use, The 22nd international conference on engineering design. *Proceedings of the Design Society: International Conference on Engineering Design, 1*(1), 1393-1402

Wesugi, S. (2020) Considerations on analysing relations between humans and AI technologies based on archetypes of instruments-club-type and pot-type. *The International Philosophy of Human-Technology Relations Conference 2020.*

Wesugi, S. (2022). Design approach for considering unpredictable uses of technologies. *The International Philosophy of Human-Technology Relations Conference 2022.*

Wise, E., & Hoegenhaven, C. (2008). User-driven innovation - context and cases in the nordic region. *Innovation Policy,* Nordic Innovation Centre.

Wrangham, R. (2009). *Catching Fire: How Cooking Made Us Human*. New York: Basic Books. (リチャード・ランガム『火の賜物——ヒトは料理で進化した』依田卓巳訳，NTT出版，2010年)

アリストテレス（2015）．『ニコマコス倫理学（上）』渡辺邦夫・立花幸司訳，光文社古典新訳文庫．

岩城正夫（1985）．『原始技術論』新生出版．

ウィトルーウィウス（1979）．『ウィトルーウィウス建築書』森田慶一訳，東海大学出版会．

上杉繁・尾白大知・本多慧・玉地雅浩（2011）．「教育利用を目指した片麻痺歩行の擬似体験手法に関する研究」HCG シンポジウム 2011．

榮久庵憲司（2000）．『道具論』鹿島出版会．

黒須正明（2020）．『UX 原論——ユーザビリティから UX へ』近代科学社．

坂本賢三（1975）．『機械の現象学』岩波書店．

佐々木正人・三嶋博之・宮本英美・鈴木健太郎・黄倉雅広（2001）．『アフォーダンスと行為』金子書房．

柴田崇（2013）．『マクルーハンとメディア論——身体論の集合』勁草書房．

柴田崇（2015）．「サイボーグの「原型」——"extension" の系譜学に基づく J・D・バナールの読解」『年報新人文学』12, 65-66．

土屋喜一（2001）．『考え方を考える——創造性を育むヒント』オーム社．

中島健祐（2019）．『デンマークのスマートシティ——データを活用した人間中心の都市づくり』学芸出版社．

葉多埜裕士・河野晃広・小林峻輔・藤田剛・冨田亮・上杉繁（2018）．「建設現場の特性を考慮した重量物の運搬支援に関する研究——長尺物の移動・下ろし動作を補助する上肢制動ツールの開発」『日本機械学会シンポジウム：スポーツ工学・ヒューマンダイナミクス論文集 2018』．

プラトン（1967）．『パイドロス』藤沢令夫訳，岩波書店．

Hollnagel, E. (2014). 「Safety-I から Safety-II へ——レジリエンス工学入門」吉住貴幸訳，『オペレーションズ・リサーチ：経営の科学』59 (8), 435-439．

ローチ，メアリー（2008）．「槍を使って狩りをするチンパンジー」『ナショナルジオグラフィック日本語版』2008 年 4 月号．https://natgeo.nikkeibp.co.jp/nng/magazine/0804/feature01/index.shtml

第10章 人工物の倫理性と人工知能[1]

堀　浩一・関口海良

1 はじめに

日常に見えない形で埋め込まれた人工知能

近年の人工知能（以下、「AI」）の研究と開発の進展により、AI はすでに特別なものではなくなり、人々の日常生活に入り込みつつある。しかも、その入り込み方は、明示的に「人工の知能」として働く機械として人々が意識できるような形態であるとは限らない。人々がまったく意識していないところに AI の技術が導入されることにより、見えないところでさまざまなデータや情報が処理され、人々の意思決定や行動に何らかの変化を起こさせている可能性がある。

そもそも AI とは何かという議論から始める必要があるが、紙幅が限られていることから、その詳細については、既発表の論考にゆだねたい。たとえば、『人工知能とは』という本において、筆者（堀）は、人工知能研究とは、知能を発現する単体の機械の研究ではなく、人と人、人と人工物、人と情報、情報とデータ、等々の間において、さまざまな技術を入り込ませることにより、仮想的に人間社会全体の知能を高める研究である、と主張した（堀, 2016）。

多くの人々が想像しているような単体の機械としての AI においても、上に書いたような人間社会に見えない形で埋め込まれた技術の総体としての AI においても、それらが人間社会あるいは自然環境に対して何らかの悪い影響を及

---

[1]　第1節は堀浩一が、第2節から第6節は関口海良が主に執筆した。

ぼすのではないかという心配を人々が抱くのは当然のことである。本書においては、それらの心配に対して何をどう考えるべきなのかをさまざまな観点から議論しているわけであるが、本章においては、AI あるいは AI を構成する要素たちを設計する段階から、人や社会や自然環境に対する影響の可能性を検討しようではないか、その検討を設計に生かそう、そのために AI の技を自己適用しよう、そうすると、実は、いままで以上に創造的な設計を行うことができる場合もあるようだ、という議論を展開する。

「技術の道徳化」

　そのような議論の哲学的背景としては、ピーター゠ポール・フェルベークの仕事（フェルベーク, 2015）に代表される「技術の道徳化」という考え方が存在している。この分野に詳しくない人々、特に哲学的議論にこれまであまり興味をもってこなかった技術者が、この「技術の道徳化」という言葉を聞くと、「何らかの道徳的規範というものが世の中に存在していて、技術もその規範に合わせて規制する必要がある」という議論なのだろうと、誤解するかもしれない。そのように誤解する人々はまた「技術というのは、道徳あるいは倫理から離れた中立的存在であり、道徳的あるいは倫理的に良いことが起こるのも悪いことが起こるのも、技術の問題ではなく、技術を使う人間の問題である」という古臭い考えをもち続けているかもしれない。たしかに、「包丁を、料理に使うか、殺人に使うかは、使う人次第であり、切れ味の良い包丁を作る技術は、その使い方の問題に直接は関係ない」というような考え方は、包丁のような単純な道具においては、成立していたかもしれない。しかし、AI に代表されるような、複雑に人々の意思決定や行動に関係してくる技術の領域においては、そのような古い考え方を維持することは、技術者としての責任を放棄するに等しいことであると、いまでは考えられるようになっている。

　また、正しい道徳的規範というものが世の中にあって、それを技術にも適用すればよい、というような単純な議論は、成立しない。技術と人間社会あるいは自然環境との関係は、複雑であり、かつ双方向性を有している。われわれは、その複雑な関係を可能な限り広範囲にかつ正確に把握したい。しかも、現在だけでなく未来において生じうる新しい関係を予測する想像力も求められる。

「そんなことは想定外でした」という事態が発生することは、可能な限り避けたい。

「技術の道徳化」というのは、技術に道徳的規範を適用することではなく、技術と社会との関係について、想像力を働かせ、人々にとって嬉しいことを増やし、人々に害をなすことを減らすよう、技術を構築していこう、そのための議論を技術開発と連動させて広範に行おう、という考え方であると言ってよいであろう。すぐにわかるように、人々にとって何が嬉しくて何が害であるかは、単純に定まることではない。ある人に益をもたらすことであっても別の人には害をもたらすかもしれない。また、いったんは益をもたらしても、まわりまわって、時を経たのちに、大きな害をもたらすかもしれない。また、益と害の境界は、文化によって異なるかもしれないし、時代とともに変化するかもしれない。したがって、AIに代表されるような複雑な技術開発においては、正解が1つに安定的に定まることはなく、動的に複数の解を探して、その時々の人々の合意点を求め続けなければならない。

そのような合意点を求め続けるためには、何をどうしたらよいであろうか？　フェルベークの著書（フェルベーク, 2015）などで主張されているのは、議論の場の重要性である。技術者や倫理学者や法学者などの専門家だけでなく、一般市民も巻き込んで、幅広い層の人々がオープンに議論する場が重要であるとされている。筆者らも、その重要性については、まったく異論はない。が、残念ながら、現在の社会において、そのような場が用意されているかというと、必ずしも、そうとは言えない。実際には、法的規制などの議論の進行のスピードと、技術開発の進行のスピードとには大きな差があり、社会における議論を置き去りにして、技術開発がどんどん先に進められる傾向がある。

仮想的な議論の場を設計プロセスに組み込む試み

そこでわれわれが考えたのは、そのような議論の場を、AIの技術を応用することにより、仮想的に、AIに代表されるさまざまな人工物を設計するプロセスに組み込めるのではないか、というアイデアである。さまざまなステークホルダーを実際に集めて議論を行うためには、時間的および空間的制約があるが、仮想的な議論であれば、実際に人々を集めなくても、設計支援システムの

中に作り込むことができる。その仮想的な議論を生むための元となる材料として、倫理学や法学や工学におけるさまざまな知見や経験を知識ベースとして用意しておくことにする。その知識ベースもまた、固定された静的なものであってはならず、動的に進化させる必要がある。

　そのようなアイデアに基づいて、われわれは、実際に、倫理的な問題の発生の可能性とそれに対する解の可能性を、人工物の設計の最初の段階から考えることを可能にするような設計支援システムを作成し、公開し、実験を行っている。以下ではこのシステムについて解説する。

2　AI は社会においてどのような役割を担うのがよいか
——1 つの解としての自己適用

　AI は社会においてどのような役割を担うのがよいのだろうか。われわれの作成した設計支援システムにおける AI の社会的役割のイメージを示すために、まず架空の物語から始めよう。

倫理的設計支援 AI をめぐる架空の物語

　ある倫理的設計支援 AI が存在する。この AI は何らかの人工物についての設計アイデアを入力すると、それがどのような社会的インパクトをもつかや、関連してどのような技術を考慮すればよいかを教えてくれる。あるとき、AI 研究を愛するある AI 技術者が数式生成 AI を考案した。この数式生成 AI は物理現象を撮影した動画を解析することで、その現象を説明する数式を自動で生成する。たとえば、リンゴが落下する動画を解析させると物理学の運動方程式のようなものを生成する。

　しかし、この AI 技術者は数式生成 AI が自身を不幸にする可能性に気づく。数式生成 AI が世に出ると、人々が科学技術において役割を果たせなくなり、社会に不幸が広がるのではないか。すると自身も結果として不幸になるのではないか。そこで AI 技術者は AI と社会との関係において気をつけるべきことを倫理的設計支援 AI に問うてみた。すると、数式生成 AI のアイデアから、倫理学者によって行われてきた「人間中心」という論点や、人間だけでなく

「生態系の保護」も重要という論点までどのように繋がるかをシナリオとして教えてくれた。こうして、この AI 技術者は望ましい社会について考える際のヒントを得た。

　しかし、この AI 技術者にとって倫理的な議論はまだ抽象的であり、これに対応するために具体的に数式生成 AI の何をどう変えればよいのかまだよくわからなかった。そこで、これらの論点への対応に成功した具体的技術としてほかにどのようなものがあるかを倫理的設計支援 AI に問うことにした。すると、ドローンによる空中撮影が環境保護を行う人々の活動において活躍していると知ることができた。AI 技術者はここで気づきを得た。自身の数式生成 AI も同様に環境保護を行っている人々を支援するために使えるのではないか。以前から環境保護に興味があったこともあり、この AI 技術者はこのアイデアを膨らませることにした。そして、彼らの活動の様子を撮影した動画を集めて入力とし、彼らの活動をより効率よくする方程式を生み出す新しい数式生成 AI（「改良型数式生成 AI」と呼ぶ）を開発することを次のテーマとした。ここで、この思考の過程や、改良型数式生成 AI がもちうる役割は、科学技術を人々から奪うのではなく、人と AI が協働して科学技術をより強力に進める 1 つのあり方を示すものとして理解できる。そこでこの AI 技術者は、数式生成 AI のリスクシナリオや改良型数式生成 AI の設計アイデアを倫理的設計支援 AI に登録して、この AI が新たに学習する際や、誰かが次に設計を行う際に参照できるように提供することとした。

　別の日、この AI 技術者は倫理的設計支援 AI を用いて自身のアイデアをさらに膨らませようと考えた。そして、改良型数式生成 AI を入力としてどのような点に気をつければよいかを問うことにした。すると、倫理的設計支援 AI はリスクシナリオとして改良型数式生成 AI が大量殺戮に利用される可能性を提示した。たとえば、空からの爆撃時に逃げ惑う人々の避難経路を予測する数式を構築して、最も「効率よく」人々を殺傷する爆弾の投下方法を求めるために利用される可能性があるとのことだった。

　そこで、さらに倫理的設計支援 AI に対してこのような利用に対して打てる対策はないかを問うてみた。すると、他の技術ではその仕組みをオープンにすることで、相手側も対策を打てるようにして、敵対的行為の効果を減じるとい

うアイデアが採用されていることを知ることができた。確かに、改良型数式生成 AI が大量殺戮に用いられるとしても、それに関するオープンな情報から選択されうる戦略を推定し、その裏をかく戦略をとる新たな改良型数式生成 AI を生み出すことも可能である。そこでこの AI 技術者は、自身の数式生成 AI および改良型数式生成 AI の仕組みについての技術的詳細も論文の形で発表することとした。また併せて、自身の技術がもつリスクとそれへの対策のアイデアを再度、倫理的設計支援 AI に登録して以降の学習や設計において利用可能とした。

AI が技術の倫理的設計を支援する

　以上の物語が示す重要な点は、より望ましい社会のあり方を検討する過程や、そこで求められる具体的な技術に関して検討する過程でも、AI が支援を行える可能性があることである。さらに、このような検討を進める中で、この AI 技術者が経験したように、新しいアイデアの発想につながる気づきを得られる可能性があることである。上述の数式生成 AI は架空のものであるが、倫理的設計支援 AI は筆者らがすでに開発を進めているものである。

　社会における望ましい AI の 1 つのあり方は、これまで見てきたように、社会に対して AI がどのような価値を与えるとよいのかを検討する支援を AI が行うことである。言い換えれば、AI 技術を AI の倫理的設計に適用（＝自己適用）することである。たとえば、先述のように、AI あるいはより広く人工物の開発において中心に考えるのは人間だけでよいのか、生態系や地球環境とのバランスをどのように取ればよいのかなどの社会的視点から、具体的な AI あるいは人工物のあり方を、AI とともに考えていく。本章で「倫理的設計」と呼ぶのは、このような社会全体にとってのインパクトから考える設計のことである。

　近年、AI 技術は目覚ましい発展を遂げている。AI は囲碁や将棋で人間のプロフェッショナルに勝利するようになった。翻訳技術は実用レベルに達している。AI は熟練の画家が描いたような絵画を生成している。人々の間には、このような AI 技術の発展を受けて、この先どれだけ良い社会が訪れるのかという期待と、このまま行くとどのような社会になってしまうのかという不安が存

在している。AI 技術者のあり方として望まれるのは、これらの期待と不安を
受け止めながら、どのような社会を目指せばよいのかを考えて、そこから、ど
のような AI があればよいのかを考えることである。そして、実際に作って社
会に示しながら、市民との対話の中で、アイデアを練り上げていくことである。
本研究はその実践を支援するものである。

3　倫理的設計を支援する有機的で動的なツール（Dfrome）の開発

　これまで筆者らは設計支援システムとして、倫理的設計を対象とした創造活
動支援ツールを実装し、効果を検証してきた。筆者らはこのツールを Dfrome
（Website for Design FROM the Ethics level）と読んでいる。Dfrome は倫理的
設計のアイデアを編集し、公開して共有するためのプラットフォームである。
Dfrome による支援の特徴は、多くの倫理的な言説や技術的なアイデアの意味
を解析し（有機的）、ユーザ（使用者）の文脈に沿った支援を行うことである
（動的）。

　Dfrome は主に 4 つの構成要素からなる。まずは倫理的設計のアイデアを直
感的な操作で編集できるようにする「エディタ」である。ユーザは誰でも
Dfrome にインターネットからアクセスし、アカウントを作成することで、こ
れを利用できる。次に、編集したアイデアを知識ベースとして保存しておく
「クラウド環境」である。本章を執筆している 2023 年 3 月時点では約 300 個の
設計アイデアが公開されている。3 つ目が蓄積した設計アイデアを処理する
「探求エンジン」である。ここでは自然言語処理技術を利用している。4 つ目
が蓄積されたアイデアを簡単な操作で閲覧するための「ブラウザ」である。エ
ディタの利用にはアカウントの作成が必要であったが、ブラウザではアカウン
トは不要である。

　Dfrome では、さらに 2 つの発展的なサービスを提供している。1 つ目とし
て、Dfrome は設計アイデアの表現の「たたき台」を提供する。Dfrome にテ
キストを入力すると、Dfrome が定める所定のフォーマットに変換して提示す
る。これにより、記述方法を新たに学んで自身の設計アイデアに適用する際の

負荷を軽減する。これは筆者らが「半自動生成」と呼ぶサービスである。ここ
で「半自動」と呼んでいるのは、ユーザがたたき台を再度編集することにより、
自身が考えていた設計アイデアについての気づきを得ながら、表現と理解の両
方がユーザと Dfrome との相互作用の中で構築されていくからである。たたき
台を作成するにあたっては、Dfrome の知識ベースに蓄積されたデータを参考
にする。また、Dfrome ではどの知識要素（ノード）と別のどのノードの間に
関連があるかも同様に知識ベースのデータを基に計算して提示することができ
る。たとえば、「自動車を運転する」と「CO_2 を排出する」という2つの文を
因果関係でつなぐデータが蓄積されているとする。また、「自動車を運転する」
と「バイクを運転する」という2つの文は類似性が高いと計算できるとする。
すると、「バイクを運転する」と「CO_2 を排出する」という2つの文も因果関
係でつなぐことができるはずだ、などと計算する。

　2つ目として、Dfrome はユーザが入力した設計アイデアに関連して考慮す
るとよいと計算されたシナリオを提示する。これにより、設計アイデアがより
「豊か」になることを支援する。まず、「風が吹けば桶屋が儲かる」のようなひ
と連なりの因果関係の連鎖をシナリオと定義する。そして、ユーザが入力する
「自動車を電力駆動にする」といった「何かをある状態に変化させる（あるい
は、その結果として何かがある状態に変化する）」というアイデアに対して、こ
れに連なる類似性の高いシナリオや、考えていそうで考えていなかったシナリ
オを提示する。これは筆者らが「シナリオパスの推薦」と呼ぶサービスである。
提示するシナリオの向きは2つある。1つは、社会に向かってどのような影響
を起こしていくかという方向である。もう1つは、実現手段としてどのような
技術がありうるかを示す方向である。Dfrome はシナリオパスの推薦をエディ
タおよびブラウザで提供している。

4 │ 倫理的設計法の構築

倫理的設計法による設計のイメージ

　先述のように、Dfrome では所定のフォーマットによって設計アイデアを表
現することとしている。筆者らはこれを「倫理的設計法」と呼んでいる。図

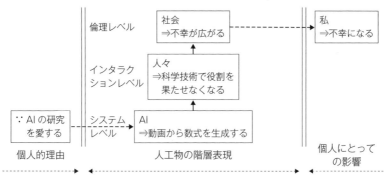

図 10‑1　倫理レベルからの設計のイメージ

10‑1 が倫理的設計法に基づいて記述した例であり、ここでは最初に示した架空の物語の冒頭部分を可視化している。図が示すように「∵（なぜならば）」や「⇒（変化する）」という記号を用いて「どのような理由で、何をどう変えると、何がどう変わるのか」といったイベントの連鎖を記述する。

　図 10‑1 の設計アイデア（今回は不幸につながる例）におけるシナリオの道筋は 1 本であるが、実際の設計では分岐も考えることになる。さらに、より長い道筋を形成しながら、全体として相応の大きさのツリーのような形（以下、簡単のため「ツリー」と呼ぶ）となる。

倫理レベルからの設計

　倫理的設計法は大きく 2 つの要素からなる。1 つは、設計において設計者やその他のステークホルダーがもつ視点である。筆者らはこれを「倫理レベルからの設計」と呼んでいる。もう 1 つは、その視点の中で設計アイデアを表現するための記述方法である。筆者らはこれを「言説による設計」と呼んでいる。

　倫理レベルからの設計（視点）についての基本的なアイデアは、設計対象を階層的に捉えることである。本研究では 7 つのレベルを定義している。すなわち、倫理レベル、インタラクションレベル、システムレベル、サブシステムレベル、サブ・サブシステムレベル、部品レベル、材料レベルである。「システムレベル」とこれ以下のレベルの定義は基本的にはシステム工学や人工物工学に基づいている。考察の対象としている何らかのシステムを 1 つの全体として

捉えると、それはいくつかの要素が有機的に関係し合うことで実現していると考えることができる。さらに、これら要素もより細かく見るといくつかの要素からなっている。このように考えることで、システムを階層的に理解することができる。

「インタラクションレベル」はシステムとユーザの間のインタラクションや、これを生み出す場の設計に対応するレベルである。言い換えれば、システムレベルはユーザインターフェース（User interface: UI）に対応しており、インタラクションレベルはユーザエクスペリエンス（User experience: UX）に対応している。インタラクションレベルがミクロな場の関係を扱うとすると、そのさらに外側にそのような場をいくつも内包するマクロな関係を想定することができる。本研究ではこれを社会全体という広さまで広げて考える。「倫理レベル」とはこの社会全体に対する影響を表現するレベルである。倫理的設計法では以上の7つのレベルを目印として、適切な粒度で階層間に設計アイデアを記述して論理を構築していくものとする。

ここで設計とは、自然では生じえない変化を意図して生じさせるものと定義できる。そしてその際には、何らかの具体的な存在物を変数として変化させることで、その影響を外界（システムや、ユーザ、社会全体など）へ伝搬させていくことで目的の達成を目指すことになる。このような影響の伝播は、人工物の階層表現の下から上へ向かうものとして整理できる。この現象を倫理レベルまで繋げて扱うことが倫理的設計法の肝である。すると、倫理レベルを明示的に扱っているかどうかや、倫理レベルと下位のレベルの間に設計アイデアのギャップが存在しないかどうかなどを明確な形で確認できるようになる。階層内で表現されるのは、基本的には設計者らステークホルダーの手を離れて生じる変化の連鎖である。その意味で、これらの表現は客観的なものである。

次に、設計においては設計者やその他のステークホルダーの主観も重要である。まず、設計に際しては個人的な理由が存在すると想定できる。たとえば、設計に際してもつ想いや信念である。具体的には、AI研究を愛するといったことや、環境保護に興味があるなどである。一方、その設計を行うことや、設計した人工物が実現することによって自身にどのような影響があるかを思索することができる。たとえば、自身が満足感を得ること、不幸になることや、組

織内での評価を獲得して自身のキャリアアップにつながるといったことである。本研究ではこれら主観的な軸を人工物の階層表現に直交して位置づける。ここでは設計者から見てより手元に近い順に、個人的理由、階層表現（設計アイデア）、個人にとっての影響を並べて位置づけることとする（図10‑1）。

言説による設計

　次に、設計アイデアの記述方法について紹介する。言説による設計とは、設計における文法と語彙を倫理レベルからより明確に設計できるように定義したものである。文法の基本的なアイデアは設計によって生じさせる「変化」を記述することである。また、設計者の主観についての記載も併せて行えるようにする。これらの表現を組み合わせることにより、設計アイデアの表現は全体としてツリーを構成する。

　語彙に関しての基本的なアイデアは、表現空間内の場所によって適切な用語と学術的立場（自然科学的ないし人文学的）を用いることである。たとえば、個人にとっての理由を表現するには哲学や倫理学に加えて、心理学なども参考にできる。階層表現内では、下位のレベルではより自然科学的な語彙を、上位のレベルではより人文学的な語彙を運用することができる。たとえば、倫理レベルにおいては応用倫理学の語彙及び運用方法が有用である。より具体的には、AIの急速な発展を受けて2010年代の後半ごろからAI倫理の議論が精力的に行われてきた。その中では、原理、原則、ガイドラインやケーススタディなどが提供されている。初期のものでは、IEEEのEthically Aligned Design（IEEE, 2016）や、Asilomar AI Principles（Future of Life Institute, 2017）などを挙げることができる。Dfromeはこれらの言説を倫理的設計に積極的に導入するための支援を行う。重要な点は、倫理的設計法を用いることで、設計アイデアの中でこれらの倫理的な言説から具体的な技術までを同じフォーマット内で連続的に扱えることである（このことはまた、文理が連続的につながった新しい学問のあり方を体現しているという意味でも重要である）。

5│研究を通じて得られた知見の例
　　　──倫理がもつ創造活動支援効果のメカニズム

　筆者らは Dfrome が倫理的設計の支援に役立つかどうかを検証した。検証も含めた研究の詳細は既発表論文（e.g., 関口, 2022）で詳しく記載しているので割愛するが、以下、主たる部分について簡単に紹介する。

Dfrome の有用性を示す事例
　Dfrome の開発や検証を進める中で、大きく下記の 2 つが確認された。まず、Dfrome は一定の意味において倫理的設計の支援に有用性をもつと確認された。2 つ目として、AI などの人工物が社会にとってどのような意味をもつのかを考えて設計することは、より創造的な設計活動へとつながる可能性があることが確認された（以下、「倫理がもつ創造活動支援効果」）。つまり、設計対象とする人工物の倫理的側面を考慮することで設計の解空間が拡張され、これまでの延長線上にない設計解が導かれる可能性が広がることになる。
　たとえば次のような事例が確認された。屋外で利用するドローンの研究を行っていたある被験者は、プライバシー侵害の問題に関するシナリオを受け取った。このシナリオはもともとは RFID（Radio Frequency Identification）の屋内利用に関するものであった。この被験者はこのリスクについてのシナリオを受け取った際に、自身の技術のポジティブな適用例、すなわち、ドローンを屋内で利用するというアイデアを発想した。この思索過程は倫理的設計法の考え方を用いることで、RFID とドローンはプライバシー侵害という共通の問題を有するのであれは、両者とも利用の仕方においても共通性を見出すことが可能であり、そうであれば、自身のドローンも屋内で利用できるのではないか、というように思索したものとしてモデル化できる。
　ほかにも、プロジェクトマネージメントを行っていたある被験者は、Dfrome の表現空間内での自身のプロジェクトのアイデアの分布を振り返った。そして、倫理レベルを含む上位のレベルの表現が足りていなかったこと、さらに、上位のレベルと下位のレベルの両方が同時に成り立つ方向へとプロジェク

トを発展させることが重要であることにあらためて気づいた。以上のように、倫理的設計が促進されただけでなく、倫理レベルから自身の設計アイデアを見直すことにより、下位のレベルでの設計アイデアの解空間がより広くなる効果が確認された。

倫理がもつ創造活動支援効果のメカニズム

　倫理がもつ創造活動支援効果のメカニズムを図10‐2を用いてあらためて説明する。一般に、ある目的（「目的 B_1」と記載）を実現する手段は複数考えられる。ここでは n 個（$n \geq 2$）の手段が考えられるとして手段 A_1 から手段 A_n と記載する。ここで、目的はより高次の目的（「目的 C_1」と記載）を実現するための手段であると位置づけることができる。したがって、「目的 B_1」は「手段 B_1」であると記載することもできる。さらに、目的 C_1 から見直すことで、別の目的（「目的 C_i」などと記載）を新たに設定することもできる。すると、目的 C_1 や目的 C_i にはそれぞれ複数の手段が考えられるので、手段 B_1 のレベルでは j 個（$j \geq 2i$）の、手段 A_1 のレベルでも k 個（$k > n+1$）の手段を想定することができる。

　そしてこの思索、すなわち、高次の目的から設計アイデアを見直す中で、具体的な新たな実現手段の可能性に気づくという形の思索は、人工物の階層表現の中でそのまま行うことができる。これは、人工物の階層表現においてより高いレベルがより高次の目的に対応し、より低いレベルがより具体的な手段に対応するからである。加えて、この階層内では目的だけでなく副次的な影響なども記述することができる。なぜなら、人工物の階層表現で記述するのは、下位のレベルで生じさせた影響がより広い（マクロな）領域へと伝播していく様子だからである。したがって、上向きの分岐はさらに増え、新しい検討の可能性もさらに広がる可能性がある。

　ここで補足であるが、図10‐3では材料レベルから倫理レベルまですべてのレベルを扱う場合を記述している。ただ実際の設計では、ある程度の下位のレベルについての詳細はより上位のレベルの性質としてまとめて扱うことができる。たとえば、個別の部品の性質を気にしなくても、モータの出力や強度をもって採用を決めることができるが、その場合にも上述のメカニズムが変わるわ

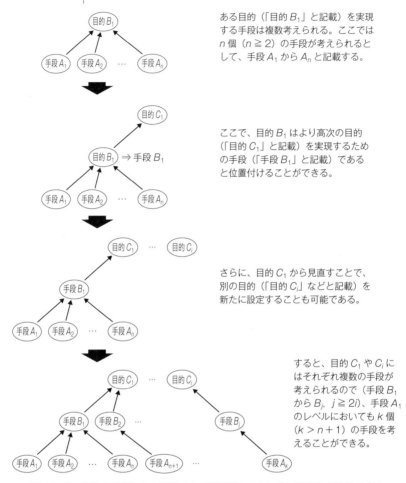

ある目的（「目的 B_1」と記載）を実現する手段は複数考えられる。ここでは n 個（$n \geqq 2$）の手段が考えられるとして、手段 A_1 から A_n と記載する。

ここで、目的 B_1 はより高次の目的（「目的 C_1」と記載）を実現するための手段（「手段 B_1」と記載）であると位置付けることができる。

さらに、目的 C_1 から見直すことで、別の目的（「目的 C_i」などと記載）を新たに設定することも可能である。

すると、目的 C_1 や C_i にはそれぞれ複数の手段が考えられるので（手段 B_1 から B_j, $j \geqq 2i$）、手段 A_1 のレベルにおいても k 個（$k > n + 1$）の手段を考えることができる。

図 10-2　高次の目的に立ち戻ることで設計解のさらに広い可能性が見えてくる

けではない。

　以上のように、本研究では倫理がもつ創造活動支援効果の存在とそのメカニズムを示した。言い換えると、創造活動においては First Principles（第一原理）まで立ち返ることが重要と言われているが、倫理的言説がそのような第一原理として有効に働くということである。

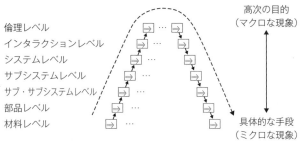

高次の目的
（マクロな現象）

倫理レベル
インタラクションレベル
システムレベル
サブシステムレベル
サブ・サブシステムレベル
部品レベル
材料レベル

具体的な手段
（ミクロな現象）

人工物の階層表現の中を「上がってから下がる」
形で思索を行うと、設計解の可能性が広がる
ポイント：具体的な技術的要素から倫理レベルまで連続的に思索可能！

図 10 - 3　倫理がもつ創造活動支援効果を人工物の階層表現において実現する様子

6 | AI の道徳性を考慮することの可能性や注意点

　最後に、「人工知能の社会実装を考える際、技術の道徳性を考慮に入れることで、どのような可能性や注意点が生じるか」という論点について、本章の議論をふまえて整理する。

　まずは、技術の道徳性を人間の行為を変えうるもの（フェルベーク, 2015）として捉えると、AIと人々とを1つの系と見なして扱う視点が重要となる。本章で見てきたように、このことは倫理的設計においても当てはまる。すなわち、より良い社会の実現に貢献するAIとは何かを考える際にも、人々だけやAIだけで考えるのではなく、人とAIが合わさってどのような設計行為を実現できて、どのような設計解を出していけるかを考慮する必要がある。

　2つ目として、多様なツールが連携し補完し合いながら人々を支援できるとよい。Dfromeに関して得られた本質的なコメントの1つとして、何か1つのツールで網羅的かつ中立的な支援を行うことはできないのではないか、というものがあった。倫理的設計を扱う際にはこの点は特に問題になる。広範囲にわたる影響を考慮しながら、社会的価値という抽象的な要素を扱うからである。また一般に、設計解は1つではないからであり、これは倫理的設計においても成り立つからである。

　3つ目として、社会全体と設計者やユーザなどの個人の両方が「うれしく」なるような設計を目指すべきである。倫理的視点を導入して社会全体について考えすぎることは、設計の結果として全体主義を生み出す可能性があり注意が必要である。政治哲学者のハンナ・アーレントは、全体主義に対処するには社会全体の運動に飲まれるのではなく、人間がその存在をかけて何か新しいものを生み出すことが重要であると論じた（アーレント, 1981, e.g., pp. 274, 307）。倫理的設計においても、トレンドを考慮したり、AIによる創造活動支援に従うだけでは十分でなく、個人がもつ好奇心や興味（すなわち個人的理由）をそこに融合させていくことが重要となる。

参照文献

Future of Life Institute (2017). Asilomar AI principles. https://futureoflife.org/ai-principles/

The IEEE Global Institute for Ethical Consideration in Artificial and Autonomous Systems (2016). Ethically aligned design: A vision for prioritizing wellbeing with artificial intelligence and autonomous systems, version 1. https://standards.ieee.org/industry-connections/ec/ead-v1/

アーレント, ハンナ (1981).『全体主義の起源3 ―― 全体主義 新装版』大久保和郎・大島かおり訳、みすず書房.

関口海良 (2022).「人工物を倫理的側面まで拡張して扱う設計に関する研究」東京大学大学院工学系研究科博士論文.

フェルベーク, ピーター゠ポール (2015).『技術の道徳化 ―― 事物の道徳性を理解し設計する』鈴木俊洋訳、法政大学出版会.

堀浩一 (2016).「人間や環境を含んだ新しい知能の世界としての人工知能」, 人工知能学会監修, 松尾豊編『人工知能とは』近代科学社, 所収.

あとがき

　この論文集は、科学技術振興機構（JST）社会技術研究開発センター（RISTEX）の研究開発プログラム「人と情報のエコシステム（HITE）」に採択された研究開発プロジェクト「人の情報テクノロジーの共生のための人工知能の哲学2.0の構築」（2018〜2021年度）の研究成果の一部である。

　深層学習をはじめとする人工知能研究は、近年急速に進展している。それに伴い、人工知能の社会実装をめぐる倫理的問題の議論も活発化している。それらの問題を論じるためには、現在の人工知能の基本原理を理解した上で、その可能性と限界を評価するという作業が不可欠なはずである。

　じつは、第2次人工知能ブーム期までは、哲学者を中心とした人文科学者も、人工知能に関する理論的考察を積極的に展開し、人工知能研究者との交流も活発だった。しかし、1990年代になり人工知能研究そのものが冬の時代に入ると、そのような活動は立ち消えになってしまった。

　第3次人工知能ブームの到来によって、このような営みの重要性はふたたび高まっている。しかし、現在の人工知能研究で用いられている手法を理解するためにはさまざまな数学的知識が必要であるため、人文科学研究者にとってのハードルは高い。そのような事情から、第2次人工知能ブーム期までに論じられていた人工知能のさまざまな理論的課題、たとえばフレーム問題や記号接地問題が現在の人工知能ではすでに解決されたのかどうかということは、きちんと検討されないままとなっている。

　とはいえ、このような状況をそのままにしておくわけにはいかないだろう。第2次人工知能ブーム期までの人工知能の哲学の成果を、人工知能研究の現状に照らして再検討し、その内容をアップデートしなければならない。これが、

このプロジェクトで設定した目標である。

　とはいえ、人工知能そのものの専門家がメンバーにいない中でプロジェクト
をスタートさせたわれわれにとって、この課題に取り組むことは簡単なことで
はなかった。人工知能や深層学習の教科書の読書会を通じて、人工知能研究の
現状を正しく理解することからプロジェクトを開始した。新型コロナウィルス
感染症によって、対面での研究活動がほぼできなくなったことも大きな誤算と
なったが、メンバーが全国各地に居住する中で、オンラインでの読書会などを
通じて研究活動を活性化させることができたのは怪我の功名だった。
　やがて、プロジェクトの活動として Philosophy of Human-Technology Rela-
tions Conference 2020 においてパネルセッション Artificial Intelligence as a
Tool を開催したり、スペインのグラナダ大学で Japanese-European Meeting
on Artificial Intelligence and Moral Enhancement を開催したりする中で、
「道具としての人工知能」という考え方が一つの鍵となることが明らかになっ
てきた。
　さらに、プロジェクトの活動として、学会ワークショップ、研究会、研究者
へのインタビューなどを実施していく中でも、この考え方につながるさまざま
な論点（現在の人工知能は SF 的な自律型汎用知能ではない、深層学習は万能では
ない、人工知能を有効利用するには人間や環境のあり方も重要といったこと）が
繰り返し浮上した。
　このような経緯をふまえてできあがったのがこの論文集である。各章の執筆
者は、すべてプロジェクトメンバーまたはプロジェクトの活動に協力していた
だいた方である。執筆者の専門も、各章のテーマ設定も多様だが、このような
成立の経緯を反映して、各章の間にゆるやかな連関を見て取ることができるの
ではないかと期待している。
　（なお、このプロジェクトの活動記録は、プロジェクトウェブサイト（https://
updatingphilosophyofai.net）で公開している。その中には、本論文集の執筆者のう
ち何名かのインタビューも掲載されているので、ぜひご覧いただきたい。）

　もちろん、このようなテーマを論じる試みとして、本書には不十分な点も

多々残されているだろう。人文科学研究者の議論は、現在の人工知能に関する十分な理解を欠いているように見えるかもしれないし、人工知能研究者の議論は、人文科学的な論点の理解が不十分であるように見えるかもしれない。しかし、編者としては、それでもこの本には「踏み台」としての価値があると考えている。つまり、このような問題を論じるにはこのようなやり方では不十分だと考える人々が、今後、人文科学の知見と人工知能研究の知見をより有機的に結びつけた考察を展開するきっかけとなるならば、本書には十分な意義があるはずである。

　編者としては、本書にはもう一つ意義があると考えている。それは、本書が、狭義の倫理的問題よりも広い観点から、人文科学と人工知能研究の接点を探っているということである。人工知能や社会におけるその意義について考える上で、人文科学が提供できるものは、倫理原則や法解釈だけではないはずである。そのことをある程度具体的に示すことができているとすれば、それもまた本書の意義となるだろう。

　本書の作成過程では、ふたたび勁草書房の土井美智子さんのお世話になった。コロナ問題でいろいろなことが予定通りに進まない中、当初の予定からそれほど遅れることなく本書を刊行することができたのは、土井さんのいつもながらの迅速で正確な仕事ぶりのおかげである。著者を代表してあらためて感謝申し上げたい。

　最後に1つ。「あとがき」の冒頭に、この本はプロジェクトの研究成果の一部だと書いた。これは文字通りの話で、実は、もう一つの研究成果として、（鈴木の単著という形で）人工知能の哲学に関する入門書を準備している。それほど間を空けずに出版することができると思うので、本書の姉妹篇としてそちらも手に取っていただければ幸いである。

　2023年5月

　　　　　　　　　　　　　　　著者を代表して　鈴木貴之

225

人名索引

あ 行

アイディ Ihde, D.　14, 178
アインシュタイン Einstein, A.　16, 138
アクィナス Aquinas, T.　89
アシモフ Asimov, I.　35, 156
アドルノ Adorno, T.　90
アリストテレス Aristotle　157-9, 194
アレン Allen, C.　44
アーレント Arendt, H.　42-3, 220
イ・セドル 李世乭　135, 142
岩城正夫　189
ウィノグラード Winograd, T. A.　ii
ウォラック Wallach, W.　44
榮久庵憲司　188-9, 191
エンゲルバート Engelbart, D. C.　4-5, 13, 21, 23

か 行

ガイガー Geiger, L.　190
カインド Kind, A.　139
ガーツ Gertz, N.　42
カッシーラー Cassirer, E.　86
カント Kant, I.　86, 138
ギャリソン Galison, P.　85-6
キーラン Kieran, M.　138
グーテンベルク Gutenberg, J. G.　40
クラーク, アーサー・C. Clarke, A. C.　34, 39-40
クラーク, アンディ Clark, A.　170
黒須正明　181
クワイン Quine, W. V. O.　100
ケクレ Kekulé, F. A.　139, 144, 146
ケトレー Quetelet, L. A. J.　86
ケリー Kelly, K.　21
後藤健斗　125

さ 行

サイモン Simon, H. A.　ii
坂本賢三　189
ザグゼブスキ Zagzebski, L. T.　140
サッチマン Suchman, L.　12
柴田崇　192
セイノフスキー Sejnowski, T. J.　135

た 行

ダストン Daston, L.　85-6
デカルト Descartes, R.　86
デネット Dennett, D. C.　137, 141

な 行

ニューウェル Newell, A.　ii
ノヴィッツ Novitz, D.　138
ノーマン Norman, D.　12
ノワレ Noiré, P.　190

は 行

ハイデガー Heidegger, M.　154
パトナム Putnam, H. W.　100-1
パパネック Papanek, V.　185
ハリナ Halina, M.　141-6
稗田阿礼　166
ヒューム Hume, D.　78, 83, 98
フェルベーク Verbeek, P.-P.　14, 37, 206-7
フォード Ford, K.　4-5
フーコー Foucault, M.　90
プラトン Plato　25, 30-1, 35, 43, 45, 136, 155, 157-8, 179, 186, 188
ブルックス Brooks, R.　6
ヘイズ Hayes, P.　4-5
ホーキング Hawking, S. W.　34

事項索引

編著者略歴

鈴木貴之（すずき　たかゆき）はじめに・第1章・あとがき

　　1973年生まれ。東京大学大学院総合文化研究科教授。著書に『ぼくらが原子の集まりなら、なぜ痛みや悲しみを感じるのだろう』（勁草書房、2015年）、『100年後の世界』（化学同人、2018年）ほか、編著に『実験哲学入門』（勁草書房、2020年）ほか。

執筆者略歴

柴田　崇（しばた　たかし）第2章

　　1969年生まれ。北海学園大学人文学部教授。著書に『マクルーハンとメディア論』（勁草書房、2013年）、『サイボーグ』（東京大学出版会、2022年）ほか、監訳にT・インゴルド『生きていること』（左右社、2021年）。

今泉允聡（いまいずみ　まさあき）第3章

　　1988年生まれ。東京大学大学院総合文化研究科准教授および理化学研究所革新知能統合研究センター客員研究員。著書に『深層学習の原理に迫る』（岩波書店、2020年）、共著に『応用基礎としてのデータサイエンス』（講談社、2022年）、監訳に『ニューラルネットワークとディープラーニング』（学術図書出版社、2022年）。

大塚　淳（おおつか　じゅん）第4章

　　1979年生まれ。京都大学大学院文学研究科准教授および理化学研究所革新知能統合研究センター客員研究員。著書に *The Role of Mathematics in Evolutionary Theory*（ケンブリッジ大学出版局、2019年）、『統計学を哲学する』（名古屋大学出版会、2020年）、*Thinking About Statistics*（Routledge, 2023）。

中澤栄輔（なかざわ　えいすけ）第5章

　　1975年生まれ。東京大学大学院医学系研究科講師。共著に『入門・医療倫理I〔改訂版〕』（勁草書房、2017年）、『脳神経倫理学の展望』（勁草書房、2008年）ほか、共訳に『生命倫理学とは何か』（勁草書房、2016年）ほか。

小野哲雄（おの　てつお）第6章

　　1960年生まれ。北海道大学大学院情報科学研究院教授。共著に『認知科学講座3 心と社会』（東京大学出版会、2022年）、『プロジェクション・サイエンス』（近代科学社、2020年）、『マインドインタラクション』（近代科学社、2019年）ほか。

植原　亮（うえはら　りょう）第7章

　　1978年生まれ。関西大学総合情報学部教授。著書に『自然主義入門』（勁草書房、2017年）、『思考力改善ドリル』（勁草書房、2020年）、『遅考術』（ダイヤモンド社、2022年）ほか。

立花幸司（たちばな　こうじ）第8章

　　1979年生まれ。千葉大学大学院人文科学研究院助教。訳書にラッセル編『ケンブリッジ・コンパニオン 徳倫理学』（監訳、春秋社、2015年）、アリストテレス『ニコマコス倫理学（上・下）』（共訳、光文社古典新訳文庫、2015/2016年）ほか、共著に『メタ倫理学の最前線』（勁草書房、2019年）ほか。

上杉　繁（うえすぎ　しげる）第9章
1974 年生まれ。早稲田大学理工学術院教授。共著に『身体性・コミュニケーション・こころ』（共立出版、2007 年）、主論文に「道具の身体化・身体の道具化」（バイオフィードバック研究、2023 年）、"Analysing and Solving the Reduced-Ability and Excessive-Use Dilemmas in Technology Use"（*Proceedings of the Design Society: International Conference on Engineering Design*, 2019 年）ほか。

堀　浩一（ほり　こういち）第10章
1956 年生まれ。東京大学名誉教授、大学共同利用機関法人人間文化研究機構理事。著書に『創造活動支援の理論と応用』（オーム社、2007 年）、共著に『人工知能とは』（近代科学社、2016 年）、『一人称研究のすすめ』（近代科学社、2014 年）ほか。

関口海良（せきぐち　かいら）第10章
1983 年生まれ。東京大学大学院工学研究科特任研究員。主論文に「人工物を倫理的側面まで拡張して扱う設計に関する研究」（東京大学博士論文、2022 年）、"Organic and dynamic tool for use with knowledge base of AI ethics for promoting engineers' practice of ethical AI design"（共著、*AI & Society*, 35(1), 2020 年）ほか。

人工知能とどうつきあうか　哲学から考える

2023 年 7 月 10 日　第 1 版第 1 刷発行

編著者　鈴　木　貴　之

発行者　井　村　寿　人

発行所　株式会社　勁　草　書　房

112-0005　東京都文京区水道 2-1-1　振替　00150-2-175253
（編集）電話 03-3815-5277／FAX 03-3814-6968
（営業）電話 03-3814-6861／FAX 03-3814-6854
大日本法令印刷・中永製本

＊落丁本・乱丁本はお取替いたします。
　ご感想・お問い合わせは小社ホームページから
　お願いいたします。

https://www.keisoshobo.co.jp

＊表示価格は 2023 年 7 月現在。消費税 10% が含まれております。